D1731981

KARLA SCHÖNEBECK

MUSIK NACH DEM TODESMARSCH

KARLA SCHÖNEBECK

MUSIK NACH DEM TODESMARSCH

Ein jüdisches Orchester und seine Liberation
Concerts im Nachkriegsdeutschland

HERDER

FREIBURG · BASEL · WIEN

© Verlag Herder GmbH, Freiburg im Breisgau 2025
Hermann-Herder-Str. 4, 79104 Freiburg
Alle Rechte vorbehalten
www.herder.de

Bei Fragen zur Produktsicherheit wenden Sie sich an
produktsicherheit@herder.de

Umschlagmotiv:
The Saint Ottilien Ex-Concentration Camp Orchestra performs a
concert in Munich for American soldiers and UJA staff. The sign in
front reads »Am Yisrael Chai« (the nation of Israel lives). Pictured from
left to right are Max Beker (violin), Max Borstein (violin), Melech
Granat (drums), Jerzy Richter (voice), Fania Beker (piano) and Rala
Wolfberg (clarinet), 1945/1946, München. Photo Credit: United
States Holocaust Memorial Museum, courtesy of Sonia Beker.

Satz: Daniel Förster, Belgern
Herstellung: GGP Media GmbH, Pößneck
Printed in Germany

ISBN Print 978-3-534-61040-2
ISBN E-Book 978-3-534-61088-4
ISBN PDF 978-3-534-61093-8

INHALT

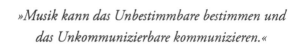

*»Musik kann das Unbestimmbare bestimmen und
das Unkommunizierbare kommunizieren.«*

Leonard Bernstein

Zur besseren Lesbarkeit wird im folgenden Text auf die
gleichzeitige Verwendung der Sprachformen männlich,
weiblich und divers (m/w/d) verzichtet. Sämtliche Perso-
nenbezeichnungen gelten – sofern nicht anders kenntlich
gemacht – gleichermaßen für alle Geschlechter.

VORWORT

»Herr Peck ist ein gebürtiger Landsberger«, sagte der ehemalige Oberbürgermeister von Landsberg am Lech, Franz
Xaver Rößle, als er mich einer Gruppe von Bewohnern
vorstellte, die inmitten des ehemaligen jüdischen Lagers
für heimatlose Personen lebten, das auf dem Gelände einer
Einrichtung der deutschen Wehrmacht stand, in der während des Zweiten Weltkriegs 2500 deutsche Soldaten untergebracht waren.

Ich wurde im Mai 1946 in diesem jüdischen DP-Lager
geboren. Meine Eltern waren am 22. August 1945 in Landsberg angekommen, etwa drei Monate, nachdem das
DP-Lager vom amerikanischen Militär eröffnet worden
war. Sie wussten nur, dass es in dieser bayerischen Stadt
mit etwa 10 000 Einwohnern ein Lager für Vertriebene
gab. Sie hatten wenig Zeit, ihre Umgebung zu erkunden,
und keine Lust, die nichtjüdischen Bewohner des Lagers
kennenzulernen, von denen es anfangs mindestens 1000
gab, die zu den 6000 Menschen gehörten, die das sogenannte Sammellager Landsberg bildeten. Noch weniger
Lust hatten sie auf Kontakt mit der örtlichen Bevölkerung, die für sie die Mörder ihrer gesamten Familien, zwölf
Brüder und Schwestern und deren Großfamilien, darstell-

ten. Meine Eltern hatten sechs höllische Jahre im Ghetto Lodz, mehrere Arbeitslager, Buchenwald, Auschwitz, Stutthof, den Bombenangriff auf Dresden und Theresienstadt überlebt.

Für mich war Landsberg nur ein Name und ein Ort, bis ich es schließlich in den 1980er Jahren wieder besuchen konnte. Es nahm einen besonderen Platz in der Geschichte meiner Eltern ein, weil sie zwar aus der Hölle der Nazis befreit wurden, aber in keiner anderen Hinsicht frei waren. Sie hatten nur mich, ihr »Wunderbaby«, das ihnen ein Gefühl der Hoffnung gab und half, den Schmerz und das Trauma zu lindern, in der Stadt und dem Land leben zu müssen, die mit jüdischem Blut getränkt waren. Wir lebten bis zu unserer Abreise in die Vereinigten Staaten im November 1949 im jüdischen DP-Camp Landsberg.

Seit meinem ersten Besuch habe ich etwas mehr über die Geschichte von Landsberg erfahren. Wenn man als Besucher nach Landsberg am Lech kommt und sich nur für die Geschichte interessiert, die im Reiseführer steht, dann sieht man eine malerische Kulisse im sogenannten schwäbischen Oberbayern, die am Ende einer 320 Kilometer langen Strecke liegt, die »Romantische Straße« genannt wird. Entlang der Romantischen Straße liegen mehrere prächtige mittelalterliche Städte, von denen einige fast 2000 Jahre alt sind. Die im 13. Jahrhundert gegründete Stadt Landsberg weist unter anderem Werke der Rokoko-Meisterarchitekten des 18. Jahrhunderts, der Brüder Johann Baptist und Dominikus Zimmermann, auf. Aber nehmen wir einmal an, ein jüdischer Besucher kommt nach Landsberg und möchte etwas über die Geschichte der jüdischen Gemeinde in Landsberg erfahren. Fast tausend Jahre lang waren Juden in Landsberg kein beliebtes Thema. Eine jüdische Gemeinde existierte von der Zeit an, als das jüdische Leben im Rheinland um das Jahr 1000 herum erstmals auftauchte, bis zur Mitte des 14. Jahrhunderts. Dann fiel das jüdische Leben in Landsberg den großen Ritualmordanklagen der mittelalterlichen deutschen Geschichte zum Opfer. Im Fall von Landsberg war es die Anschuldigung, dass seine Juden eine Hostie – die physische Verkörperung von Jesus Christus – entweiht hatten, die es einem bayerischen Adligen namens Rindfleisch ermöglichte, 1298 praktisch die gesamte jüdische Gemeinde auszulöschen und ihren Besitz für sich selbst zu beschlagnahmen. Der Rest der jüdischen Gemeinde wurde 1348 vernichtet, als ein weiteres Pogrom ihr Ende bedeutete. Bis zur Machtergreifung der Nazis lebte nur eine kleine Anzahl von Juden in Landsberg. Die Gemeinde war jedoch nie groß genug, um eine Synagoge zu unterhalten, und die Juden reisten zu Gottesdiensten ins nahe gelegene Augsburg. Nach den schrecklichen Ereignissen des Novemberpogroms 1938, am Abend und am Tag des 9. und 10. November, konnte die *Landsberger Zeitung* verkünden, dass die Stadt judenrein sei – eine Behauptung, die leicht aufzustellen war, da schon seit einiger Zeit keine Juden mehr in der Stadt gelebt hatten, da sie rechtzeitig fliehen konnten. Die Zeitung gab außerdem an, dass den Juden, die

Landsberg verlassen hatten, klargemacht worden sei, dass »unter keinen Umständen eine Rückkehr von Juden in die Stadt oder ihre Umgebung erlaubt werden würde«.

In diesem Buch zeigt die Autorin und Journalistin Karla Schönebeck, dass die Juden sehr wohl zurückkehrten, wenn auch als Zwangsarbeiter für die Kriegsanstrengungen der Nazis und in Form von zwanzigtausend oder mehr Juden, die, mich eingeschlossen, von 1945 bis zur Schließung im November 1950, im Lager für Displaced Persons lebten. Bis zum Erscheinen ihres Buches gab es Bemühungen, die Behauptung zu widerlegen, dass Landsberg während der NS-Zeit »ein Ort wie jeder andere« gewesen sei. Schüler und Lehrer an Gymnasien sowie eine Vereinigung von Landsbergern arbeiteten in den 1980er Jahren daran, die Absurdität dieses Mythos aufzuzeigen. Landsberg war während der NS-Zeit nicht wie jeder andere Ort – ganz im Gegenteil. Karla Schönebeck hat diese Fäden des Widerstands gegen den Mythos aufgenommen und sie sorgfältig zu einem beeindruckenden Beitrag zur lokalen und nationalen deutschen Geschichte verwoben. Sie hat uns auch einen Einblick in die Entwicklung einer Ideologie gegeben, die erstmals im jüdischen Ghetto von Kaunas, Litauen, von jenen Juden diskutiert wurde, die daran interessiert waren, welche Art von Zukunft sie mitgestalten könnten, wenn sie überlebten, wenn sie der überlebende Rest von Hitlers Krieg gegen Juden und Judentum werden könnten. Diese Zukunft, diese Vision, verlangte nach der Wiederherstellung einer Welt, die durch die Gaskammern und Öfen von Auschwitz zerstört wurde, sie verlangte nach der Schaffung eines neuen Humanismus. Diejenigen, die überlebten, unternahmen eine großartige Anstrengung, um jedes jüdische DP-Lager in Deutschland, Österreich und Italien darauf aufmerksam zu machen, den Namen She'erith Hapletah (der überlebende oder gerettete Rest) anzunehmen und daran zu arbeiten, ihre Vision einer reparierten Welt auf der Grundlage dieses neuen Humanismus Wirklichkeit werden zu lassen.

Aber dieses erstaunliche Buch geht noch weiter. Tatsächlich führt es uns bis in die Gegenwart. Die Autorin hat in ihm ein Kapitel aufgenommen, das sich nicht nur auf Archivdokumente stützt, sondern auch auf ihre eigenen Bemühungen, ein weiteres Ziel des Holocaust-Überlebens vorzustellen. Stellen Sie sich eine kleine Rasenfläche auf dem Gelände eines Benediktinerklosters, wenige Kilometer von Landsberg entfernt, vor. Dort gab eine Gruppe von Musikern, die noch ihre gestreiften KZ-Uniformen trugen, nur wenige Wochen nach der Befreiung der elf Außenlager von Dachau, die in der Umgebung und in Landsberg errichtet worden waren und als Kauferinger Lager bezeichnet wurden, ein Konzert, ein »Befreiungskonzert«, vor einem Publikum aus sterbenden und kranken Juden. Sie waren gekommen, um einen kleinen Teil der Nahrung zu kosten, die Essen und Trinken allein nicht bieten konnten. Dieses Orchester wurde zu einem der wichtigsten Vertreter der Überlebensideologie. Es spielte in den Lagern für Vertriebene in ganz Deutschland, vor den Richtern, die das Schicksal hochrangiger Nazis bei den Nürnberger Prozessen bestimmen sollten, und gab zwei Konzerte mit einem bald berühmten amerikanischen Dirigenten namens Leonard Bernstein. Und es waren die Kinder dieser Musiker und Sänger, die die Geschichten über das Überleben ihrer Eltern und deren Beitrag zur Geschichte des She'erith Hapletah in Büchern, Filmen und Ausstellungen festhielten.

Karla Schönebeck ist noch einen Schritt weiter gegangen. Sie hat eine Reihe von neuen »Befreiungskonzerten« ins Leben gerufen, die mittlerweile weit über Landsberg hinaus aufgeführt werden, um diejenigen aufzuklären, die nicht wissen, was die Überlebenden durch das Wunder der Musik erreichen wollten und erreicht haben. Am Ende seiner Zeit als amerikanischer Kaplan, der unermüdlich mit und für die Gemeinschaft der Überlebenden arbeitete, wurde Rabbi Abraham Klausner von dieser Gemeinschaft eine Urkunde überreicht, die ihn zum Ehrenmitglied der She'erith Hapletah ernannte. »Du bist einer von uns«, stand in der Urkunde. In diesem Sinne kann ich mit Sicherheit sagen, dass die wunderbare und engagierte Autorin dieses Buches, eine Verfechterin der Wahrheit und des Gedenkens an die She'erith Hapletah und ihre »Wunderbabys«, die zweite Generation, wirklich »eine von uns« ist.

Abraham J. Peck

EINFÜHRUNG

Was wissen wir schon von Menschen, denen noch im Angesicht des Todes die übelsten Kreaturen nachriefen, sie seien jüdischer Dreck? Wer sorgt für einen, wenn man dennoch überlebt, aber kein Geld, keine Papiere, keine Heimat, keine Kleidung und Essen hat und die Liebsten ermordet wurden oder verschollen blieben? Was hilft gegen die Schreie vor Angst und Schrecken, die immerzu nachhallen? In welcher Sprache teilt man sich mit, wenn einen niemand versteht? An wen wendet man sich, wenn man ausgerechnet im Land der Mörder von Terror, Demütigung und Vernichtung befreit wird? Was heilt die zutiefst verletzte Seele? Jeder und jede Einzelne war eine Anklage an die Weltgemeinschaft. Sie hatte es zugelassen hatte, dass sechs Millionen Juden von deutschen Nationalsozialisten, ihren Helfern und Helfershelfern in ganz Europa in Ghettos und Konzentrationslagern ermordet werden konnten. Die Geschichte Überlebender des Holocaust im Nachkriegsdeutschland ist immer noch komplex, kompliziert und unübersichtlich.

Deutschland lag in Trümmern. Alte Ordnungen waren zerstört und neue noch nicht in Sicht, genauso wenig wie jüdische Hilfsorganisationen. Der im Auftrag der amerikanischen Regierung erstellte Harrison-Report kam im Herbst

1945 zu dem erschütternden Ergebnis, die Amerikaner behandelten die Juden wie es die Nazis getan hätten, nur, dass sie sie nicht ermordeten. Der robuste Nachkriegs-Antisemitismus der Besiegten brauchte keinen Verweis auf linke oder rechte Ränder, er speiste sich direkt aus der Mitte der Gesellschaft. Der Landsberger Landrat Bernhard Müller-Hahl konnte in seiner offiziellen Biografie noch 1983 – und bis in die Gegenwart allenfalls achselzuckend zur Kenntnis genommen – behaupten: »Die vielen Milliarden DM, die nach Israel und an einzelne Bürger gezahlt wurden, hat schließlich jeder Deutsche mitgetragen. Leben kann damit freilich nicht wieder gutgemacht werden. Die Judenverfolgung hat allerdings auch nicht Deutschland erfunden. Deswegen gab es gerade bei uns und auf dem Lande keine Kollektivschuld gegenüber den Juden und nicht von Katholiken im Zusammenhang mit der Hinrichtung Jesu. Trotzdem hätten auch jüdische Bösewichte bestraft werden müssen. Gleiches Recht für alle!«[1]

Der Antisemitismus und die deutsche Selbstherrlichkeit, die bald wieder aufleben sollte, waren nur zwei von zahlreichen Problemen, denen sich jüdische Displaced Persons, heimatlos Gewordene, ausgesetzt sahen. Dieses Buch versucht am Beispiel eines jüdischen Orchesters die Auswirkungen des Holocaust nachzuzeichnen und die Überlebensstrategien aufzuzeigen, derer sie sich bedienten, um sich und ihren Tausenden von Zuhörern und Schicksalsgenossen bis 1949 in Bayern, Teilen Baden-Württembergs, Hessens oder Niedersachsens, Mut und Kraft für eine noch ungewisse Zukunft zu geben. Sie waren anfangs nur ein kleines Häuflein von acht Musikern, acht von insgesamt rund 1000 jüdischen Displaced Persons in der französisch besetzten Zone, circa 16 000 in der britischen und rund 200 000 in der amerikanischen Zone. Abgesehen von gemeinsamen Gegnern und Feinden waren die aus Polen, Tschechien, Ungarn oder dem Baltikum stammenden Überlebenden unterschiedlich, wie man unterschiedlicher nicht sein kann: liberal, konservativ, sozialistisch, religiös, zionistisch, apolitisch, zweifelnd und verzweifelt, apathisch, aktiv, humorvoll, streitbar, liebevoll, praktisch und handwerklich begabt wie intellektuell brillant, ebenso konziliant wie kompromisslos. Dabei lagen sie sich oft genug in den Armen wie in den Haaren. Ihr großes gemeinsames Credo aber war: Nie wieder! Nie wieder Demütigungen, nie wieder fremdbestimmt sein, nie wieder Opfer von Terror und Gewalt werden. Mit ihrem Befreiungskonzert vom 27. Mai 1945 auf dem von den Amerikanern teilweise beschlagnahmten Gelände der Benediktinerabtei von St. Ottilien hatten die Musiker einen ersten Appell an die Welt gerichtet: Wir sind hier! Das ist unser Volk, das ist unsere Religion, unsere Kultur, unsere Geschichte. Ihr Orchester setzte seinen schon in Ghettos und Konzentrationslagern erprobten geistigen Widerstand für ein nach Trost und Hoffnung dürstendes Publikum mit seinen Konzerten fort, während sich in DP-Lagern und Kibbuzim vor allem die Jüngeren formierten, um die Gründung und den Aufbau eines eigenen Staates Israel vorzubereiten und ihn auch schon in den DP-Lagern, zwar nur ansatzweise, doch bereits deutlich erkennbar, zu leben. Auch wenn nicht alle nach Eretz Israel auswandern wollten, waren sie von der absoluten Notwendigkeit eines eigenen Staates Israel überzeugt. Für die einen als neue Heimat, für die anderen als Zufluchtsort für den Fall aller Fälle.

Dass die kleine Garnisonsstadt Landsberg am Lech zu ihrem Schicksalsort werden sollte, konnten die aus Litauen stammenden Musiker nicht ahnen, als sie im Sommer 1944 mit Sammeltransporten aus Kaunas zur Zwangsarbeit für die deutsche Rüstungsindustrie in unterirdischen Bunkern ins Oberbayerische deportiert worden waren. Ein Fleckchen Erde, auf dem sich das Wesen der Provinz auf das Unrühmlichste entfaltet hatte und es auch weiterhin tun sollte. Soziale Dichte und Kontrolle gingen einher mit Minderwertigkeitskomplexen und Größenwahn. Einerseits nur ein Nest mit knapp 10 000 Einwohnern, andererseits ein Ort, der sich mit Adolf Hitlers Festungshaft, operettenhaft inszenierten Aufmärschen der Hitlerjugend, dann dem größten Außenlagerkomplex des Konzentrationslagers Dachau und nach der Befreiung mit einem der größten DP-Lager der Nachkriegszeit sowie dem zum Kriegsverbrechergefängnis der Amerikaner umfunktionierten ehemaligen Hitlergefängnis verband. Die Landsberger DP-Lagerzeitung berichtete im Februar 1947, dass einer der ihren, der später weltweit als »Dichter des Holocaust« verehrte Avraham Sutzkever aus dem Ghetto von Vilnius, als erster jüdischer Zeuge überhaupt, am 27. Februar 1946 bei den Nürnberger Prozessen ausgesagt hatte. Gut zwei Monate später fuhr das Orchester auf Einladung der Amerikaner vom Lech aus nach Nürnberg, um in der dortigen Oper vor Juristen des internationalen Militärtribunals mit einem Konzert musikalisch Zeugnis von ihrem Schicksal in Ghettos und Konzentrationslagern abzulegen. Bereits im Januar hatte es in München im Beisein von David Ben Gurion ein Konzert gegeben.

Im DP-Lager Landsberg gab das jüdische DP-Orchester auch sein letztes offizielles Konzert, am 10. Mai 1948, vier Tage vor Gründung des Staates Israel. Geleitet wurde es von dem aufstrebenden jungen amerikanischen Dirigenten Leonard Bernstein mit jüdisch-ukrainischen Wurzeln. Nachdem auch Länder wie Amerika, Australien oder Kanada ihre bis dahin restriktiven Einwanderungsbestimmungen gelockert hatten, löste sich der außergewöhnliche Klangkörper zunehmend auf. Mit ihrer Auswanderung zerstreuten sich die Musiker rund um den Globus und mit ihnen ihre Geschichte und Geschichten. Dokumente, Fotos, Interviews finden sich zwar im YIVO-Institut, im Museum of Jewish Heritage, beide New York, im United States Holocaust Memorial Museum, Washington D. C., Fragmente in Yad Vashem, dem Ghetto Fighters' House Museum in Israel, im Bayerischen Staatsarchiv, München, im NS-Dokumentationszentrum Nürnberg, in der KZ-Gedenkstätte Dachau, den Arolsen Archives, im Vilna Gaon States Jewish Museum sowie in Privatsammlungen oder persönlichen Erinnerungen für den familiären Gebrauch. Ein zusammenhängenderes Bild über das Wirken und die Bedeutung des

Orchesters erhielt ich jedoch erstmals mit der Lektüre des autobiografischen Buches »Symphony on fire« von Sonia P. Beker, der Tochter der DP-Musiker Fania Durmashkin und Max Beker. Nach ihrer Auswanderung liefen in der kleinen New Yorker Wohnung der Bekers viele Fäden zusammen, sie hielten auch Kontakt zu jenen, die nie im Vordergrund gestanden hatten, sondern einfach nur Orchestermusiker waren.

Wie unterschiedlich der Umgang mit der Geschichte des spirituellen wie physischen Widerstands noch heute ist, verdeutlichte mir eine Begegnung mit der ehemaligen Partisanin Fania Brankovskaja in Vilnius. Sie war zeitweise die Nachbarin der Musikerfamilie Durmashkin im Vilna Ghetto und kannte Künstler wie Avraham Sutzkever oder den Partisanenanführer Abba Kovner persönlich. In Litauen lebten im Juni 1941 etwa 230 000 Juden. Über 90 Prozent wurden von den Deutschen ermordet. Dass dieser »Erfolg« der Kollaboration litauischer Antisemiten zu verdanken war, ist ein bis in die Gegenwart nicht aufbereitetes Kapitel der Geschichte des baltischen Staates. Ehemalige jüdische Partisanen und Partisaninnen wurden nach dem Beitritt Litauens 2004 in die Europäische Union als Kriminelle und Landesverräter diffamiert, während litauische Antikommunisten, die oftmals mit den deutschen Besatzern kollaboriert und sich an den Massenmorden beteiligt hatten, als Widerstandskämpfer geehrt wurden. Erstes prominentes Opfer wurde 2006 der ehemalige Partisan und langjährige Chef von Yad Vashem, Yitzhak Arad. Er hatte im Rahmen einer litauischen Untersuchungskommission die Beteiligung litauischer Kollaborateure am Holocaust erforscht und sich vehement gegen eine Gleichsetzung von NS- und Sowjetregime ausgesprochen. Arad wurde als Kriegsverbrecher beschuldigt und aus der Kommission entfernt. Zwei Jahre später ordnete die litauische Staatsanwaltschaft die Vernehmung von Fania Brankovskaja an, die nach der Befreiung durch die Rote Armee in Litauen geblieben war. Nachdem sie 2009 für ihre Versöhnungsarbeit in Deutschland mit dem Verdienstkreuz am Bande des Verdienstordens der Bundesrepublik Deutschland geehrt worden war, erhielt sie im Jahr 2017 (!) das Ritterkreuz des Ordens für Verdienste um Litauen.[2]

Jiddische Volkslieder sowie Ghetto- und Partisanensongs aus dem Vilna Ghetto gehörten zum Repertoire des jüdischen DP-Orchesters im Nachkriegsdeutschland, dem sich bald Musiker aus anderen osteuropäischen Ländern anschlossen. Sie machten im Wesentlichen die sogenannte »Displaced Music« aus, eine Musik, deren Schöpfer ermordet oder wie einige ihrer Interpreten, der »gerettete Rest«, heimatlos geworden waren. Während es mittlerweile eine umfassendere Aufarbeitung zum Thema »Musik und Holocaust« gibt, ist die Auseinandersetzung mit der »dislocated music« bis heute eher eine musikwissenschaftliche und musikhistorische Randerscheinung geblieben. Keines der jüdischen Orchestermitglieder hatte ein Tagebuch geführt oder die Orchestertourneen und die näheren Umstände einzelner Konzerte dokumentiert. Dieses Buch kann daher nur eine Annäherung sein, der Versuch, anhand von Publikationen, Zeitzeugenberichten, Interviews, einer raren Anzahl von Tonaufnahmen, Notenbeispielen, Programmheften oder Skizzen die Kraft der Musik als Instrument geistigen Widerstands von jüdischen Überlebenden im Nachkriegsdeutschland erkennbarer werden zu lassen.

Die Nachfahren der DP-Musiker und der letzte noch lebende Zeitzeuge des *Liberation Concerts* vom 27. Mai 1945, Robert L. Hilliard, sowie die Besucherinnen und Besucher der von mir initiierten und konzipierten Wanderausstellung »Liberation Concert. Menschlichkeit. Würde. Hoffnung.« haben immer wieder den Wunsch geäußert, die facettenreichen Aspekte in einem Buch zusammenzufassen. Nach dem Massaker der Hamas-Terroristen vom 7. Oktober 2023, das Jüdinnen und Juden in aller Welt galt, wurde die Bitte noch drängender ausgesprochen. Seit der Befreiung vom Nazijoch waren noch sie so viele Juden ermordet worden, das sicher geglaubte »Nie wieder!« wurde in seinen Grundfesten erschüttert. Der Antisemitismus nimmt seitdem beängstigende Ausmaße an. Sie führen zwangsläufig dazu, auch die bisherige Erinnerungsarbeit auf den Prüfstand zu stellen. Eine der Forderungen lautet, sie müsse über das Affirmative hinausgehen und brauche mehr Empathie und Emotionen. Die Wissens- und Wertevermittlung über das Medium Musik ist eine von vielen möglichen Ansätzen. Es waren Schülerinnen und Schüler der städtischen Sing- und Musikschule Landsberg sowie die Bayerische Philharmonie München, die sich erstmals gemeinsam mit jungen

israelischen Musikern dieses beinahe vergessenen Erbes angenommen haben. Sie laden vor allem Jugendliche ein, mit
Konzerten, Workshops und Neuinterpretationen das daraus entstandene interreligiöse und interkulturelle Projekt
»Liberation Concert« in eine klangvolle, gemeinsame und
hoffentlich bessere Zukunft zu führen.

Karla Schönebeck

1 PANIK, PEIN UND PERVERSIONEN

Als sich Soldaten der 12. Panzerdivision am frühen Morgen des 27. April 1945 von Augsburg auf Landsberg zubewegten, ahnten sie nicht im Entferntesten, was sich ihnen bald offenbaren sollte. Vor den Toren des vermeintlichen Idylls am Lech war ein Tankwagen kurz vor der Ankunft der Amerikaner in das KZ-Außenlager IV bei Hurlach gefahren. Über die als Unterkünfte dienenden Erdhütten hatte die SS Benzin gegossen und das gesamte Areal angezündet. 360 nicht mehr gehfähige KZ-Häftlinge fielen dieser Aktion zum Opfer, wahrscheinlich verbrannten einige bei lebendigem Leib.[3] Dass sich die Lage zuspitzen würde, war seit Tagen spürbar. Jagdbomber hatten einen Fliegeralarm nach dem anderen ausgelöst, und die Nachrichten verdichteten sich, die 7. US-Armee stünde kurz vor der Stadt. Die alliierten Bombenangriffe hatten bisher Augsburg mit seinen MAN-Werken, die Produktionsstätten des Flugzeugherstellers Messerschmitt oder dem rund fünfzig Kilometer entfernt gelegenen München gegolten.

Landsberg und seine Umgebung galten bis zu diesem
Zeitpunkt als sprichwörtlich bombensicher. Aus diesem Grund hatte Abwehrchef Admiral Wilhelm Canaris seine Frau Erika im Herbst 1943 vor der zunehmend
prekärer werdenden Situation in Berlin nach Riederau
an den Ammersee gebracht. Dort lebte sie im Haus des
Kaufmanns Hans Sturm, einem engen Vertrauten ihres
Mannes, und hoffte auf die Befreier. Für niemanden an-
sprechbar, vertiefte sie sich stundenlang in ihr Geigenspiel.[4] Am 9. April 1945 war ihr Mann, Hitlers schwer
durchschaubarer Spion, wegen seiner Beziehungen zum
Widerstand gegen die Nationalsozialisten im Konzentrationslager Flossenbürg von einem SS-Standgericht zum
Tode verurteilt und hingerichtet worden. Abgesehen von
einigen Notabwürfen in der näheren Umgebung waren
dem benachbarten Landsberg, von den Nationalsozialisten zum »Rothenburg am Lech« verklärt, Bombenangriffe erspart geblieben. Was Feuersbrunst und Zerstörung wirklich bedeuteten, wusste die Bevölkerung aus
Feldpostnachrichten, Radiosendungen und der ebenfalls gleichgeschalteten lokalen Presse. Während die Be-
drohung nunmehr zum Greifen nahe war, verbanden
die Häftlinge der um Kaufering und Landsberg errichteten elf Außenlager des Stammlagers Dachau mit den
sich über ihnen bewegenden Flugzeugen eine fatal anmutende Hoffnung: »Wenn schon tot, dann von amerikanischen Bomben und nicht in den Gaskammern der
Deutschen.«[5]

Wie dem aus dem litauischen Kaunas stammenden Abba
Naor ging es vielen der rund 20 000 KZ-Häftlinge zwischen Landsberg, Kaufering und dem Ammersee. Einen
Monat zuvor war er 17 Jahre alt geworden, hatte die letzten vier Jahre in Ghettos und Konzentrationslagern verbracht, war dann ins Oberbayerische deportiert worden
und schleppte von morgens bis in die Nacht schwere Ze-
mentsäcke. Sie wogen mehr als sein eigenes Körperge-
wicht von kaum fünfzig Kilogramm. Für ihn die Hölle
von Kaufering, schlimmer als Auschwitz und alles, was
er und seine Mithäftlinge bisher durchlitten hatten. In gi-
gantischen, unterirdischen Produktionsstätten sollten das
als Wunderwaffe geltende Düsenflugzeug, die ME 262, sowie der Nachtjäger DO 335 und das Jagdflugzeug TA 152,
gebaut werden. Die Zeiten siegreich gewonnener Schlach-
ten waren für die Deutschen vorbei. Vom Osten rückte
die Rote Armee vor, im Westen formierten sich Briten,
Franzosen und Amerikaner. Je deutlicher sich abzeichnete,
dass ihnen die Kontrolle zu entgleiten drohte, desto stärker waren die Nationalsozialisten von der Vorstellung getrieben, das Blatt noch wenden zu können. Unter den Bedingungen des totalen Krieges sollte der Sieg aus der Luft
kommen. Am 1. März 1944 war eigens der *Jägerstab* in
Berlin aus dem Boden gestampft worden, um das Vorhaben frei von bürokratischen Hindernissen und hemmen-
den Befehlsketten in Thüringen und Bayern umzusetzen.
Häftlinge aus baltischen Lagern, aus Ungarn, Polen, Rumänien, Tschechien, Frankreich, den Niederlanden oder

Griechenland sollten den immensen Bedarf an Arbeitskräften für die Rüstungsindustrie decken.

Obschon Künstler, Intellektuelle, Geistliche oder Geschäftsleute auf den Todeslisten der Deutschen an oberster Stelle aufgeführt waren, hatte eine, wenn auch überschaubare Anzahl von ihnen Ghettos und Konzentrationslager überlebt. Im Ghetto von Kaunas traten sie als Polizeiorchester auf, da einige Musiker gleichzeitig für die Ghettopolizei tätig waren. Die meisten von ihnen hatten vorher in der Litauischen Staatsoper gespielt, ab Mitte 1942 traten sie als Kovno-Ghetto-Polizei-Orchester auf.[6] Zwischen Juli und August 1944 waren von der Sammelstelle

Im Weingut II mussten Zwangsarbeiter aus ganz Europa ab Juli 1944 für die nationalsozialistische Rüstungsindustrie arbeiten. Militärgeschichtliche Sammlung der Bundeswehr, Erinnerungsort Weingut II.

Kaunas einige Musiker an der Bahnstation Kaufering angekommen, unter ihnen bekannte Namen wie die von Alexander und Abraham Stupel, Micha Hofmekler, die drei Borstein-Brüder, Isai Rosmarin, die litauische Jazz-Legende Daniel Pomeranz oder die aus Vilnius stammenden Schwestern Henia und Fania Durmashkin sowie Oberkantor Saul Schenker. Eine Handvoll von ihnen sollte den Kern der Konzentrationslager-Kapelle I Dachau-Kaufering bilden. Der Lageralltag war ihnen nur zu vertraut. Dazu gehörten die Appelle, die es bei jedem Wetter zu absolvieren galt, morgens vor dem Antritt zur Arbeit und abends nach der Rückkehr. Oft zogen sie sich stundenlang hin. Begleitet wurde diese Tortur von schmetternden, deutschen Märschen, zu denen sich die Häftlinge im Gleichschritt zu bewegen hatten.

Am 29. Juli 1944 waren die Schwestern Henia und Fania Durmashkin, registriert unter den Häftlingsnummern 84150 und 84055, in das Lager I geschafft worden.[7] Die am Konservatorium von Vilnius ausgebildete Sängerin Henia Durmashkin musste für die berüchtigte Baufirma Moll arbeiten, zudem hatte sie die Appelle mit ihrer Stimme zu begleiten. An den Wochenenden standen für die umliegenden Lager Konzerte auf dem Programm. Die Musiker mussten sich zu ihnen bei Hitze ebenso wie bei Eiseskälte zu Fuß schleppen. Später behaupteten die Verantwortlichen, diese Darbietungen hätten lediglich dem Vergnügen der Inhaftierten gedient. Henia Durmashkin erinnerte sich dagegen noch Jahrzehnte später daran, dass die Kapelle K.L.I

Dachau-Kaufering auf Betreiben des SS-Hauptscharführers Georg Deffner auch für ausgesuchte Landsberger und deren Frauen Musik spielen und sie Serenaden von Franz Schubert vortragen musste, »Ständchen für die Nazis« nannte sie es. Die Demütigung, sich vor Menschen dieses Schlags produzieren zu müssen, vor einem Publikum, das sich daran ergötzte, von Juden in einem Konzentrationslager unterhalten zu werden, wurde nur noch von der Angst übertroffen, an Hunger oder Kälte zu sterben. Deffner, Jahrgang 1910, ein Mann ohne Ausbildung, aber ein Veteran des KZ-Systems, hatte erst am 6. Februar 1945 die Leitung des Lagers übernommen.

Ihre Schwester Fania, ebenfalls am Konservatorium von Vilnius ausgebildete Pianistin, wurde dem für alle elf Außenlager zuständigen Arzt Max Blancke als Haushälterin zugewiesen. Ihr gegenüber hatte er einige Andeutungen gemacht, vage, nebulös, lediglich, dass »irgendetwas Schlimmes mit den Juden passieren würde.« Bis zu einem Besuch in Landsberg 2018 war ihre Tochter Sonia P. Beker davon ausgegangen, dass Blancke ein sympathischer, aufmerksamer und höchst zuvorkommender Mensch gewesen sei. Als solchen hatte ihn ihre Mutter zeitlebens geschildert. Im Gedächtnis haften blieb Fania Durmashkin vor allem, dass er ihre Akkuratesse gelobt hatte. Er fand es wohl schmeichelhaft, dass eine gebildete, jüdische Musikerin ihm und seiner Frau den Haushalt besorgte. Verborgen blieb ihr, dass Blancke Angst und Schrecken zu verbreiten verstand, Selektionen persönlich vornahm und Häftlinge wieder nach Auschwitz-Birkenau in den sicheren Tod schickte. Es war möglicherweise derselbe Dr. Max Blancke, der den Befehl für das todbringende Feuer im Lager IV bei Hurlach gegeben hatte, das als Krankenlager ausgewiesen, aber in Wirklichkeit ein Sterbelager war. Im ersten der sogenannten Dachauer Prozesse (sie begannen bereits am 15. November 1945 noch vor dem Nürnberger Hauptkriegs-Verbrecher Prozess) hatte der verantwortliche Lagerführer Johann Baptist Eichelsdörfer den Mediziner beschuldigt, den Feuer-Befehl gegeben zu haben.

Mit seiner Frau hatte sich Blancke kurz vor dem Anrücken der Amerikaner das Leben genommen, seine vierjährige Tochter Hanne-Dore vorher aber noch in die Obhut Dritter gegeben. Nur 14 KZ-Häftlinge des Lagers IV konnten sich in den Keller und die Latrinen des Küchengebäudes retten. Die meisten der 3000 Insassen, von Typhus, Tuberkulose, Hunger, Kälte, Schwäche gezeichnet und von Läusen übersät, hatte man ein paar Tage zuvor nach Dachau mit Zügen oder auf den, wie ihn die Nationalsozialisten bezeichneten, Evakuierungsmarsch geschickt. Mit der Räumung weiterer Außenlager ging er später als Teil des Dachauer Todesmarsches in die Geschichte ein.

In der Stadt, in der Adolf Hitler als privilegierter Häftling in sogenannter Festungshaft 1924 das Hetz- und Hasswerk *Mein Kampf* verfasst und mit ihm die Verfolgung und Vernichtung der Juden angekündigt hatte, schloss sich der Kreis zwischen Theorie und Verwirklichung. Beginn und Finale der Endlösung als Ergebnis eines Gebräus aus Rassenideologie und Euthanasie, Neidgefühl und Antisemitismus, Größen- und Verfolgungswahn, angelegt als arbeitsteiliges Staatsverbrechen mit individuellen Gestaltungsmöglichkeiten und Freiraum für perverse Obsessionen einzelner. »Als dem Regime die Macht sichtlich zu entgleiten begann«, stellt der britische Historiker Ian Kershaw fest, »war das Leben der Häftlinge in den Konzentrationslagern oder staatlichen Haftanstalten den Launen ihrer Aufseher oder Gefängniswärter völlig unterworfen«. [8] Zu ihnen gehörte Wilhelm Tempel. Hinreichende Erfahrungen hatte der SS-Mann bereits unter anderem in Auschwitz gesammelt, bevor er im Juli 1944 nach Landsberg versetzt wurde. Völlig enthemmt knüppelte der fünffache Familienvater Tempel auf wehrlose Menschen ein oder schoss sie gleich nieder. Für die letzte seiner Exekutionen nahm er sich einige Stunden Zeit. Als Rapportführer war er maßgeblich für die Räumung des als Sammelstelle für den Todesmarsch und die Dachauer Transporte umfunktionierten Lagers I verantwortlich. [9]

Derweil lebte Hitler im fernen Berlin in seiner eigenen Unterwelt. Minister wie Hermann Göring waren in Ungnade gefallen, andere wähnten sich bereits als seine Nachfolger oder glaubten wie Heinrich Himmler, die Weichen für die Zeit nach Hitler stellen zu können. Der hatte kaum eine Gelegenheit ausgelassen, dem deutschen Volk in der Endphase zu bescheinigen, dass es nichts anderes als den eigenen Untergang verdient habe. Über den aber machten sich die meisten ohnehin schon längst keine Illusionen mehr. Die drängendste Frage war die nach der weiteren Zukunft. Sie wurde umso beherrschender, je weiter die Alliierten von Westen aufrückten und die Sowjettruppen von Osten unaufhaltsam die Reichshauptstadt in Angriff nahmen.

Kopflosigkeit wie kaltes Kalkül bestimmten gleichermaßen das Geschehen. Während Hitler in seinem Bunker stundenlang auf das von seinem Lieblingsarchitekten Hermann Giesler errichtete Modell seiner zukünftigen Reichshauptstadt Linz stierte, das mit regulierbaren Scheinwerfern den Lichtverhältnissen der jeweiligen Tageszeit angepasst war, lief dessen Bruder Paul, Gauleiter für München-Oberbayern und damit in etwa vergleichbar mit einem Ministerpräsidenten, zu amokartiger Höchstform auf.[10] Mit ebenso sinnloser wie unfassbarer Brutalität ging er gegen die eigene Bevölkerung vor und ließ gleichzeitig Rache an den politischen Gegnern nehmen. Abgesehen von der Unklarheit, wer in dem ganzen Chaos welchen Befehl gegeben hatte, mal Hitler selbst, vielleicht doch Himmler, schließlich dann wohl Ernst Kaltenbrunner als Chef des Reichssicherheitshauptamtes, war er mit der Realisierung der als *Wolkenbrand* und *Wolke 1* benannten finalen Ermordung der überwiegend jüdischen KZ-Häftlinge beschäftigt. Nachdem man Paul Giesler bescheinigt hatte, dass mangels Treibstoffs und Bomben die Ermordung aus der Luft nicht durchführbar sei, sollte vergiftetes Wasser den Erfolg herbeiführen. Aber auch das Wetter machte dem Vorhaben einen Strich durch die Rechnung. Beide Pläne scheiterten.[11] In der Endphase ging es der vor Ort wütenden SS und der

für den Bau der unterirdischen Rüstungsproduktion feder-
führenden Organisation Todt (OT), deren Leiter ebenfalls
der Architekt Hermann Giesler war, nur noch darum: Wohin mit den noch lebenden KZ-Häftlingen? Und dann vor
allem: wohin selbst? Dreh- und Angelpunkt in Bayern war
das Konzentrationslager Dachau. Wer nicht auf den Fuß-
marsch geschickt worden war, den hatte man in Güterwaggons verladen. Wenn auch nur ansatzweise, kann man am
Beispiel eines aus Nürnberg kommenden Zuges nachvoll-
ziehen, welchen Bedingungen die Menschen ausgesetzt waren. »Die geschlossenen Viehwagen boten nach der Öffnung
ein grässliches Bild«, notierte der tschechische KZ-Häftling
Karel Kašák in seinen geheimen Aufzeichnungen: »Auf dem
Boden lag eine eng zusammengedrängte Schicht von Leichen, voll Dreck, Schmutz und Fäulnis. Auf diesen Toten
wälzte sich eine Schicht absolut Schwacher und Sterbender,
die nicht einmal so viel Kraft hatten, einen Arm oder ein
Bein zu heben [...] Diese unglücklichen Gottesgeschöpfe
waren sechs Tage ohne Essen und Trinken und ohne Mög-
lichkeit auszutreten unterwegs. Menschlicher Kot in Form
von grünlichem Wasser floss den Sterbenden und Toten
über die Hände, Kleider, Gesichter und Haare [...]«[12]
  Der letzte Transport nach Dachau verließ den Kauferinger Bahnhof in der Nacht vom 26. auf den 27. April 1945.
»Unter dem Druck der rasch herannahenden US-amerika-
nischen Truppen«, schildert der Ortschronist Volker Gold,
»zwangen die nervös gewordenen Lagerkapos [...] mit
Schlägen und Geschrei die bis dahin Überlebenden und

gerade noch arbeitsfähigen Männer, die nicht mehr be-
wegungsfähigen, aber noch atmenden (Typhus-) Kranken
auf Pritschenwagen zu verladen, die dann mit Traktoren zu
dem bereitstehenden Evakuierungszug gefahren wurden.«
Die noch geh- und stehfähigen Lagerinsassen mussten in
Dreierkolonnen antreten und wurden unter strengster Be-
wachung zur Bahnstation geführt. Dort wurden rund 3500
Menschen in Güterwaggons zusammengepfercht.[13] Im
zwölf Kilometer entfernten Schwabhausen kam der Zug,
wieder einmal wie so oft in den vorausgegangenen Stunden,
gegen halb neun Uhr morgens zum Stehen. Auf dem Ne-
bengleis stand bereits ein von einer Flak-Einheit geschützter
Verpflegungszug der deutschen Luftwaffe, das ideale Ziel
für einen alliierten Luftangriff. »Die SS-Posten verließen
als erste den Zug und flüchteten in das benachbarte Wäld-
chen«, hielt der litauische Arzt Zalman Grinberg einen Monat später in seinen Bericht an den Jüdischen Weltkongress
fest. »Die Häftlinge beobachten dies«, fährt Grinberg fort,
»und da die Kugeln von allen Seiten einhämmerten, versuchten auch sie in den Wald zu flüchten [...]« Nachdem
der alliierte Fliegerangriff nach rund zehn Minuten vorbei
war, formierten sich die SS-Männer von Neuem, umzingel-
ten das Areal und schossen, so Grinberg, »in die Menge, um
wieder Disziplin und Ordnung hinzubringen [...] Wir hatten 136 Tote und 80 Schwerverletzte.«[14]

Wie moralisch verkrüppelt und seelisch verätzt musste
jemand sein, um diesem »Zäh-wie-Leder-hart-wie-Krupp-
stahl-Wahn« einer verkrachten Existenz wie Adolf Hitler

bis zum Ende verfallen zu sein? Einem, der sich von Kindheit an in einer pseudosakralen Dauerekstase befand, etwa als Sängerknabe im Chorherrenstift Lambach oder später als Stehkartenbesucher in der Wiener Volksoper? Einem Gedemütigten, den die Wiener Kunstakademie zweimal abgewiesen hatte, ausgerechnet ihn, der alles auf eine Künstlerkarriere gesetzt hatte? Einem Gescheiterten, der sich für kleinstes Geld in seinen Münchner Anfängen als Spitzel verdingt hatte? Einem vom Jähzorn Befallenen, der, wenn er nicht wieder einmal mit Selbstmord drohte, auch schon mal das gesamte Mobiliar eines Hotelzimmers zusammenschlug? Einem, der seine Umwelt täuschte, belog und betrog und sich an Allmachtsphantasien um Hass und Vernichtung berauschte? Nachdem das Unvorstellbare geschafft und er vom asozialen Nichts zum »größten Führer aller Zeiten« aufgestiegen war, mussten Millionen das durchleiden, was er sich für die Vergeltung an der Menschheit ausgedacht hatte. Millionen mussten um ein Stück Brot kämpfen, bangten und hofften um ihre nackte Existenz, nachdem man ihnen alles genommen hatte, und wurden dann doch qualvoll und gezielt in den Tod getrieben.[15]

Gerade jetzt, wo die Befreiung so nahe schien, konnte eine Scheibe Brot über Leben oder Tod entscheiden. Zwischen dem 23. und 25. April 1945 hatten sich die noch gehfähigen Lagerinsassen durch die Landsberger Innenstadt geschleppt, oft mit nichts mehr als dünnen, blau-grau gestreiften Häftlingsanzügen bekleidet, darunter bestenfalls zerschlissene Unterwäsche, die nackten Füße in Holzpantinen oder mit Lumpen umwickelt. Als »jüdische Säue«, wahlweise »jüdischer Dreck«, wie man den ersten KZ-Häftlingen bei ihrer Ankunft entgegengebrüllt hatte, brauchten sie zukünftig keine persönliche Habe mehr. Mäntel, Uhren, Schuhe, Schmuck und Wertpapiere, alles hatte man ihnen abgenommen. Stattdessen bekamen sie fortan kaum noch etwas zu essen. Zweck und Ziel lieferte der gelernte Steinbrecher, SS-Hauptscharführer Johann Viktor Kirsch, gleich hinterher: »… bis ihr tot umfallt!« Auf der Sandauer Brücke sah die zwanzigjährige Landsbergerin Christel Gradmann die vorüberziehenden Menschen: »Es war schrecklich. So etwas hatte ich noch nie gesehen. Man hatte ja nur davon gehört.« Nachdem sie einem bis auf die Knochen Abgemergelten ein Brötchen zugesteckt hatte, wurde sie von einem Wachbegleiter mit dem Gewehrkolben zur Seite gestoßen. Andere witterten dagegen Geschäfte.[16]

Sein Akkordeon, das letzte Relikt seines früheren Lebens, das er während seiner Odyssee durch das Ghetto von Kaunas und verschiedene Konzentrationslager bis nach Landsberg hatte retten können – für ihn als Pianisten nur ein Handklavier, aber wenigstens das – tauschte der litauische Musiker Isai Rosmarin jetzt auf dem Todesmarsch gegen zwei Laibe Brot. Ein am Rande stehender deutscher Schaulustiger hatte ihm das Geschäft angeboten.[17] Als Fania Durmashkin sah, wie ihre ein paar Meter vor ihr gehende Schwester Henia umzufallen drohte, rief sie deren Nachbarin zu, sie solle sie auffangen und stützen, eine Rettung in letzter Not. Wer nicht mehr laufen konnte, wer

Unter Lebensgefahr fotografierte der Landsberger Künstler Johann Mutter heimlich den Todesmarsch auf der Neuen Bergstraße. Stadtarchiv Landsberg.

schwächelte und stürzte oder zusammenbrach, wurde umgehend erschossen.

Während die KZ-Häftlinge durch die Stadt getrieben wurden, spielten sich nur ein paar Meter entfernt am Kleinen Exerzierplatz in unmittelbarer Nähe des Lechs tumultartige Szenen ab. In Windeseile hatte sich herumgesprochen, dass das Vorratsdepot mit Lebensmitteln in der alten Viehhalle von Landsbergs Stadtoberhaupt Karl Linn frei gegeben worden war. »Einige Fußgänger konnten ihre Beute kaum schleppen«, erinnert sich Werner Hemmrich, der als kleiner Junge seine Mutter begleitet hatte. Andere waren mit Fahrrädern und Leiterwagen angerückt. »Selbstbedienung ohne Lebensmittelkarten, ohne Reichsmark«, frohlockte Hemmrich damals. Dosenkonserven, Zucker, Mehl, Schweinefett, alles gab es in auf einmal in Hülle und Fülle. Dass Linn einen Tag später vor einem Münchner Standgericht noch einmal davonkam, war sicherlich ein Glücksfall. Dafür verfasste die von Heinrich Himmler gegen Ende des Krieges ins Leben gerufene Untergrundorganisation der Wehrwölfe einen Drohbrief: »Die Spatzen pfeifen es schon von den Dächern, dass der Herr Bürgermeister der Stadt Landsberg und seine Freunde zur kampflosen Übergabe der Stadt bereit sind«, versehen mit dem Hinweis, dass die Feme ihn überall erreiche. Am selben Tag wurde auch das Depot der Saarburgkaserne freigegeben. Die Wehrmachtssoldaten hatten vor dem anrückenden Feind rechtzeitig das Weite gesucht.

Das bedeutete jedoch nicht, dass man grundsätzlich bereit gewesen wäre, die Stadt kampflos den Amerikanern zu überlassen, im Gegenteil. Am 26. April brachten Pioniere des Wehrbereichs VIII aus München noch Sprengladungen an den beiden Lechbrücken an. Zuvor hatte der Standortkommandant der Saarburgkaserne, Major Wilhelm Jacob, mit gefälschten Befehlen das Eintreffen weiterer Kampftruppen verhindert. Gerade noch rechtzeitig konnte er mit dem Motorrad in seine Heimatstadt Füssen entkommen. Gegen die immer weiter wütenden Kräfte kamen aber selbst einsichtige Bürger um den späteren Oberbürgermeister Hans Pfannenstiel nicht an. Im letzten Moment wurden die beiden Lechbrücken gesprengt. Wie überall in Deutschland war es ein vergebliches Aufbäumen. Die Amerikaner gelangten einen Tag später über die südlich gelegene Lechstaustufe 15 in die Stadt.

Der Chaos- und Gewaltstaat lag in Trümmern, eine neue Ordnung war noch nicht in Sicht. Oben wurden aus Fenstern weiße Bettlaken und Tischdecken gehängt, unten in den Kellern kauerten die Bürger und harrten der Dinge, die da kommen würden. Sicherheitshalber schickten einige erst einmal ihre Frauen als Vorhut auf die Straße. Auch wenn sich die Stadt Jahrzehnte gerne als kleinen wehrlosen Ort darstellte, über den die große Geschichte gerollt war -Grund hatten die Landsberger allemal, sich vor der Zukunft zu ängstigen. »Der Wahn, zu den bedeutendsten Städten Deutschlands zu gehören«, vermerkte der langjährige Stadtheimatpfleger Anton Lichtenstern, »war mit dem Zusammenbruch der NS-Herrschaft nicht nur zu Ende, sondern hatte Schande über die Stadt gebracht.«[18] Dabei hatte zwölf Jahre vorher alles verheißungsvoll begonnen. Bei den Reichstagswahlen am 5. März 1933 wählten im katholischen Landsberg 44,9 Prozent der Bevölkerung die NSDAP, im gesamten Reich kam die Partei auf 43,9 Prozent, im restlichen Bayern auf 43,1 Prozent. Landsberg war Reichssieger. Bis zum Ausbruch des Zweiten Weltkrieges sollte es nur noch bergauf gehen.

Dank der neuen Verhältnisse ging der kleinbürgerliche, spießige Ort durch eine beachtliche Mauser. Diese wenig schmeichelhafte Bezeichnung stammte von Peter Dörfler, von 1911 bis 1915 Landsberger Stadtpfarrer. Nachdem er einige Heimatromane verfasst hatte, bestand er darauf, Mitglied der Preußischen Akademie der Künste zu werden. Als katholischer Geistlicher mit NSDAP-Parteibuch unterzeichnete er 1933 das »Gelöbnis treuester Gefolgschaft« für Adolf Hitler. Die ehemalige Hitlerzelle wurde eine Wallfahrtsstätte von internationaler Bedeutung, der Tourismus boomte, neue Herbergen und Gaststätten konnten sich vor NS-Sympathisanten aus aller Welt kaum retten. Zum Teil wurden sie mit Musikkapellen vom Bahnhof abgeholt. Unter den Einzelbesuchern befanden sich Größen wie der Reichsführer SS Heinrich Himmler, der sich oft in der Gegend aufhielt, um seinen Vetter, den Apfeldorfer Arzt und SS-Mitglied Dr. Hugo Höfle zu besuchen. Den beiden heimlich beim Nacktbaden im Lech zuzuschauen, galt zwar als verrucht, war aber eine willkommene Abwechslung für die Landjugend.[19]

An Fantasie und Ideen mangelte es den Lechstädtern wahrlich nicht. 1937 befand sich Reichsjugendführer Baldur von Schirach auf dem Höhepunkt seiner Macht. Auf Anregung der Stadträte ernannte er Landsberg zur *Stadt der Jugend* und ergötzte sich bei einer Großkundgebung auf dem Hauptplatz an seinen Visionen: »So wird Landsberg zu einem neuen großen Erziehungsfaktor unseres Volkes werden, und es wird keine Stätte außer Nürnberg eine solche Gewalt ausüben auf die Jugend unseres Volkes. Sie ist für uns durch Adolf Hitler zu einem nationalen Heiligtum geworden.« NSDAP-Ortsgruppenführer Wilhelm Nieberle, der es vom übers Land ziehenden Kleinhändler an die lokale Parteispitze gebracht und von seinen Gegnern als Wurst-Nazi bezeichnet wurde, hatte Hitlers Mantra von der neuen Jugend gleichermaßen verinnerlicht: »Eine gewalttätige, herrische, unerschrockene, grausame Jugend will ich. Schmerzen muss sie ertragen. Es darf nichts Schwaches und Zärtliches an ihr sein.«[20]

Als »Stadt der Jugend« wähnte sich Landsberg am Lech auf Augenhöhe mit München, Nürnberg und Berlin. Ein Besuch der ehemaligen Gefängniszelle ihres Führers war ein Muss für die Hitlerjugend.
Archiv Karla Schönebeck.

Schließlich wollte man dem Führer sogar sein ehemaliges Gefängnis schenken und es zur größten Jugendherberge im Reich umbauen. Nur mit der Ehrenbürgerschaft Hitlers klemmte es. Statt seine Urkunde trotz mehrfacher Einladungen in Landsberg persönlich entgegenzunehmen, musste man sie ihm schließlich schweren Herzens per Post nach München schicken. Offiziell hat Hitler nach seiner Haftentlassung die »Stätte seiner Schmach« nie wieder besucht, dafür kam er öfter außerhalb des Protokolls an den Lech, wie mit dem Propagandastar Leni Riefenstahl und seinem persönlichen Adjutanten, dem früheren Mithäftling Julius Schaub, und selbstverständlich mit dem nie von seiner Seite weichenden Heinrich Hoffmann, dem er als Leibfotograf eine Monopolstellung eingeräumt und ihn dadurch zum mehrfachen Millionär gemacht hatte. Entschädigt wurden die Landsberger durch die auf dem Hauptplatz endenden HJ-Gedächtnismärsche, eine operettenhafte Inszenierung als krönender Abschluss der Nürnberger Reichsparteitage. Dem martialischen Gehabe entsprachen Hitlers Pläne hinter den Kulissen. Obwohl »zum Zweiten Weltkrieg [...] außer H. und seinen Spießgesellen eigentlich niemand Lust« hatte, so der Historiker Golo Mann«, war die Kriegsmaschinerie bereits angelaufen.[21] Frankreich und Großbritannien setzten mit ihrer Appeasement-Politik weiter auf Verhandlungen, derweil Hitler mit seiner offensiven Expansionspolitik auf eine kriegerische Auseinandersetzung zusteuerte. Die ersten Anzeichen waren nicht zu übersehen. Am 3. Oktober 1938 lieferten Schlagzeilen der lokalen Presse einen weiteren Grund zum Feiern. Einer der ihren, Generaloberst Wilhelm von Leeb, 1876 in Landsberg geboren, war der »erste Heerführer, der unseren sudetendeutschen Kameraden die Befreiung brachte [...] Wir dürfen stolz sein.«[22] Leeb sollte sich als einer der opportunistischsten und feigsten Militärs des Dritten Reichs entpuppen. Mit dem Beginn des Zweiten Weltkrieges am 1. September 1939 gehörten Jubel und Trubel in Landsberg der Vergangenheit an. Bis zum Baubeginn der KZ-Außenlager im Sommer 1944 rückte die Stadt nur noch einmal in den ganz großen Blickpunkt.

Gleich am ersten Tag des *German Blitzkrieg* ereignete sich ein Vorfall, der zunächst wie eine Katastrophe für die Deutschen aussah. Um 14.27 Uhr waren am 10. Mai 1940 von dem bei Landsberg gelegenen Penzing bei klarer Sicht drei Flugzeuge der 8. Staffel des Kampfgeschwaders 51 gestartet, für den verantwortlichen Piloten Paul Seidel der erste große Einsatz. Diese Staffel des Edelweiß-Geschwaders sollte Dijon bombardieren. Dort kam sie aber nie an. Aufgrund eines Navigationsfehlers verlor die Dreierkette die Orientierung, wurde unruhig und hielt die Stadt, die sich unter ihr befand, offensichtlich für das französische Belfort. Die 69 Bomben trafen Freiburg im Breisgau und töteten 57 Menschen, darunter 22 Kinder. Keine vierundzwanzig Stunden später war die Welt wieder in Ordnung. Von der UfA-Tonwoche bis zur Freiburger Zeitung wurde die Öffentlichkeit darüber informiert, dass das Bombardement auf die badische Universitätsstadt ein infamer Angriff gewesen sei, »allen Gesetzen der Menschlichkeit und des

Völkerrechts hohnsprechend«. Aus den Penzinger Irrflie-
gern waren über Nacht britische Terroraggressoren geworden, die NS-Propaganda hatte ein Meisterwerk abgeliefert.
Planmäßige feindliche Bombenangriffe würden zukünftig
fünffach auf englische oder französische Städte vergolten.

In der Endphase des Dritten Reichs fehlten nicht nur
deutsche Arbeitskräfte für die Rüstungsindustrie. Sie fehlten
auch in der heimischen Wirtschaft, bei Gewerbetreibenden,
in der Landwirtschaft oder in der Gastronomie. Die umliegenden Bauernhöfe lieferten Mehl und Kartoffeln, die
Häftlinge vom Außenlager VII bei Erpfting mussten sie sich
selbst besorgen. Vor allem Frauen quälten sich, unter Be-
wachung, mehrmals in der Woche in das einige Kilometer
entfernt gelegene Dorf, um Milch zu holen. »Außenkom-
mandos- und lager«, stellt Sabine Schalm fest, »existierten
nicht isoliert in einem umgebungslosen und menschenlee-
ren Raum.«[23] Juden gehörten auch in Landsberg zum Stadt-
bild. Sie schufteten sich nämlich nicht nur unter dem Motto
»Vernichtung durch Arbeit« in den Rüstungsbaustellen zu
Tode, sondern schoben und zogen Baummaterial durch
Straßen, Plätze und enge Gassen. Unter der Auflage, ihnen
kein zusätzliches Essen zu geben, konnten Restaurantbesit-
zer Juden für Küchendienste wie Kartoffelschälen und Tel-
lerwaschen anfordern. Polnische Zwangsarbeiter verdingten
sich schon länger als Ernte- und Stallknechte bei den Stadt-
bauern in der Alten Bergstraße. »Der Gegenwert jüdischer
Zwangsarbeit für die deutsche Kriegswirtschaft dürfte mit
hoher Wahrscheinlichkeit deutlich größer gewesen sein als

die Erlöse, die die Nationalsozialisten aus dem Raub jüdischen Eigentums erzielten.«[24] Derjenige, der dafür reichsweit verantwortlich war, SS-Obergruppenführer und General der Waffen SS, Oswald Pohl, befand sich jetzt auf der Flucht. In Dachau hatte er kurz zuvor das Lebensmittellager plündern und die Beute auf das Gut Brünigs-Au bei Rosenheim schaffen lassen, das seine zweite Ehefrau Eleonore, verwitwete von Brüning, in die von Heinrich Himmler mitarrangierte Ehe gebracht hatte.[25]

Im gleichen Aufwasch wurden Akten und Unterlagen vernichtet, auch in Landsberg, wo der katholische Gefängnisgeistliche Karl Morgenschweis kräftig mithalf.«[26] Werner Hemmrich, dessen Vater Franz als Gefängniswärter Adolf Hitler nach dem sogenannten Novemberputsch vom 9. November 1923 und auch danach bewacht hatte, erinnert sich, wie belastendes Material im Heizkraftwerk verfeuert wurde: »Reiche Münchner Nazis hatten ihre wertvolle Kleidung, darunter Ballroben und Abendanzüge, hierhergeschafft. Als die Amerikaner kamen, musste das alles schleunigst weg. Übrigens auch Hitlers Pantoffeln, in seiner ehemaligen Gefängniszelle eine Art Devotionalie.« Mit ähnlichem Eifer hatten Hemmrich und seine Kollegen weggeschaut, als der kleine Revoluzzer, wie sie ihren prominenten Gefangenen nannten, das Gefängnis am 20. Dezember 1924 als freier Mann verließ. Auf eine Gepäckkontrolle hatten sie verzichtet. Das gleiche galt einen Monat später bei der Haftentlassung seines Fahrers Emil Maurice. Das im Holzgehäuse eines Grammophons versteckte

Manuskript von *Mein Kampf* hatte er problemlos heraus-
schmuggeln können.[27] »Als die Amerikaner kamen«, gab
der für alle Landsberger Lager zuständige stellvertretende
Kommandant Vinzenz Schöttl bei seiner Vernehmung im
Vorfeld der Dachauer Prozesse handschriftlich zu Protokoll, »fuhr ich mit Sturmbannführer Förschner nach Epfach, von dort fuhren wir wieder zurück nach Landsberg
und wollten nochmal zum Lager zurück, fuhren mit dem
Wagen auf drei T-Minen wobei wir Verletzungen davontru-
gen.« Schöttl war ein Mann der ersten Stunde. Vom einfachen Kassierer mit schlichtestem Gemüt, dabei durch und
durch der Sache im vorauseilenden Gehorsam verpflichtet,
hatte er sich ab März 1933 im KZ Dachau hochgearbeitet,
geschlagen und gemordet und irrte nun vor seiner Vergangenheit und deren Konsequenzen durchs Oberbayerische
umher, nicht ohne vor seiner Verhaftung noch eine Nacht
bei seiner Familie in Landsberg zu verbringen.[28]

In dem allseits herrschenden Durcheinander stach eine
Gruppe hervor. Während sich die Reste der deutschen
Kampfgruppen in sichtbarer Auflösung befanden, bewegten sich parallel zu ihnen, zuweilen kreuzten sich ihre Wege,
Soldaten der russischen Wlassow-Armee (ROA) über Straßen, Felder, durch Dörfer und Städte. Wohin sie sollten,
und die meisten von ihnen auch wollten, das stand fest,
nämlich zurück in die Heimat, um sie endlich vom Bolschewismus zu befreien. Nachdem General Andrej Andre-
jewitsch Wlassow 1942 bei Leningrad in deutsche Kriegsgefangenschaft geraten war, hatten er und seine Soldaten

die Seiten gewechselt. Der vormals getreue Stalinanhänger General Wlassow war zu einem seiner erbittertsten Gegner geworden. Fortan kämpften rund 700 000 gefangen genommene Offiziere und Soldaten für die Deutschen, auch bei der Luftwaffe und der Waffen SS. Dies zwar gegen den ausdrücklichen Willen Hitlers, dafür umso mehr nach dem von Heinrich Himmler (und seinem eigenen Reich im Chaos- und Gewaltstaat der Nationalsozialisten). Infolge des Attentats auf Adolf Hitler vom 20. Juli 1944 war Heinrich Himmler auch noch zum Befehlshaber des Ersatzheeres berufen worden war. Die Uniformen der Roten Armee, darauf hatte der Patriot Wlassow bestanden, trugen sie weiterhin. »Wie die durch die Landsberg marschierten, das war schon beeindruckend«, fasste Werner Hemmrich seine Beobachtungen zusammen. Der General hatte im April 1945 in Unterdießen bei Landsberg Quartier bezogen. Seine Soldaten sollten von Buchloe und Fürstenfeldbruck per Bahn nach Linz gebracht werden, um dann weiter nach Osten zu gelangen. Unterwegs begegneten sie auch russischen KZ-Häftlingen auf deren Todesmarsch. Als sie vertraute Wortfetzen hörten, kam es vereinzelt zu Verbrüderungsszenen, die wiederum die SS mit Waffengewalt zu stören wusste. Irgendwo auf dem Marsch ins Ungewisse waren auch den Durmashkin-Schwestern Ukrainer aufgefallen, mehr fragmentarisch, denn bestimmt. Die Angst, mehr noch, die Panik, was aus ihnen werden würde, bestimmte sie mehr als irgendein klarer Gedanke oder gar die Fähigkeit zu erkennen, ob auch sie KZ-Häftlinge waren. [29]

»Wlassow-Soldaten einer ukrainischen Einheit«, erinnert sich dagegen Abba Naor, »waren es gewesen, die sich am 27. und 28. März 1944 in Kaunas daran gemacht hatten, versteckte Kinder aufzuspüren und sie mit ihren Müttern in den Tod zu schicken.« Naor hatte bei dieser »Aktion« seinen jüngsten Bruder Berale verloren, später auch seine Mutter, von der er endgültig im KZ Stutthof getrennt wurde. Ohne seine Familie war auch der litauische Arzt Zalman Grinberg nach Landsberg gekommen. Ihm war es noch rechtzeitig gelungen, seinen einjährigen Sohn aus dem Ghetto von Kaunas, dessen Krankenhaus er mit aufgebaut hatte, zu schmuggeln. Anschließend hatte er ihn betäubt und in einem mit Luftlöchern versehenen Art Grab versteckt. Danach nahmen ihn christliche Verwandte seiner Frau Eva auf. Hilfe hatten Zalman Grinberg und sein Kollege Nachum Katz nach dem Angriff auf den Häftlingszug bei Schwabhausen kaum zu erwarten. Weitere achtzehn Zuginsassen waren in der Nacht ihren Verletzungen erlegen. Medikamente, Verbandsmaterial und vor allem die Bestattung der Toten waren zu besorgen. Leidenschaftlich geführte Wirtshausdiskussionen darüber, ob Hitler ein Drecketer oder Heiliger sei, hatten die Dorfbewohner längst hinter sich gelassen. Statt den beiden Ärzten zur Seite zu stehen, stiegen die Dorfbewohner über die auf dem Boden liegenden Toten. Nicht alle hatten dabei ein gutes Gewissen, aber die Bedenken wurden schnell verdrängt, schließlich war es wichtiger, den auf dem zweiten Gleis abgestellten Versorgungszug zu plündern. Schwabhausen war im Gegensatz zu Landsberg noch nicht befreit. »Wir waren plötzlich im Niemandsland«, stellte Grinberg fest, »es waren keine Deutschen da, auch Amerikaner waren nicht zu sehen. Ringsumher brannte alles. Wir hörten schwere Detonationen und Granaten [...].«[30]

Noch am Abend des Beschusses durch die Amerikaner hatte die SS, nachdem ein Großteil der geflohenen KZ-Häftlinge wieder eingefangen war, die Lokomotive ausgewechselt und den aus vierzig Waggons bestehenden Zug, teilweise ohne Dach und schwer beschädigt, weiter gen Dachau geschickt. Die übrigen Verletzten und Verwundeten sollten am folgenden Tag um die Mittagszeit ebenfalls dorthin transportiert werden. Eile war geboten. Deshalb machte sich Grinberg in der Früh als erstes auf den Weg zu Bürgermeister Dominikus Sedlmaier. In der Frage der Totenbestattung stimmte ihm das Dorfoberhaupt zu, wenngleich es noch zwei Tage und der Sonntagspredigt des Pfarrers bedurfte, diesem Anliegen nachzukommen. Ansonsten hatte der Arzt den Eindruck, dass er nichts als eine lästige Plage war, die man irgendwie loswerden musste. Jedenfalls hatte Sedlmaier zwischenzeitlich den örtlichen Volkssturm mobilisiert. Er sollte die Verletzten am Bahnhof zusammentreiben. Nachdem auch der Bahnhofsvorsteher Grinberg hatte ins Leere laufen lassen, indem er darauf bestand, den Zug weiterfahren zu lassen, nahm der litauische Arzt unter anderem mit dem Juristen Samuel Gringauz, seinem Kollegen Nachum Katz sowie Jacob Olejski einen zweiten Anlauf bei Sedlmaier. Zwischen-

zeitlich war eine deutsche Ärztin, eine Rot-Kreuz-Fahne
schwingend, auf ihrem Motorrad nach Schwabhausen gekommen und hatte den Bewohnern zugerufen, amerikanische Panzer rollten auf das Dorf zu. Nicht zuletzt der
Hinweis von Grinberg, wenn der Bürgermeister weiter alles abblocke, müsse er damit rechnen, von den Amerikanern erschossen zu werden, veranlassten ihn, endlich dessen Forderungen nachzugeben.

Dieses zähe Ringen stieß bei den Zurückgebliebenen
nicht auf ungeteilte Zustimmung. Israel Kaplan, ein scharf-
sinniger Intellektueller und wie Grinberg aus Kaunas, hielt
später fest, dass viele Juden nur ein müdes Lächeln übrig-
gehabt hätten: »Engagierte KZler bemühten sich, die Menschen wieder in den Hühnerkäfig zu bringen.« Genau das
versuchten diese zwar zu verhindern, Kaplans spöttischer
Kommentar zeigt aber auch, wie angespannt und aufgela-
den die Stimmung untereinander war und mit welchem
Misstrauen man jenen aus den eigenen Reihen begegnete,
die es wagten, mit Deutschen auch nur zu sprechen. Ver-
söhnlicher zeigten sie sich erst, als Grinberg nach seiner
Rückkehr aus dem Dorf ein Rotes-Kreuz-Abzeichen an einem Ärmel trug. Er hatte es einem Wehrmachtsoldaten ab-
getrotzt und es wies ihn nun offiziell als Arzt aus.[31]

Um Essbares und etwas zu trinken hatten sich einige
Häftlinge bereits selbst gekümmert, indem sie sich »hin-
kend und schleppend«, wie Grinberg feststellte, über das
Dorf verbreitet hatten. Andere hatten sich schnellstens aus
dem Staub gemacht. Zu ihnen gehörte Uri Canoch, ein

Greis von siebzehn Jahren, dem die Deutschen in Kaufering »die Seele genommen hatten«. Nachdem er sich selbst die Freiheit wieder gegeben hatte, wusste er nichts mit ihr anzufangen. Der von Zwangsarbeit und Folter gezeichnete Junge hatte sich schließlich auf seiner Odyssee rund um Landsberg ein Fahrrad »organisiert« und war auf dem Hauptplatz gelandet: »Da stand ich nun. Ich hatte meine Freiheit. Aber, was macht man mit ihr? Wo sollte ich hin? Ich kannte niemanden. Meine Familie war tot, nur mein Bruder lebte wohl. Aber wo war er? Ich wusste nichts«.

Von seinem deutschen Kollegen, dem Dorfarzt Philipp Arnold, den er am Morgen ebenfalls aufgesucht hatte, erhielt Zalman Grinberg schließlich Unterstützung. Der ging ihm bei der medizinischen Versorgung zur Seite, vor allem redete er den Bewohnern ins Gewissen. Arnolds Autorität zeigte Wirkung. Zwischen 400 und 500 Menschen erhielten schließlich Milch und Brot, und die Männer und Frauen des Dorfes gingen ihnen zur Hand. Die in den Wäldern liegenden Verwundeten wurden zuerst zum Lagerhaus, dann in die beheizte und mit Stroh ausgelegte Gaststube des Dorfwirtes getragen. Von den Amerikanern war immer noch nichts zu sehen. Die waren unter anderem damit beschäftigt, in Landsberg die ersten Wohnungen, Häuser und Geschäfte zu beschlagnahmen, darunter auch das Waitzinger Bräu, wo sie sich, glaubt man Zeitzeugen, ausschweifend dem Genuss bayerischen Bieres hingaben. Gezielt sammelten andere US-Soldaten den Bürgermeister, Geistliche, Geschäftsleute und NS-Funktionäre ein, um die toten KZ-Häftlinge bestatten zu lassen. Es traf aber auch normale Bürger, die auf der Straße in ihr Blickfeld gerieten. Christel Gradmann, die noch ein paar Tage zuvor einem Juden auf der Sandauer Brücke ein Stück Brot zugeschoben hatte, wurde auf dem Weg zum Bäcker von amerikanischen Soldaten auf einen Lastwagen gehievt und Richtung Kaufering geschafft: »Ich kannte die Uniformen nicht, schon gar nicht ihre Sprache. Ich war aber auch nicht die einzige Frau, die sie wegschleppten. Die brüllten nur rum.«

Bevor sich die rund 250 Bürgerinnen und Bürger an die unfreiwillige Arbeit machten, die Leichen zu bestatten, hielt US-Oberst Edward Seiler von der 12. Panzerdivision eine Rede. In ihr klärte er die Landsberger über die Rolle Johann Baptist Eichelsdörfers, den man für die begleitenden Armeefotografen zwischen die ermordeten KZ-Häftlinge gestellt hatte, auf: »Ich stelle Ihnen hier den Mann vor, der Kommandant dieses Lagers war. Er war hauptverantwortlich für die Matern an diesen Unglücklichen, die hier vor Ihnen liegen.« Er fuhr fort: »Sie mögen sagen, dass Sie keine persönliche Verantwortung haben, aber denken Sie daran, dass Sie für die Regierung einstanden, die Gräueltaten wie diese verübte.« Genauso wenig, wie sich Christel Gradmann an diese Worte erinnern konnte, wusste sie auch später nicht mehr, was sie während der acht Stunden in dem ehemaligen Todeslager Hurlach wirklich getan hatte: »Die ganze Zeit ging mir nur durch den Kopf, dass meine Eltern nicht wussten, wo ich war. Ich wollte unbedingt noch vor Einbruch der Dunkelheit nach Hause. Es war doch Sperrstunde.«

Während die Amerikaner Landsberg in Besitz nahmen, hofften die rund zwanzig Kilometer entfernt ansässigen Patres und Brüder der Benediktinerabtei St. Ottilien auf die Rückgabe ihres Klosters. Vier Jahre härtester
Prüfungen lagen hinter ihnen. Im Mittelpunkt ihres Wir-
kens stand die weltweite Mission. Ungläubige in Afrika,
Asien, bis nach Korea, hatten sie von ihrem 1908 errichteten Klosterdorf aus zum katholischen Glauben bekehrt.
Am 17. April 1941 war ein Aufgebot der Gestapo in ihren kleinen, abgeschiedenen Kosmos gestürmt, hatte ein
Schreiben des Heinrich Himmler unterstehenden Reichssicherheitshauptamtes (RSHA) Berlin, vorgelegt und die
Aufhebung angeordnet. »Das Kloster«, ließ der Anführer
Abt Willibald lautstark wissen, »hat durch seine Sammlun-
gen dem Nationalvermögen große Summen entzogen und
für eigene Zwecke verwendet, was im Interesse der Zusammenfassung aller Kräfte auf ein Ziel heutzutage nicht
mehr tragbar ist, und somit geschieht, was zu geschehen
hat.« Vorausgegangen waren Hausdurchsuchungen und
Verhöre durch den Sicherheitsdienst (SD), die die Verantwortlichen ahnen ließen, was möglicherweise auf sie zukommen könnte. Einige Gegenstände, darunter wertvolle
Monstranzen, hatten die Geistlichen rechtzeitig bei Vertrauten verstecken können. Das Angebot, wenigstens nur
einen kleineren Teil des Klosterbetriebs als Wehrmachts-
lazarett zu nutzen, hatte jedoch an der Aufhebung nichts
zu ändern vermocht. Die verbleibende Landwirtschaft
mit 64 Patres und vier Brüdern wurde unter die Kontrolle

des SD und unter Kriegsrecht gestellt, das gesamte Areal zum Sperrgebiet erklärt. Wer nicht an die Front geschickt worden war, wurde in die Zweigstellen, die Benediktinerklöster Schäftlarn, Münsterschwarzach und Schweiklberg verbannt. Es gab aber auch Ordensmitglieder wie Pater Albrecht, der im Priesterblock des KZ Dachau interniert worden war. Als letzten Wunsch seiner strenggläubigen Mutter Anna Maria, die im September 1941 gestorben war, hatte SS-Reichsführer Heinrich Himmler den Benediktinermönch zu Weihnachten freigelassen. Ein Gefallen, der für die Erzabtei nach der Befreiung noch Folgen haben sollte. [32]

Am 28. April 1945 gegen 19.15 Uhr, die Mönche saßen gerade beim Abendessen, fuhr eine von Eresing kommende amerikanische Panzerformation auf das Kloster zu. In dem beschaulichen Dorf, in dem selbst die Schützengesellschaft »Gemütlichkeit« hieß, hatte es einen Tag zuvor 17 Tote gegeben.[33] Sie gehörten zu einem Trupp herumirrender Wlassow-Soldaten, die bei einem Tieffliegerangriff getötet und in einem Massengrab auf dem Friedhof von St. Ottilien umgehend bestattet worden waren. In der darauffolgenden Nacht hatten SS-Leute in Zivil, wie sich die im Wehrmachts-Lazarett arbeitende deutsche Physiotherapeutin Erika Grube erinnerte, jüdische Häftlinge »wie Vieh am Klostergelände vorbeigetrieben.« Einer brach zusammen und wurde, am Boden liegend, erschossen und liegengelassen. Es dürfte sich um KZ-Häftlinge eines weiteren Todesmarsches nach Dachau gehandelt haben.[34]

Betriebsleiter Pater Moritz eilte den Amerikanern entgegen, begrüßte den Kommandanten und erklärte ihm,
dass kein Widerstand zu erwarten sei. Die erste Anordnung
der Amerikaner war das Verbot des Hitlergrußes, dessen
Porträts die deutschen Ärzte vorher eiligst von den Wän-
den entfernt und verbrannt hatten. Zudem erklärten sie die
deutschen Soldaten zu Kriegsgefangenen. Dann waren die
Amerikaner wieder verschwunden, auch, um sich an der
Befreiung Münchens zu beteiligen. Sie kehrten erst am 30.
April wieder zurück. Am selben Tag wurde auch Schwabhausen befreit. Dank der maßgeblichen Hilfe von Captain
Otto B. Raymond, einem Katholiken aus St. Louis, wurden
die Verletzten nach St. Ottilien gebracht. Grinberg stellte
seinen Anteil an dieser Maßnahme gebührend heraus, erwähnte aber mit keinem Wort seinen deutschen Kollegen
Arnold, der seit Jahren ehrenamtlich auch als Hausarzt für
die Mönche in St. Ottilien tätig war und die Amerikaner
auf das Wehrmachtslazarett in St. Ottilien aufmerksam gemacht hatte. Dafür mag er gute Gründe gehabt haben, vor
allem seinen jüdischen Leidensgenossen gegenüber. Wenn
sie schon seine Gespräche mit Deutschen argwöhnisch be-
äugt hatten, wie sollten sie erst auf die Nachricht reagie-
ren, dass der ebenso charismatische wie eigenwillige Grinberg noch viel weiter gegangen war? Er hatte es gewagt, in
einem mit rund 2000 deutschen Soldaten belegten Lazarett, heimlich und irgendwie zwischendurch während der
unklaren Situation in Schwabhausen, um die Behandlung
von 50 schwerverletzten jüdischen Patienten zu bitten, und

das zusammen mit einem deutschen Mediziner, dem nicht minder eigensinnigen Philipp Arnold.

Mit deutschen Ärzten verbanden Juden Selektionen, Experimente, den Tod. Jedenfalls ist diese Tollkühnheit weder in amerikanischen Aufzeichnungen noch von Zalman Grinberg in seinen späteren Berichten vermerkt, allenfalls als marginales Ereignis. Die deutsche Physiotherapeutin Erika Grube hatte in ihren Aufzeichnungen festgehalten, dass Dr. Arnold mit NSDAP-Mitglied und Oberfeldarzt Maier über die Aufnahme von schwer verwundeten KZ-Häftlingen verhandelt habe, nur um die Antwort zu erhalten: »Für Juden ist kein Platz in einem deutschen Lazarett.« [35]

Weder Grinberg noch Arnold wollten sich mit dieser Absage zufriedengeben. Bestätigt wurde dies über siebzig Jahre später von Peter Kubierschky, damals 15 Jahre alt und Sohn von Heinz Kubierschky: »Mein Vater war Chefarzt einer kleinen Station in St. Ottilien. Er hat mir erzählt, wahrscheinlich am 28. April, jedenfalls war es ein Wochenende, dass der Schwabhausener Dorfarzt mit Dr. Grinberg bei ihm erschienen sei und um Aufnahme einer Gruppe schwerverletzter KZ-Häftlinge gebeten habe.« [36] Die Ärzte der Abteilung seines Vaters hätten den Fall untereinander diskutiert und seien zu dem Ergebnis gekommen, dass der Eid des Hippokrates verpflichtender sei als alles andere: »Wo ärztliche Hilfe benötigt wird, muss man sie auch gewähren«. Man habe aber nur Platz für rund 30 Patienten im einzig freien Raum gehabt, dem Festsaal der Schule. Sein Vater sei sich der Gefahr durchaus bewusst gewesen: »Der Krieg war noch nicht zu Ende, und die herumziehenden SS-Kommandos ahndeten Kollaboration mit sofortiger Erschießung!«

Seit 1884 ist St. Ottilien die Heimstatt der Missionsbenediktiner und das Stammkloster der Ottilianer Kongregation. Archiv St. Ottilien.

Das Klosterdorf St. Ottilien ist bis in die Gegenwart ein Postkartenidyll geblieben. Foto: K. Schönebeck.

2 VIEL LEID, WENIG MITLEID

Landsberg war vergleichsweise heil davongekommen. Nicht ein Haus war nennenswert getroffen, lediglich in das spätgotische Bayertor hatte sich eine amerikanische Panzergranate verirrt. Glaubt man dem späteren Landrat Bernhard Müller-Hahl, traf das auch auf die religiöse Verfasstheit der Einwohner zu. Sie waren seit Jahrhunderten vom Katholizismus geprägt. Bis auf einige »Taufscheinchristen«, die während des Dritten Reiches »abgebröckelt« waren, hatten sie ihrer Kirche die Treue gehalten. Nach Kriegsende galt das erst recht. Von den rund 2,7 Millionen Deutschen, die den Kirchen den Rücken gekehrt hatten (Hitler selbst war nie aus der Kirche ausgetreten), wendeten sich viele wieder dem wahren Glauben zu. Das galt auch für einige der Verurteilten der Nürnberger sowie der Dachauer Prozesse, die bald schon nach Landsberg in das ehemalige Hitler-Gefängnis gebracht wurden. Die Amerikaner hatten es in ihr War Criminal Prison No. 1, WCPL, umfunktioniert. Auf die Vertreter Gottes auf Erden setzten zunächst auch die Sieger, ausgerechnet auf sie. »In den ersten Wochen und Monaten nach Kriegsende«, konstatiert der Historiker Norbert Frei, seien es die Kirchen gewesen, denen als einziger, »vermeintlich unkompromittierter Elite, die besondere Wertschätzung der Militärregierung zuteil« wurde. Wem sie dabei vor Ort vertraute, verdeutlichte der mit einem weitreichenden Verständnis von Seelsorge ausgestatte katholische Gefängnisgeistliche Karl Morgenschweis. Erst unter den Nationalsozialisten, dann übergangslos für die Amerikaner tätig, erheiterte er seine Zuhörer zwanzig Jahre später, als er an seine Erfolge in der Nachkriegszeit erinnerte: »[…] und ich freue mich noch heute, dass es mir gelungen ist, die Amerikaner oft auszuschmieren, den Deutschen zu helfen, nicht bloß den Gefangenen […].«[37]

Vor der Machtübernahme hatten die Vertreter der Kirchen die feindliche Haltung der Nationalsozialisten ihnen gegenüber verurteilt. Nach dem 31. Januar 1933 ging es ihnen vor allem erst einmal darum, die eigenen Interessen zu wahren. Bereits vor der endgültigen Unterzeichnung des heute noch geltenden Reichskonkordats vom 20. Juli 1933 hatte sich der Münchener Kardinal Michael von Faulhaber zwar noch darüber beschwert, dass nahezu hundert Geistliche in Gefängnisse eingeliefert worden waren. Das hinderte ihn aber nicht daran, vor Adolf Hitler einen Kotau zu machen. Am 24. Juli 1934 teilte er ihm schriftlich mit: »Was die alten Parlamente und Parteien in sechzig Jahren nicht fertigbrachten, hat Ihr staatsmännischer Weitblick in sechs Monaten weltgeschichtlich verwirklicht. Für Deutschlands Ansehen nach Osten und Westen und vor der ganzen Welt bedeutet dieser Handschlag mit dem Papsttum, der größten sittlichen Macht der Weltgeschichte, eine Großtat von unermesslichem Segen […] Uns kommt es aufrichtig aus der Seele: Gott erhalte unseren Reichskanzler.« Vor diesem Hintergrund aus politischer Blindheit, Instinktlosigkeit und der Furcht vor dem Verlust der eigenen Macht fanden einzelne Katholiken, die sich gegen das Regime auflehnten, kaum Rückhalt von ihren Oberen.

Als die Kirchenführer realisierten, dass die von den Nationalsozialisten aufgestellte Vogelscheuche gegen das von ihnen ebenfalls wenig gelittene Judentum sowie Bolschewismus, Kommunismus[38] oder Homosexualität ein richtiger Jäger mit einem echten Gewehr war, verfielen sie in Schweigen. Schon bald hatten sie vor den Nationalsozialisten kapituliert und waren darauf bedacht, sich mit dem neuen Regime zu arrangieren. Es kam einer Kollaboration mit dem Regime gleich. Erst in den letzten Jahren vor der Kapitulation regte sich erkennbare Ablehnung. Der daraus resultierende Eindruck kirchlichen Widerstands wurde nach 1945 intensiv gepflegt, eine Mitschuld oder Mitverantwortung wiesen die Verantwortlichen beider Kirchen weit von sich. Ihnen stellte Konrad Adenauer nachträglich ein vernichtendes Urteil aus. In einem vom 23. Februar 1946 datierten Brief an den Bonner Geistlichen Bernhard Custodis erklärte er: »Ich glaube, wenn die Bischöfe alle miteinander an einem bestimmten Tag öffentlich von den Kanzeln aus dagegen Stellung genommen hätten, sie hätten vieles verhindern können. Das ist nicht geschehen und dafür gibt es keine Entschuldigung.« Die Mönche von St.

Ottilien hatten unter dem Joch der Nationalsozialisten ge-
litten. An ihrer Haltung Juden gegenüber hatte dies wenig
zu ändern vermocht.

Am 30. April 1945 wurden über 500 Verletzte und Verwundete von Schwabhausen in das benediktinische Klosterdorf gebracht. Zwei Tage später starben Levin Mor-
tel und ein weiterer namentlich unbekannter Patient. Im
Gegensatz zu dem Begräbnis von 17 Soldaten der Wlassow-Armee, die am 17. April von den Alliierten beschos-
sen worden waren, als sie sich auf dem Fußweg nach Eresing befanden und auf dem Klosterfriedhof in einem
Massengrab ihre letzte Ruhestätte gefunden hatten, war
die Judenbestattung, die auf einem abgesonderten Terrain
stattfand, für viele Bürger ein »harter Bußgang«. Freiwillig
hatten sie ihn nicht beschritten. Auf Befehl Captain Rey-
monds mussten die kriegsgefangenen deutschen Soldaten
sowie Ärzte, Mönche und das Pflegepersonal an der vom
ungarischen Militär-Rabbiner Weiss zelebrierten Beerdi-
gung teilnehmen. Die für ganz Deutschland geltende Kapitulation wurde zwar erst am 8. Mai unterzeichnet. Einen
Vorgeschmack, wie hart die Amerikaner durchgreifen würden, bekamen die St. Ottilianer bereits vorher zu spüren.
Den Kernsatz der US-Direktive JCS 1067 vom 26. April
traf neben den Tätern auch die Bevölkerung: »Deutschland wird nicht besetzt zum Zwecke seiner Befreiung, sondern als besiegter Feindstaat.«

Erzwungene Totenbestattungen oder Beschlagnahmun-
gen wurden von den Deutschen als verächtlich machende

Herabsetzung und Kollektivbestrafung begriffen. Angefacht durch die Demütigung einzelner oder bestimmter Gruppen fühlte sich bald ein ganzes Volk – wieder einmal – schlecht behandelt. Die Mönche hatten darauf gebaut, den Betrieb umgehend und uneingeschränkt wieder aufnehmen zu können. Stattdessen wurden die Weichen in die entgegengesetzte Richtung gestellt. Gerade mit Juden sollte man das Kloster teilen? Ihre Befreiung hatten sie sich anders vorgestellt. Die rund 2000 verwundeten Soldaten des ehemaligen Wehrmachtslazaretts St. Ottilien, unter ihnen frisch Operierte, Sterbende wie Genesende, wurden zum Teil in Gänge und Flure verlegt, um Platz für die jüdischen Patienten zu schaffen. Wer transportfähig schien, wurde eiligst auf amerikanische Armeelastwagen gehievt und zur Weiterbehandlung unter anderem nach Tutzing an den Starnberger See geschafft. Die Mehrzahl der Juden wurde auf der Station von Dr. Kubierschky in der alten Schule untergebracht. Wie schon unter den Nationalsozialisten wurde das Kloster wiederum zum Sperrgebiet erklärt und unter fremde, diesmal amerikanische Verwaltung, gestellt. Im ehemaligen Pilgergasthof richtete die Militärregierung ihr Büro ein, ohne einen Passierschein durfte niemand mehr das Areal betreten oder verlassen. Unter den deutschen Ärzten befanden sich noch immer einige, die es ablehnten, Juden zu betreuen. Sie wurden aber noch gebraucht, da es am Anfang keine arbeitsfähigen jüdischen Mediziner gab, die Amputationen und die Behandlung von Schussverletzungen hätten vornehmen können. Es sei schlimmer als auf manchem Schlachtfeld zugegangen, erinnerte sich Heinz Kubierschky. Außerdem sprangen amerikanische Soldaten ein, die aus Mitleid den bis auf die Knochen Abgemagerten statt einer dringend gebotenen Diät kiloweise Vollmilchpulver, Butter, Dosenfleisch und Schokolade gaben. In der ersten Woche starben 35 Patienten nicht nur an ihren Verletzungen, sondern auch an Fettembolien. Jahrelang hatten die meisten nicht mehr als Brot, Wasser, dünnen Kaffee, Marmelade und Kartoffeln erhalten. Für ihren Tod machten die Mönche Zalman Grinberg persönlich verantwortlich. Der Chronist Pater Frumentius Renner konnte es sich nicht verkneifen, ihn in seinen 1990 erschienen Aufzeichnungen als »ein gewisser Dr. Grinberg« zu bezeichnen. Er sei es gewesen, der ihnen diese Nahrung zugestanden habe: »Die Folge davon war, dass Hungertyphus und Ruhr in kurzer Zeit eine ganze Anzahl der ausgemergelten Männer, Frauen und Kinder befielen.«

Wenn es stimmt, dass jeder früher oder später eine Geschichte erfindet, die er für sein Leben hält, dann war jetzt die Zeit für Legenden, Mythen und Selbstdarstellungen angebrochen. Je nachdem, auf welcher Seite man stand, ergaben sich Stimmungs- und Meinungsbilder, die unterschiedlicher nicht sein konnten. Jeder sprach für sich, konnte oder wollte den anderen nicht sehen, und über allem, manchmal auch mittendrin, standen die Amerikaner – als Besatzer oder Befreier. In diesen von Männern dominierten Welten arbeitete die deutsche Physiotherapeutin Erika Grube: »Ich habe damals eine Toleranz gelernt, die ich zuvor nicht kannte.« Nach der ersten Schabbes-Feier hatten sich Schwestern über die fremden Bräuche der polnischen, ungarischen oder baltischen Patienten mokiert. Zu denen gehörte es beispielsweise, dass sie ab Freitagabend keine Lichtschalter mehr bedienen durften. Selbstkritisch fragte sich Erika Grube, »wie viele unserer Bräuche, die uns von Kindheit an selbstverständlich sind«, mochten anderen lächerlich erscheinen?[39] Die Mönche konzentrierten sich darauf, auf dem für sie verbliebenen Terrain ihr Leben wieder neu zu ordnen und ihrer Berufung, der Mission, nachzugehen. Dazu ergaben sich unerwartet einige Möglichkeiten. »Am Fest Christi Himmelfahrt empfing der jüdische Häftling Benedikt Kraus die heiligen Sakramente der Taufe, Erstkommunion und Ölung. Zwei Tage darauf ist er überglücklich gestorben.« Die Chronik verzeichnete noch einige weitere Glaubensübertritte.[40] Den Konvertiten sei es am schlimmsten ergangen, stellte allerdings Heinz Kubierschky fest. Sie seien von den übrigen völlig isoliert gewesen.

Einen Tag nach Christi Himmelfahrt, am 11. Mai 1945, fuhren Bruder Walter und Subprior Pater Optatus auf einem Traktor samt Anhänger zum Kloster Andechs oberhalb des Ammersees, um Bier für die deutschen Soldaten zu organisieren. Gleichzeitig nutzten sie die Gelegenheit für einen Abstecher zum Kloster Schäftlarn, wo sich Erzabt Chrysostomus Schmid immer noch im Exil aufhielt. Endlich konnten sie ihm die Botschaft übermitteln, dass seiner langersehnten Heimkehr auch seitens der Amerikaner nichts mehr im Wege stünde. In der damit einhergehenden Betriebsamkeit stand niemandem der Sinn nach einem weiteren ungebetenen Gast. Ein solcher stand eines Nachmittags an der Klosterpforte und bat um Hilfe. Unter anderem hatte man ihn in Süddeutschland vermutet. Auf der Fahndungsliste der Amerikaner stand er ganz oben. Gezielt verlangte nach dem Betriebsführer. An seiner Identität bestand für den Zeitzeugen Frumentius Renner kein Zweifel: »Ja, er war es.« Die Rede war von Heinrich Himmler. Derselbe Himmler, der mit seiner ordensgleichen SS einen eigenen Chaos- und Gewaltstaat innerhalb des NS-Regimes geschaffen und wie ein Allmächtiger über Leben und Tod in- und außerhalb der Konzentrationslager geherrscht hatte. Der Juden nach ihrer Ermordung in Gaskammern oder nach Folter und Erschießungen vom Gebiss bis zu After und Scheide hatte ausschlachten lassen, um das erbeutete Gold anschließend zum Einschmelzen der Reichsbank zuzuführen. Nur ein paar Meter entfernt kämpften deren Söhne, Väter, Cousinen, Tanten oder Freunde in einer Benediktinerabtei um ihr Überleben, wieder einmal.

Die Mönche verschwendeten nicht einen Gedanken daran, Himmler an die Amerikaner auszuliefern. Ihn bei sich behalten wollten sie aber auch nicht und delegierten die Verantwortung an Schwester Ingberta. Die versteckte ihn eine Nacht im Röntgenraum, am nächsten Morgen füllte sie einen Rucksack mit Proviant und begleitete ihn an der amerikanischen Wache vorbei, »die ihm sonst alles abgenommen hätte«, ins benachbarte Pflaumdorf, wo er zwischen heimkehrenden deutschen Soldaten und Flüchtlingen untertauchte. Die Fluchthilfe für einen der am meisten gesuchten Kriegsverbrecher begründeten sie damit, dass Himmler auf Wunsch seiner Mutter kurz vor Weihnachten 1941 den im KZ Dachau inhaftierten Benediktinerpater Albrecht vorzeitig entlassen hatte. Mit einem »Vergelt's Gott!« war dieser Zwischenfall erledigt. Eher beiläufig registrierte man, dass sich Himmler nach seiner Verhaftung am 23. Mai 1945 in Lüneburg mit Zyankali vergiftet hatte. Am selben Tag kamen die Durmashkin-Schwestern und Isai Rosmarin mit einem Krankentransport im Jüdischen Hospital für Displaced Persons (DP), fortan an die Bezeichnung für heimatlos Gewordene, in St. Ottilien an. Sie waren Anfang Mai in der Nähe von Bad Tölz vom Todesmarsch befreit worden. Ebenfalls am 23. Mai, eine Woche nach seiner feierlichen Rückkehr, verhandelte Erzabt Chrysostomos zum ersten Mal mit der amerikanischen Militärverwaltung in München über den weiteren Verbleib der unerwünschten Gäste, während sich der von Paris nach Dachau abkommandierte Militärrabbiner Abraham Klausner schnellstens daran machte, immer mehr jüdische Patienten in das DP-Hospital St. Ottilien zu schicken.

Europa war verwüstet. Die alten Ordnungen galten nicht mehr und neue waren noch nicht in Sicht. Amerika, Frankreich, England und die Sowjetunion hatten das ehemalige Deutsche Reich untereinander aufgeteilt. Bayern wurde amerikanisch besetzte Zone. Die geänderten Machtverhältnisse spürten die Menschen am deutlichsten vor Ort, in den Landkreisen, Städten und Gemeinden. Verwaltungen mussten wieder in Gang gebracht, Justiz, Polizei und das Gefäng-

niswesen neu auf die Beine gestellt und Zuständigkeiten ge-
regelt werden. Der Krieg war auch in Landsberg vorbei, zu
Ende war er aber noch lange nicht. Den Nährboden, sich
zunehmend als Opfer zu fühlen, hatte man selbstverständlich nicht selbst bereitet. Man war von der ganzen Welt im
Stich gelassen, allein auf sich gestellt. Hitler hatte sich am
30. April das Leben genommen. Schergen wie Martin Bor-
mann, Oswald Pohl oder Heinrich Himmler waren auf der
Flucht, die Juden machten sich nicht nur unmittelbar vor
ihren Augen breit, für sie musste man auch Haus und Hof
räumen. Die Amerikaner gingen bei ihren Aufräum- und
Aufbaubestrebungen wenig zimperlich vor. Wenn jemand
wie Bernhard Müller-Hahl über 25 Jahre mit zum Teil über-
wältigender Mehrheit zum Landrat gewählt wird, von dem
ist anzunehmen, dass er die vorherrschende Stimmung in
der Bevölkerung wiedergibt. Der Hobbyhistoriker bezeichnete die Besatzer auch schon mal als »Ami-Schweine«, oder
die Bombardierung Dresdens als »Holocaust an den Deutschen«, und überhaupt brauche man keine Belehrungen
von außen, schon gar nicht in Bayern. Der Vorstellung, die
Dinge selbst regeln zu können, standen an erster Stelle die
Alliierten im Weg.[41]

Noch unbeliebter waren die Franzosen, die zeitgleich mit
den Amerikanern in die Gegend gekommen waren und viel
dafür taten, ihren ohnehin schlechten Ruf bei den Deutschen weiter zu ruinieren. Ihre 2. Panzerdivision war seit
Ende April den Amerikanern unterstellt, und sie sollte sich
nach dem Willen General de Gaulles am Marsch zum Ober-

salzberg beteiligen, um die Position Frankreichs als Sieger-
macht zu untermauern.[42] Über den Terror der de-Gaul-
les-Truppen führte die Dießenerin Anna Heckel Tagebuch.
»Im Suff richteten sie unheimliche Schäden an, schossen
wild um sich«, wenn sich jemand ihnen in den Weg stellte
und knallten für das leibliche Wohl Hühner, Schweine und
Kühe ab.[43] Als sie nach drei Wochen wieder das Feld räumten, war die Erleichterung groß, auch bei den Amerikanern,
die sie zunehmend als Klotz am Bein empfanden.

Die Versorgungslage war katastrophal und die Woh-
nungsnot kaum zu bewältigen. Landsberg hatte bereits seit
dem Frühjahr 1945 mit dem Zuzug Fremder zu kämpfen.
Zunächst waren es jene, die vor den Bombardements ihrer
Städte an den Lech geflüchtet waren. Jetzt quoll sie über vor
Menschen aus dem Osten, die vor der Roten Armee geflohen
waren, ehemaligen KZ-Häftlingen und Heimatvertriebenen. Der städtische Wohnungsbericht für die amerikanische
Militärregierung vermerkt neben rund 10 000 Einwohnern
4729 Juden, 1531 Flüchtlinge und 773 Ausländer, darunter
600 Mitglieder der Wlassow-Armee, die nicht daran dachten, wieder in ihre Heimat zurückzukehren.

An wilden Plünderungen im Altstadtkern, der durch
die Sprengungen der beiden Lechbrücken vom West-
teil Landsbergs abgeschnitten war, beteiligten sich neben
ehemaligen Zwangsarbeitern und befreiten KZ-Häftlingen auch Einheimische und Soldaten.[44] Gerüchte kochten
hoch, die ganze Stadt würde bald den Juden übergeben.
In den ersten Maitagen verschafften sich mehrere abge-

rissene, ausgehungerte Gestalten,« erinnerte sich Christel Gradmann, gewaltsam Zutritt zu ihrem Elternhaus, zwangen ihren Vater sich nackt vor der Familie auszuziehen und nahmen dann alle Wertgegenstände mit, derer sie habhaft werden konnten. »Dass sie Uhren, Schmuck und Kleidung entwendeten, war aber nicht das Schlimmste. Meine Mutter und mein Vater haben nie vergessen, dass sie es auch auf den Ehering abgesehen hatten. Ob es ehemalige KZ-Häftlinge oder Zwangsarbeiter waren, weiß ich nicht, sie kamen vermutlich aus dem Osten.« »Die meisten der KZ-Überlebenden« gibt Angelika Eder zu bedenken, »waren schwer krank und viele Typhusfälle wurden sofort in die Infektionsabteilung des Städtischen Krankenhauses gebracht«. In der Saarburgkaserne sollten auf Anordnung der Amerikaner zeitweise bald bis zu 7000 Menschen leben. Ehemalige KZ-Häftlinge waren am leichtesten zu identifizieren, viele trugen noch wochenlang ihre blaugrau gestreifte KZ-Kleidung.

Untereinander wusste man ohnehin ziemlich genau, mit wem man es zu tun hatte. Mit ehemaligen Kapos zum Beispiel, Funktionshäftlingen, die Mitarbeiter der Lagerleitung wurden und andere Häftlinge oft genug schikanös behandelten. Was sie miteinander verband, war das hinter ihnen liegende Schicksal. Trennend waren nationale Herkunft, soziale Unterschiede und die religiöse Ausrichtung zwischen orthodoxem und liberalem Judentum, sofern sie nicht ihren Glauben verloren hatten oder überhaupt religiös waren. Die Gruppe der Überlebenden setzte sich hauptsächlich aus jüngeren Menschen zusammen, die zum säkularen oder assimilierten Teil der jüdischen Bevölkerung gehörten.[45] Die Älteren, Babys und Kinder waren ermordet worden. Unter furchtbaren hygienischen Zuständen, der schlechten Versorgungslage und einer kaum auszuhaltenden räumlichen Beengtheit, galt es also, Ordnung zu schaffen. Darüber nachzudenken und entsprechend zu handeln, war vielen nicht möglich. Die meisten hatten ihre Blicke nach hinten gerichtet, für eine in die Zukunft gerichtete Sichtweise reichte es nicht. Niemand fühlte sich frei.

Verschärft wurde ihre Lage durch das Verhalten ihrer Befreier. Als erstes schotteten die Amerikaner die Displaced Person von der Außenwelt ab, indem sie um das gesamte Lagergebiet, anfangs Assembly Centers genannt, Stacheldrahtzäune errichteten. Wieder waren sie eingesperrt. Das geschah überall, wo DPs in Sammelunterkünften untergebracht wurden. General George S. Patton, US-Militärgouverneur von Bayern, der aus seinem Antisemitismus kein Geheimnis machte, hätte alle Juden am liebsten wieder in Konzentrationslager gesteckt. Da jüdische Hilfsorganisationen noch auf sich warten ließen, und wenn die Welt ihnen nicht helfen konnte oder wollte, dann war Eigeninitiative gefragt.

Zu einer kleinen Gruppe Überlebender, die sich nach dem Angriff auf den Zug bei Schwabhausen bis nach Landsberg durchschlagen konnten, gehörten Israel Kaplan und Samuel Gringauz. Der von der Memel stammende Jurist und Philosoph Gringauz hatte in Deutschland, Russland,

Italien, Frankreich und der Schweiz studiert[46], Israel Kaplan
aus dem litauischen Kaunas war ein anerkannter Historiker
und Publizist, der Mediziner Zalman Grinberg hatte unter
anderem in Basel studiert. Sie alle gehörten zur litauischen
Elite, die sich aus Kaunas als Aktivisten des zionistischen
Ghetto-Widerstands kannten, »Bei der Selbstorganisation
der überlebenden Juden in Bayern spielten Gringauz und
Zalman Grinberg eine entscheidende Rolle«.[47] Ihr Leben
selbst in die Hand zu nehmen und sich Widrigkeiten ent-
gegenzustellen, darin waren sie geübt.[48] Wenn also niemand
die Überlebenden wahrnahm, dann mussten sie sich selbst
sichtbar und vor allem hörbar machen. Wer sie selbst waren, welche Verantwortung sie übernahmen, welche Bedeutung sie haben würden, das wussten sie nur zu genau. Der
Historiker Abraham J. Peck, 1946 in Landsberg geboren,
brachte es mit einem Gedanken von Hanno Loewy auf den
Punkt: »[...] das Geheimnis der Existenz der Überlebenden
und das ihrer in der frühen Nach-Holocaustzeit geborenen
Kinder in Deutschland, Österreich und Italien liegt nicht
nur in den Konzentrationslagern, sondern auch in den jüdischen DP-Lagern.«[49] Vom DP-Lager Landsberg aus organisierte Samuel Gringauz zusammen mit Zalman Grinberg ein erstes Konzert. Andere wollten die Idee Samuel
Snieg, ehemaliger Militärrabbiner in Litauen, zuschreiben.
In der Universalsprache der Musik, die jeder verstand, egal,
ob Akademiker oder *pintele Yidn*, einfache Juden, gleichgültig, woher man kam, die Welt sollte es vernehmen: »Hier
sind wir!«

Dr. Zalman Grinberg, der erste Chefarzt des jüdischen DP-Hospitals St. Ottilien, verlegte sich zunehmend auf politische Aktivitäten. Jüdische Rundschau.

Die gelernte Grafikerin Erika Grube hielt den ersten jüdischen Gottesdienst ihrer Patienten in einer Zeichnung fest. Archiv St. Ottilien.

MAI 1945

3 BEFREIT UND DOCH NICHT FREI

Als sich der 19-jährige Robert L. Hilliard am 27. Mai 1945 von Kaufbeuren auf den Weg zum jüdischen DP-Hospital St. Ottilien machte, war er eigentlich nur auf der Suche nach einer Story für die Armee-Zeitung 2nd Wing Eagle. Es sollte die Geschichte seines Lebens werden.

Auf dem Rasen vor dem Krankenhaus war eine behelfsmäßig zusammengezimmerte Bühne aufgebaut, über der ein aus Flicken und Fallschirmseide genähter Baldachin hing. Vor der Bühne standen Holzstühle, im Gang zwischen den zwei Sitzblöcken befanden sich Tragen für nicht gehfähige Patienten, andere hatten sich auf Krücken wie in Zeitlupe zu dem Konzertsaal unter freiem Himmel geschleppt. Einige verfolgten das Geschehen bei geöffneten Fenstern von ihren Betten aus. Die meisten trugen immer noch ihre graublau gestreifte Häftlingskleidung. Bis dahin hatte der junge Presseoffizier die Szene von seinem Jeep aus beobachtet. Jetzt stieg er aus: »Ich ging durch die Stuhlreihen und setzte mich zu den Leuten. Einige von ihnen sahen mich mit eingesunkenen Augen an [...]. Vielleicht hatte der Holocaust ihre Seelen so entleert wie ihre Blicke.«[50]

Hilliard fielen auch deutsche Patienten auf, ehemalige Wehrmachtssoldaten, die jenseits einer trennenden Mauer standen, Zigaretten rauchten und mit Krankenschwestern flirteten. Ob Erzabt Chrysostumos der Einladung von Chefarzt Zalman Grinberg gefolgt war, vermerkt keine Chronik, schon gar nicht die der Mönche, die dem Konzert keine einzige Zeile widmeten. Dafür war viel jüdische Prominenz vertreten, Befreite der ehemaligen Kauferinger KZ-Außenlager, die es nicht fassen konnten, wieder vereint zu sein: der ehemalige litauische Militärrabbiner Samuel Snieg, der Rechtsanwalt Benesch Tkatsch, der Journalist Levi Shalit, der Ingenieur Jakob Oleiski oder Samuel Gringauz aus dem DP-Lager Landsberg. Da Hilliard erst recht spät St. Ottilien erreichte, war ihm die Ankunft einiger Musiker am frühen Nachmittag entgangen. Sie waren aus Bad Tölz gekommen, wo sie Anfang Mai vom Todesmarsch befreit worden waren. Sofort mischten sie sich unter die Patienten und umarmten sie, wie man es unter alten Freunden macht. Für Leo W. Schwarz, der als einer der ersten über das Schicksal der Überlebenden 1953 berichtet hatte, war diese Szene ein Moment, in dem »die freudige Erwartung für einen Moment die Düsternis auflöste und einen heiteren Ausblick verbreitete«.[51]

»Sie waren erst vor einem Monat befreit worden, nach 13 Jahren des Terrors und sechs Jahren Marter [...]«, erinnert sich Hilliard: »Vierhundert von ihnen, inmitten ih-

rer ehemaligen Folterer und Peiniger, die so taten, als gäbe
es sie gar nicht. Vierhundert von ihnen, die Überreste von
Millionen. Vierhundert an diesem Spätfrühlingstag in
Bayern, am Nachmittag des 27. Mai 1945: krank, ausge-
hungert, zerlumpt, sterbend. Und was taten sie? Sie gaben
ein Konzert!«

Noch war es aber nicht soweit. Der 33-jährige Chefarzt Zalman Grinberg hatte an einem Tisch am nördli-
chen Ende des Gartens Platz genommen. »Vor ihm türmte
sich ein ordentlicher Stapel Papiere, die mit seiner kla-
ren Handschrift versehen waren. Die am Horizont versin-
kende Sonne wärmte noch das Gebäude und das versamm-
melte Publikum, hinter ihm stimmten sich die Musiker
ein, es fehlten nur noch wenige Minuten bis 16.30 Uhr.«[52]
Im Gegensatz zu Robert Hilliard, der in seinen erst Jahrzehnte später zusammengetragenen Aufzeichnungen das
Konzert an den Anfang der Veranstaltung setzte, schildert
Leo W. Schwarz den Ablauf, wie er auch dem Programm
zu entnehmen ist. Eröffnet wurde der erste Teil mit dem
Triumphmarsch von Edward Grieg.

Die anschließende Rede Zalman Grinbergs vor den
420 Überlebenden, vor Vertretern der Militärregierung sowie der UNRAA, der Nothilfe- und Wiederaufbauverwal-
tung der Vereinten Nationen, ließ keine Zweifel an seiner
Bitterkeit aufkommen:

»Millionen von Mitgliedern dieser Gemeinden sind
ausgelöscht worden. Worin besteht also die Logik des
Schicksals, uns leben zu lassen? Wir gehören in die Ge-

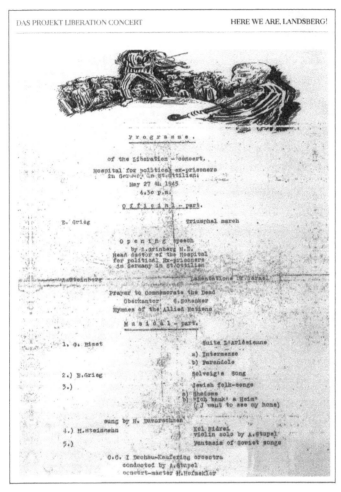

Das Liberation Concert vom 27. Mai 1945 ging in die Geschichte der Überlebenden des Holocaust ein. Archiv Sonia P. Beker.

meinschaftsgräber mit jenen, die in Charkow, Lublin und Kowno erschossen wurden; wir gehören zu den Millionen, die in Auschwitz und Birkenau vergast und verbrannt wurden; wir gehören zu den Zehntausenden, die unter der Mühsal härtester Arbeit starben; wir gehören zu jenen, die von Milliarden von Läusen, von Dreck, Hunger und Kälte in Lodz, Kielce, Buchenwald, Dachau, Landshut, Utting, Kaufering, Landsberg und Leonberg gepeinigt wurden. [...] Wir sind immer noch tot!

Und dennoch verfolgt meine Ansprache am heutigen Tag eine bestimmte Absicht. Wir handeln als die Abgesandten von Millionen von Opfern, um der ganzen Menschheit zu berichten und der ganzen Welt zu verkünden, zu welcher Grausamkeit Menschen fähig sind, welch teuflische Brutalität sich in einem Menschen verbirgt und welch triumphales Register an Verbrechen und Mord die Nation Hegels und Kants, Schillers und Goethes, Beethovens und Schopenhauers erreicht hat [...].

Aber wir wollen keine Rache. Wenn wir Rache nähmen, hieße das, in die moralischen Abgründe zu versinken, in die das deutsche Volk in den vergangenen zehn Jahren hinabgesunken ist. [...] Wir sind nun frei, aber wir wissen nicht, wie oder mit was wir unser zwar freies, doch unglückliches Leben beginnen sollen [...].«[53]

Abschließend forderte Zalman Grinberg zu einer Schweigeminute auf. Danach stimmte Abraham Steinberg, gebürtig aus Kaunas und wie Konzertmeister Micha Hofmekler und die schon zwei Wochen vorher in St. Ottilien eingelieferten Durmashkin-Schwestern sowie Isai Rosmarin ein ehemaliger Kaufering-Häftling, das traditionelle Gebet *O Gott, der Du in der Höhe wohnst* an. Nach

dem vom litauischen Oberkantor Samuel Schenker vor-
getragenen Totengebet erklangen die Nationalhymnen der
Alliierten Amerika, Frankreich, England und Russland.
»Vier Minuten lang herrschte bebende Stille«, hielt Leo W.
Schwarz fest, dann bestiegen die Musiker das Podium.[54]
Die angespannt wirkenden acht Mitglieder des Orchesters spielten auf notdürftig reparierten Instrumenten. Die
Sängerin Henia Durmashkin konnte sich auf der Bühne
vor Schwäche kaum halten. Dennoch, oder vielleicht gerade deshalb, war ihre »Präsenz magisch, ihre Augen blit-
zen«. Nachdem sie das Ghettolied »Ich bank a Heim« (»Ich
sehne mich nach Haus«) beendet hatte, musste das Konzert, nicht zum ersten Mal, unterbrochen werden. Neben
dem klassischen Repertoire waren den Zuhörern vor allem
jiddische Volkslieder vertraut. Sie bewegten sich im Rhyth-
mus der Kompositionen, als seien sie selbst Teil der Musik.
Das Konzert endete mit der zionistischen Hymne Hatikva,
ein Lied der Hoffnung, in das alle gemeinsam einstimm-
ten. Nach den letzten Klängen konnten viele ihre Tränen
nicht verbergen. Robert L. Hilliard gehörte zu ihnen.

Der 39-jährige Leo W. Schwarz war Direktor des *American Jewish Joint Distribution Committee*, JDC, Kurzform
Joint, eine seit 1914 vor allem in Europa tätige Hilfsorganisation US-amerikanischer Juden mit Sitz in New York
City, und ein ausgewiesener Experte für die Jüdische Geschichte Osteuropas. Robert Bob Hilliard, ein junger libe-
raler jüdischer New Yorker, hatte seine ersten Erfahrungen
mit Europa als Soldat in der Ardennenoffensive gemacht.

Viktor Hugos viel zitiertes Diktum: »Die Musik drückt das aus, was nicht gesagt werden kann und worüber zu schweigen unmöglich ist« dürfte nie besser zugetroffen haben als bei dem ersten Konzert überlebender Musiker des Holocaust nach ihrer Befreiung vom Nazi-Joch an diesem 27. Mai 1945 im oberbayerischen Voralpenland. Schwarz und Hilliard waren Beobachter, Zuhörer und Zeugen eines Geschehens, dessen Auslöser und Auswirkungen sie selbst nicht unmittelbar hatten miterleben müssen. Die im Konzert-Programm als »Volkslieder« bezeichneten Stücke waren Ghetto- und Partisanensongs. Ihre Dichter und Komponisten hatten die Patienten und Musiker noch persönlich gekannt, hatten ihren Werken bei Erstaufführungen beigewohnt oder sie selbst gespielt wie *Isrolik* von Leyb Rozental und Misha Veksler aus dem Ghetto von Vilnius, jiddisch Vilne Ghetto. Wenn Schwarz feststellte: »[...] nach gewöhnlichen Maßstäben erscheint das Ereignis an diesem Nachmittag kaum außergewöhnlich«[55], dann hatte er scheinbar die Position eines Kritikers eingenommen, der auf die Qualität eines Orchesters abstellte, das sich seinem Publikum unter bequemen und sorgenlosen Bedingungen präsentiert. »Aber,« setzte er fort, »für Grinberg wie für die anderen im Publikum hat dieses Ereignis einen neuen Geist offenbart. Das Konzert war ein Symbol, ein Akt des Glaubens, eine Wetterfahne, die anzeigte, dass der Instinkt zu leben stärker war als alle Angst oder Gewissensbisse.«

Das Orchester war unter dem Namen »Kapelle: Konzentrationslager I Dachau-Kaufering« aufgetreten und die

Beteiligten hatten sich auf dem Programm als »ehemalige politische Häftlinge« bezeichnet. Die weiteren Schritte hatten einige wenige aber bereits im Kopf. Einer ihrer maßgeblichen Unterstützer wurde der Militärgeistliche, Rabbi Abraham Klausner, der ebenfalls an der Veranstaltung teilgenommen hatte. Seine Identifizierung mit den Überlebenden ging schließlich so weit, dass sie ihn später zum Ehren-DP ernannten. Vor allem bildete sich unter den Überlebenden eine kleine Gruppe heraus, sie nannte sich *Sche'erit Haplejta*, der »überlebende Rest«. Ihre Gründungsmitglieder waren Israel Kaplan zufolge führende Litauer aus dem DP-Lager Landsberg.[56]

Ob die aus Bad Tölz angereisten Musiker gleich in St. Ottilien blieben oder erst ein paar Tage später wieder zurückkamen, ist nicht gesichert. Jedenfalls gaben sie am 3. Juni 1945 ein zweites Konzert, diesmal unter anderem auch für 25 amerikanische Offiziere.[57] Möglicherweise war bei ihm schon Robert W. Hofmekler anwesend, der jüngere Bruder des Kapellmeisters Micha Hofmekler. Als Reuben Hofmekler 1906 in Vilnius geboren, nannte er sich nach seiner Auswanderung nach Amerika 1938 Robert, wurde aber nur »Hoffy« genannt. Im Gegensatz zu seinem Bruder Michael war er kein »performer«, sondern lebte mit seiner Familie in Nord Virginia eher zurückgezogen als Cello-Lehrer. 1941 war er als Servicetechniker bei der US-Armee nach Europa zurückgekehrt. Die über Litauen hinaus bekannten Hofmeklers waren Musiker und Künstler durch und durch. Die Umwälzungen des Ersten

Weltkrieges hatten Bertha und Motel Hofmekler veranlasst, mit ihren Kindern Zelda, Michael, Leo und Reuben 1920 nach Kaunas zu ziehen, das im Gegensatz zu ihrer Heimatstadt Vilnius nicht polnisch geworden, sondern litauisch geblieben war und Hauptstadt wurde. Michael war ein begnadeter Geiger, der 1932 vom litauischen Präsidenten für seine kulturellen Verdienste um die Verbreitung der litauischen Volksmusik durch Aufführungen, Aufnahmen und Transkriptionen ausgezeichnet wurde. Leo diente in den 1930er Jahren als Dirigent der litauischen Staatsoper. Nach der Besetzung Litauens durch die Sowjets im Jahr 1940 wurde er zum Musikdirektor und Dirigenten des Nationalen Rundfunkorchesters in Vilnius ernannt.

Als Folge der nun wiederum deutschen Besetzung Litauens im Sommer 1941 wurden Leo, seine Frau und seine beiden Kinder in das Vilna-Ghetto gezwungen, wo sie 1942 oder 1943 umkamen. Motel und Bertha sowie Michael und Zelda mussten in das Kowno-Ghetto. Motel spielte im Ghetto-Polizeiorchester, das sein Sohn Micha leitete. Die Eltern wurden Opfer der Massenerschießungen im berüchtigten, noch aus der Zarenzeit stammenden Fort IX. Zeldas Ehemann, David Kovarsky, wurde in den ersten Tagen der deutschen Besetzung Kownos von litauischen Nationalisten aus seinem Haus gezerrt und erschossen. Zelda und ihre Tochter kamen bei der Liquidierung des Ghettos ums Leben. Mit der Liquidierung des Kowno-Ghettos wurde auch Micha Hofmekler mit seiner Frau Talya und der gemeinsamen kleinen Tochter in das KZ

Als amerikanischer Soldat traf Wilhelm Hofmekler seinen Bruder Robert im Mai 1945 in St. Ottilien wieder. United States Holocaust Memorial Museum, USHMM.

Stutthof deportiert, wo er von beiden getrennt wurde und davon ausgehen musste, dass sie wie viele andere nach Auschwitz in die Gaskammern geschickt worden waren.[58]

Zufall oder nicht, bei seinem ersten Konzert in Freiheit spielte er als Geigensolo *Kol Nidrei*. Das Werk basiert auf dem jüdischen Gebet Kol Nidre, das am Vorabend des höchsten jüdischen Feiertags, Jom Kippur, gebetet wird. Das erste Konzert, das Abrasha Boris Stupel in Unfreiheit als Mitglied des Kovno-Ghetto Polizeiorchesters zusam-

men mit 34 weiteren Instrumentalisten nach einer Schweigeminute gegeben hatte, war ebenfalls *Kol Nedrei*. Obwohl
die Eröffnungshymne des Jom-Kippur-Gottesdienstes ein
ernstes Werk ist, wie es alle anderen dargebotenen Mu-
sikstücke an jenem Sommerabend Ende August 1942 waren, hatte sich unter den Ghettobewohnern Unmut breit
gemacht. Sie fanden es unangemessen, an einem Ort der
Trauer überhaupt ein Konzert zu geben. Doch trotz dieser
Kritik waren die meisten der Meinung, dass musikalische
Veranstaltungen einen nützlichen Zweck erfüllten, um die
Stimmung im Ghetto zu heben. Unter dem Dirigenten
Micha Hofmekler und Konzertmeister Boris Stupel gab
das Orchester insgesamt 80 Konzerte im Polizeigebäude
des Ghettos, dem ehemaligen Gebäude der Slobodka-
Jeschiva (Hochschule für Tora- und Talmudstudien).

Die Stupels waren eine bemerkenswerte litauische Künst-
lerfamilie. Dmitri Meir Stupel war Dirigent beim Symphonieorchester Vilnius, seine Frau Maria Miriam Antakolsky
die Tochter eines berühmten jüdischen Bildhauers. Sie hatten drei Söhne, Alexander, Gregory und Boris sowie zwei
Töchter, Mania und Sonia, die alle nach Deutschland zur
weiteren Ausbildung geschickt und Profimusiker wurden.
Den Hofmeklers gleich, zogen sie nach dem Ersten Weltkrieg
von Vilnius nach Kaunas um. Der älteste Sohn, Alexander
Sasha, wurde Violinist beim Symphonieorchester Kaunas.
Der zweitälteste Sohn Gregory hatte Klavier in Leipzig studiert, wo er auch seine Frau Esther Lan kennengelernt hatte.
Ihr Vater, ein wohlhabender Geschäftsmann, war gleichzei-

tig Direktor des Jüdischen Theaters von Kaunas. Auch Boris Stupel, der jüngste der Stupel-Söhne, hatte in Deutschland studiert, auch er hatte dort seine Frau kennengelernt. Zu einem nicht näher bekannten Zeitpunkt floh Boris Stupel vor den Judenverfolgungen der Nationalsozialisten, ging zurück nach Kaunas, landete bald im Ghetto und wurde nach Kaufering deportiert. Als einzige Überlebende der Familie Stupel sah sich das Ehepaar nach der Befreiung wieder.

Ein Wiedersehen mit einem weiteren Mitglied des ehemaligen Kaunas-Orchester bescherte das Auftauchen der Sängerin Luiba Kupritc. Ihre Spuren hatten sich nach der Ghetto-Auflösung verloren. Scheinbar aus dem Nichts war sie nach St. Ottilien gekommen. Auf den Deportationslisten des Sammellagers Kaunas war sie nicht aufgeführt, dafür aber Elija, Max und Joah Borstein. Gebürtig aus Vilnius, waren die Borsteins ebenfalls nach Kaunas umgezogen, hatten sich dem Polizeiorchester angeschlossen und gehörten dem KZ-Lagerorchester Kaufering I an. Ob das auch für den Jazz-Musiker, den Geiger Daniel Pomerantz zutraf, auch er gebürtig aus Vilnius? Offensichtlich schien sich niemand für ihn zu interessieren. Am 18. August 1944 war er mit einem Sammeltransport von Kaunas an der Bahnstation Kaufering angekommen, in das Außenlager Utting am Ammersee gebracht worden und später in das Kauferinger Lager I überführt worden. Es dürfte nicht unwahrscheinlich sein, dass Pomerantz hoffte, im Lager I seine ehemaligen Mitstreiter aus dem Polizeiorchester wieder zu sehen. Micha Hofmekler hatte er wesentlich dabei unterstützt, das Ghetto-Orchester zu formieren. Seine Häftlingsnummer 91881 blieb allerdings der einzige Hinweis auf seine Existenz als KZ-Häftling in Deutschland. Er selbst soll später nur von »Dachau« gesprochen haben.

Für Aufsehen sorgte seine Tochter Dana Pomerantz-Mazurkevich, als sie am 11. Juni 2018 dem Vilna Goan State Jewish Museum einen Besuch abstattete. Von Boston aus hatte sie sich auf den Weg gemacht, um dem Museum unter anderem eine aus dem Jahr 1806 stammende Geige ihres Vaters zu übergeben, einschließlich Plattenaufnahmen mit dem Titel »Sukas Ratukus« (Die Räder drehen), die in den 1930er Jahren in seiner alten Heimat aufgenommen worden waren. Der 1904 geborene Pionier des litauischen Jazz hatte in Kaunas und am Berliner Konservatorium Geige studiert und besuchte in Wien die Meisterklasse von Bronislaw Huberman. In seiner Berliner Zeit spielte Pomerantz in Kaffee-Häusern und schloss sich dem damals in ganz Europa bekannten Orchester von Marek Weber an. In der Reichshauptstadt hatte er die Auswirkungen der Machtübernahme deutlich erlebt, er kehrte 1933 nach Kaunas zurück, wo er ein eigenes Ensemble gründete, das regelmäßig in dem von Intellektuellen und Künstlern frequentierten Café Konradas auftrat. Nach seiner Befreiung in Bayern kehrte der Geigenvirtuose wieder nach Kaunas zurück, spielte in der örtlichen Operette, trat regelmäßig im Café Tulip auf und konzertierte mit dem Staatlichen Sinfonieorchester Litauen. 1974 wanderte Daniel Pomerantz nach Kanada aus, wo er fünf Jahre später starb.[59]

Seine Geige hatte Max Beker erst gar nicht mitgenommen, sondern in Vilnius zurückgelassen, als er im März 1939 in die polnische Armee eingezogen wurde. Keine drei Wochen nach dem Überfall Polens am 1. September 1939 geriet er in deutsche Kriegsgefangenschaft, der Beginn einer Odyssee, die über Lager in Polen, Österreich und Süddeutschland führte: »Was vorher ein schwieriges Leben war, wurde nun ein schreckliches.«[60] Im polnischen Kielce erfuhr er nicht zum ersten Mal, was es bedeutete, feindlicher Soldat und Jude zu sein. Nichtjüdische Kriegsgefangene wurden in einer ehemaligen Polizeikaserne mit Duschen, Betten und Toiletten interniert, Max Beker und seine Kameraden landeten in einem Stall und mussten selbst bei Eiseskälte auf dem Boden schlafen. Zu verdanken hatten sie das polnischen Kameraden, die sie als Juden enttarnt und verraten hatten und denen sie beim »Fressen« zuschauen durften, nachdem das Rote Kreuz das Lager mit Würsten, Brot, Äpfeln und Kaffee versorgt hatte.[61] Obschon er einige Zeit in Polen verbrachte, entging ihm, dass sich das Verhältnis von Polen und Juden nicht nur in der Gegensätzlichkeit von Schwarz und Weiss vollzog und er im Grunde genommen das Glück hatte, lediglich Kriegsgefangener der Deutschen geworden zu sein. »Die Einrichtung der Ghettos 1940 vermittelte den polnischen Juden nicht zwingend, dass ihr Schicksal schlimmer sein werde als das der nichtjüdischen Polen, die zu dieser Zeit in großer Zahl erschossen und in Konzentrationslager geschickt wurden.«[62] Andere, wie Menachim Begin, der 1939 Chef der polnischen Betar geworden war, eine kompromisslose revisionistisch-zionistisch Bewegung, floh vor den Nationalsozialisten noch im selben Jahr nach Vilnius. Unter den überwiegend jungen Flüchtlingen befand sich auch Wolf Durmashkin, der am Warschauer Konservatorium studierte und der sich in seiner Heimatstadt im Kreise der Familie sicherer fühlte. In dem von ihm ironisch als »Naziparadies« bezeichneten nächsten Gefangenenlager, Krems-Gneixendorf, Max Beker nennt es fälschlicherweise »Nexendorf«, wurde er erst im Dezember 1939 als »Prisoner of War«, POW, mit der Nummer 45768 registriert. Mehr als 60000 Gefangene leisteten nahe der Donau kriegsrelevante Zwangsarbeit. Festgehalten wurden Franzosen, Belgier, Italiener, Amerikaner, Osteuropäer und auch jüdische Gefangene. Im Lager herrschte, der NS-Rassenideologie folgend, eine strikte Hierarchie zwischen den Nationalitäten. Belgier und Franzosen standen oben, Slawen wie aus der Sowjetunion, ganz unten, auf einer Stufe mit den »rassisch minderwertigen« Juden.[63]

Nach weiteren Stationen brachte ihn ein Transport in das schlesische Görlitz, wo er im Stalag VIII A rund zweieinhalb Jahre zubringen sollte. Auf dem Gelände eines ehemaligen Lagers der Hitlerjugend waren zeitweise bis zu 48000 Kriegsgefangene zusammengepfercht. Als Max Beker dort ankam, war der wohl prominenteste Internierte, der französische Organist und Komponist Olivier Messiaen, schon entlassen worden. Das *Quartett für das Ende der Zeit*, nach der Offenbarung des Johannes, hatte er in Görlitz geschaffen und mit drei französischen Mitgefangenen am 15. Januar 1941 zur Uraufführung gebracht. »Niemals wieder wurde mit solcher Aufmerksamkeit und solchem Verständnis zugehört«, erinnerte sich Messiaen später. Der Uraufführung wohnten etwa 400 Zuhörer bei. Hungernde, frierende Menschen, fern ihrer Heimat – im schlesischen Niemandsland fasziniert von dieser von apokalyptischen Gedanken getragenen, kristallinen, transzendenten Musik. Dass sie nicht die einzigen Musiker waren, stellte Max Beker fest, als er auf dem Weg vom Steinebrechen in seine Unterkunft aus einer der Baracken ihm vertraute Töne vernahm: Musik, live gespielt. Beherzt stellte er sich vor, beantwortete die Fragen des belgischen Chefdirigenten, Ferdinand Carrion, nach seinem musikalischen Hintergrund, und wurde umgehend eingeladen, am nächsten Tag an der Probe des 45 Mitglieder zählenden Stalag-Orchesters teilzunehmen.

Woher nimmt ein Kriegsgefangener im Feindesland ein Instrument? Diese Frage hatte sich ihm bisher nie gestellt. Mit seinem Verdienst von drei Reichsmark im Arbeitskommando, das war Max Beker bewusst, kam er nicht weit. Spontan sammelten nichtjüdische Mitgefangene Geld. Wie sie es allerdings schafften, innerhalb kürzester Zeit eine Geige zu organisieren, blieb ihr Geheimnis. Später übergaben sie ihm noch eine Zeichnung, die ihn mit seiner neuen Geige zeigte. Ob er sie aus Dankbarkeit, Überraschung oder aus Sentimentalität bis zu seinem Lebensende behielt, ist eine Vermutung, wahrscheinlich traf alles zu. Dass er als Musiker akzeptiert und von Carrion zum Konzertmeister ernannt wurde, dass er Mozart, Haydn und »andere Komponisten«, die er nicht näher spezifizierte, spielen konnte, dass er in der Stalag-Tango-Band und in der Jazz-Band aufgenommen wurde, kommentierte er in den Aufzeichnungen seiner Tochter distanziert und abgeklärt: »Es war sehr interessant, die Zeit auf diese Weise zu verbringen, und ich habe viele Freunde gefunden.«[64] Er war der einzige Jude in der von Belgiern und Franzosen bestimmten Musikszene, antwortete auf die Frage nach seiner Nationalität stets: »Jude« und ging erst dann aus sich heraus, wenn er auf Landsleute aus Vilnius traf.

Nachdem nichtjüdische Mitgefangene Geld für eine Geige gesammelt hatten, übergaben sie Max Beker das Instrument mit dieser Zeichnung. Archiv Sonia P. Beker.

Die Bekers kamen ursprünglich aus Russland, wo Max Bekers Großvater in der Blaskapelle des Zaren als Chefdirigent diente und es der Familie ermöglichte, ein angenehmes Leben zu führen. Max Bekers Vater war Student am St. Petersburger Konservatorium. Nach dem Umzug nach Vilnius empfanden sich die Bekers mit ihren sieben Kindern zwar als eine glückliche, religiös lebende Familie, aber ihre finanziellen Verhältnisse waren alles andere als rosig. Max Beker besuchte das jüdische Konservatorium unter Leitung des renommierten Direktors und Leiter der Oper von Vilnius, Raphael Rubinstein, und ging verschiedenen Engagements nach. Unter welchen Umständen seine Familie nach der Besetzung Deutschlands leben musste, hatte er nach seinem Einberufungsbefehl zur polnischen Armee nicht mehr mitbekommen. Im Stalag VIII A, nachdem er zufällig auf eine Gruppe von Landsleuten gestoßen war, sollte er erfahren, dass er der einzige Überlebende der Familie war. Seine Geschwister und Eltern waren den Massenerschießungen vor den Toren der Stadt, in Ponarai, zum Opfer gefallen, sein Onkel Wolf, ein weiteres bekanntes Mitglied der Familie, war im Vilna-Ghetto an Typhus gestorben.

Mit der Evakuierung des Stalag VIII A, ausgelöst durch die herannahenden Russen, begann eine weitere Odyssee, die von der zunehmenden Kopflosigkeit der Deutschen auch im Osten zeugte. Beendet war sie zunächst nach einem 13 Tage währenden Todesmarsch. In der Nähe von Weimar floh er und versteckte sich mit einem anderen Ge-

fangenen bei einem Bauern. Die Befreiung ließ nicht lange
auf sich warten, die Besatzung eines amerikanischen Pan-
zers griff die beiden auf und nach einigen vergeblichen
Anläufen, sich verständlich zu machen, erklärte jemand
in holprigem Yiddisch: »Heute ist Freitag, Schabbat.«
Wie sich herausstellte, kam der amerikanische Soldat aus
Brooklyn, wohnte in derselben Straße wie ein entfernter
Verwandter von Max Beker und versprach diesem, alles zu
unternehmen, damit dieser auswandern könne: »Das war
meine Befreiung!«[65] Französische Freunde aus dem Görlit-
zer Lager boten ihm an, über Paris einen Flug nach Amerika zu nehmen. »Die verdammten Nazis« hatten Beker
zufolge aber Paris in einem derartig miserablen Zustand
hinterlassen, dass nichts funktionierte. Er ging wieder
nach Deutschland zurück. Auch dort herrschte »mish-
mosh«, wie er bald feststellte. Zurück in Polen, erfuhr er
in Lodz, dass die Häuser und Wohnungen von Juden von
ihren ehemaligen Nachbarn in Besitz genommen worden
waren. Dort zu bleiben, oder nach Hause zurückzukehren,
waren keine Optionen. Zufällig schnappte er bei seiner
nächsten Rückkehr nach Deutschland in einem DP-Lager
auf, dass es in Bayern ein Orchester überlebender Musiker
gebe, und, was für ihn ausschlaggebend war, es seien unter
ihnen auch Litauer, einige sogar aus Vilnius.[66]

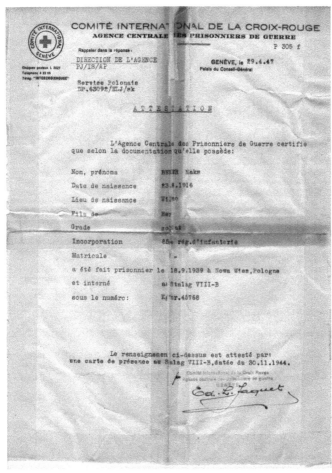

Das Internationale Rote Kreuz bestätigte 1947 offiziell, dass der polnische Soldat Max Beker Kriegsgefangener in Görlitz war.
Archiv Sonia P. Beker.

4 DIE VERGANGENHEIT ALS WAFFE FÜR DIE ZUKUNFT

Die befreiten Juden hatten zwei Leben hinter sich: Das erste, vor dem Regime der Nationalsozialisten, war trotz mannigfacher Einschränkungen von kultureller, religiöser und bürgerlicher Selbstbestimmung geprägt. Es wurde mit einem nie zuvor dagewesenen Zivilisationsbruch beendet. Das zweite Leben, in Ghettos und Konzentrationslagern, war einhergegangen mit Entbehrungen, Terror, Todesangst und Vernichtung. »Das Jahr 5705 (1945) wird in die jüdische Geschichte als das Jahr des Abschlusses der großen Katastrophe 5700-5705 (1940-1945) eingehen, derjenigen Katastrophe, die in der kurzen Zeitspanne der sechs Jahre ihres Ablaufs dem jüdischen Volk die ganze Skala der geschichtlichen und emotionalen Demütigung aufbürdete, welche die 2000 Jahre jüdischer exiliarer Zerstreuung charakterisierten,« schrieb Samuel Gringauz 1947 in der Jüdischen Rundschau.[67] Nach der Befreiung war er Präsident des jüdischen DP-Lagers Landsberg geworden und gehörte nicht zu den vermuteten 90 Prozent, die eine amerikanische Beobachterin im September 1945 anlässlich ihres Besuchs des DP-Lagers Landsberg ausgemacht haben wollte, die sie als »asozial« und »neurotisch« bezeichnet hatte.[68] »Der Untergang des ost- und westeuropäischen Judentums«, gab Gringauz zu bedenken, »hat das jüdische Volk in seiner tiefsten Wesenheit berührt, sein geistiges, moralisches und religiöses Niveau gesenkt und das Volk in seinen Strukturbestandteilen verändert.«[69] Für ihr drittes Leben, die Zukunft, brauchten die Überlebenden Kraft und Zuversicht, die meisten fanden sie erst einmal in der Vergangenheit.

Die von Zalman Grinberg in seiner Rede zum ersten *Liberation Concert* beklagte Gleichgültigkeit den Überlebenden gegenüber, präzisierte Gringauz mit dem Hinweis, die Welt interessiere sich nicht für die »Ursachen und Wirkungen unserer größten nationalen Katastrophe.«[70] Erst nach Kriegsende war der Historiker Koppel S. Pinson als offizieller Repräsentant des American Joint Distribution Committee, immerhin der wichtigsten Hilfsorganisation für die jüdischen Überlebenden, nach Europa gekommen. Auch er vermochte wenig Verständnis für die Überlebenden aufzubringen:

»DP's sind in einem Ausmaß mit der Vergangenheit beschäftigt, das fast an Morbidität grenzt. Ihr historisches Interesse ist enorm gesteigert und intensiviert worden. Sie sind immer bereit, Ereignisse aus der Vergangenheit oder der Vergangenheit der Eltern minutiös und detailliert

wiederzuerzählen. Ihr gesellschaftliches Leben, die Erzie-
hung ihrer Kinder sind von einer dauernden Beschäfti-
gung mit den unter den Nazis gemachten Erfahrungen
gekennzeichnet. Die schaurige Vergegenwärtigung von
Ereignissen im Konzentrationslager verbindet sich mit
Schwüren, diesen Erinnerungen bis ans Lebensende treu
zu bleiben und mit der Hoffnung auf Rache. Besonders
deprimierend ist es, zu sehen, dass Kinder im Alter von
8–12 Jahren an solchen Veranstaltungen, die das Ziel ha-
ben, die Vergangenheit emotional wiederzubeleben, teil-
nehmen und dazu noch ermutigt werden.«[71]

Der Holocaustüberlebende und spätere Literaturnobelpreisträger Elie Wiesel, dessen Schwestern Bea und Hilda
am 1. August 1944 von Auschwitz nach Kaufering deportiert worden und mehrmals zwischen den verschiedenen
Außenlagern verlegt worden waren, hatte militärische Fähigkeiten und menschliches Versagen der Amerikaner als
unmittelbar Betroffener zu spüren bekommen: »So stolz
wir auf die Großzügigkeit sind, die Amerika im Kampf
gegen Nazideutschland gezeigt hat, so beschämt und bestürzt sind wir über das Verhalten gegenüber den jüdischen Opfern Hitlers [...]. Es ist ganz klar: Dieses offene,
großzügige Land hat seine Türen und seine Herzen vor
den europäischen Juden der Ghettos verschlossen. Selbst
1945, nach dem Sieg, wollte es noch nichts mit ihnen zu
tun haben.«[72] Nicht, dass er nichts mit Juden zu tun habe
wollte, aber Koppel S. Pinson war mit der unmittelbaren

Konfrontation seiner bisherigen Welt und der der überlebenden Juden aus Osteuropa offensichtlich überfordert.
Am Queen's College hatte er Geschichte gelehrt, nun re-
flektierte er seine eigenen Erfahrungen genauso wie seine
Vorurteile und brachte Theorie und Realität auf keinen gemeinsamen Nenner. Man solle »Wert auf das Vergessen«
legen, lautete seine Lösung.[73] Die Empfehlung, die Vergangenheit einfach hinter sich zu lassen, hatten die Deutschen als Täter, als Mörder von sechs Millionen Juden, davon rund 1,5 Millionen Kinder und Jugendliche, in dessen
Land sich die Überlebenden gezwungenermaßen befanden, ebenfalls zu ihrem Nachkriegscredo erhoben. Es galt
das Gebot der »Stunde Null«.[74]

Notfalls bedienten sich Juden selbst der über sie bestehenden Vorstellungen und Vorurteile. Der Klassiker schlechthin ist die Schtetl-Kreatur. Rund zwei Drittel der Juden, die nicht in großen Städten lebten, sondern
in Dörfern und kleinen Städten, Schtetls, hatten noch
weniger Rechte als die in St. Petersburg oder Vilnius lebenden Juden, die zeitweise, wenn auch unter Einschränkungen, Handel oder Gewerbe nachgehen konnten. Das
Schtetl diente als Markt- und Produktionszentrum für die
umliegenden Dörfer und als Bindeglied zwischen ihnen
und den Stadtzentren sowie auch zu den Märkten West-
europas. Umgeben war es von christlichen Dörfern und es
war die katholische Kirche in den zwischen 500 und 5000
Menschen zählenden Schtetls, die politisch wie adminis-
trativ das Sagen hatte. Schtetl-Bewohner gehörten weder

zur Klasse der Bauern, noch durften sie wie der Adel oder die Kirche eigenes Land besitzen.[75] Auch die Bernsteins gehörten zu denen, die der Enge des Schtetls, der zunehmenden Judenfeindlichkeit und der damit einhergehenden wirtschaftlichen Not entkommen wollten. Ursprünglich kamen sie aus dem vor allen von Russlanddeutschen bewohnten Wolynien, das heute zur Ukraine gehört. Nachdem ihm ein nach Hartford, Connecticut, ausgewanderter Verwandter Geld für die Schiffspassage geschickt hatte, trat Samuel Bernstein 1908 den Weg in die neue Heimat an und konnte als Bäcker auskömmlich leben. Der Betrieb sollte in Familienhand bleiben. Deshalb reagierte er höchst empört, als ihm sein Jüngster Leonard den Wunsch, Pianist zu werden, vorgetragen hatte: »Mein Sohn ein Klezmer – ein armseliger Bettelmusikant? Nie und nimmer!«[76]

Weniger mit Klischées denn eher mit Desinteresse sah sich Jahrzehnte später die New Yorker Künstlerin Mira Jedwabnik van Doren konfrontiert, als sie den Dokumentarfilm »The world was ours« über das jüdische Erbe von Vilnius plante. Mit ihren Eltern gehörte sie zu den wenigen, die ihre alte Heimat 1941 gerade noch hatten verlassen können. In New York erwarb ihr Vater, ein anerkannter und sozial engagierter Mediziner aus Vilnius, ein mehrstöckiges, typisches Manhattan-Wohnhaus, nur ein paar Meter von der Carnegie Hall entfernt. Mieter waren unter anderem die Schauspielerin Katharine Hepburn, der Musiker Leonard Bernstein und Woody Allen. Nachdem Mira van Doren den berühmten Filmemacher einge-

Group of traveling Actors · 1931

STUDY GUIDE
to the Documentary Film
"THE WORLD WAS OURS"
The Jewish Legacy of Vilna

THE VILNA PROJECT, INC.

Das Vilna Projekt stellt das »Jerusalem Litauens« als kulturelles und geistiges Zentrum des osteuropäischen Judentums vor.
Archiv Mira van Doren.

hend instruiert hatte, unter anderem mit Recherchen, an denen auch die Tochter der DP-Musiker Max Beker und Fania Durmashkin, Sonia Beker, beteiligt war, legte Allen ihr sein Exposé vor. Ein Schock! Herb-charmant sagte sie das gemeinsame Vorhaben ab.[77]

Sie mochte ihm zugutehalten, kein Dokumentarfilmer zu sein. Seine Großeltern waren deutsch- und jiddischsprechende Immigranten aus Russland und Österreich-Ungarn. Er selbst hatte acht Jahre eine hebräische Schule in Manhattan besucht. Dennoch wollten seine Vorstellungen, die eines New Yorker Juden zu Beginn des 20. Jahrhunderts, nicht zu der sehr speziellen Geschichte der einstmaligen Hochburg jüdischer Religion und Kultur im fernen Osteuropa passen. Mira van Doren nahm das Projekt selbst in die Hand.

Wenig bis nichts konnte und wollte eine andere Gruppe von Juden mit den DPs aus Osteuropa anfangen und von denen sie, bis auf wenige Ausnahmen, keinerlei Hilfe oder Unterstützung zu erwarten hatten: die deutschen Juden, die nach Kriegsende wieder in ihre jüdischen Gemeinden zurückkehrten. Ihre Aversion ging weit darüber hinaus, deren Sprache, das Jiddische, für eine missratene, verhunzte Version des Deutschen zu halten. Sie umfasste deren Kultur, Bräuche, Traditionen und die Art der Religionsausübung, die sich von denen der weitgehend assimilierten deutschen Juden bis ins Unversöhnliche unterschied. Schon in der Weimarer Republik hatten sie sich geweigert, wie der Historiker Michael Brenner anhand von zahlreichen Beispielen zeigt, osteuropäische Juden in ihre Gemeinden zu integrieren, beziehungsweise ihnen die gleichen Rechte zuzugestehen.[78] »Die deutschen Juden, die kurz nach Kriegsende in München, Augsburg Stuttgart, Frankfurt und anderen süddeutschen Städten jüdische Gemeinden hatten, sahen sich nun in die Rolle einer Minderheit gedrängt.«[79] Brenner zufolge stellte der Wiesbadener Rechtsanwalt Alfred Mayer keine Ausnahme dar, der die »rasche Auswanderung der osteuropäischen Juden aus Deutschland forderte«, da sie »durch keine Bande der Zuneigung, durch keine Pflicht der Loyalität mit diesem Lande verbunden waren.«[80] Umgekehrt fühlten sich osteuropäische Juden von den assimilierten »Jeckes«, den deutschen Juden, zurückgesetzt: »Deutsch war für die osteuropäischen Juden zur verpönten Sprache der Verfolger geworden.«[81] Deutsche Juden berichteten von ihren Erfahrungen in Auschwitz, wo sie von polnischen Juden verächtlich als »Deutsche« diskreditiert worden waren.[82]

An Beschreibungen, wie sie sich fühlten, etwa als »die letzten Mohikaner des osteuropäischen Judentums, dem Tod näher als dem Leben«, fehlte es nicht.[83] Was sie aus welchen Gründen beschäftigte, meinte Koppel Pinson zu wissen: »Das jüdische Problem ist für sie identisch mit den DP-Problemen und das Problem der Welt ist für sie mit den jüdischen Problemen identisch«, und deshalb fühlten sie sich immer noch im Krieg.[84] Dass es dabei nicht um ein ausschließlich auf sie selbst konzentriertes Wehklagen ging, erklärt Abraham Peck:

>*»Eine Waffe in diesem Krieg, die ausschließlich in den Händen der Überlebenden lag, war die Erinnerung. Für die Überlebenden ging die Erinnerung über den Wunsch hinaus, der Toten zu gedenken. Dazu gehörte auch die feste Überzeugung, dass sie durch das Weitererzählen der*

Geschichte ihrer Katastrophe verhindern würden und könnten, dass künftige Generationen von Juden und Nichtjuden in das gleiche Dilemma hineingezogen würden, weil ihre Generation die erste und hoffentlich die letzte war, die ein solches Ausmaß, ein solches Übel hatte ertragen müssen.«[85]

Um dem von Peck kurz beschriebenen Hintergrund des *Never again!* eine dokumentarische Grundlage zu verschaffen, entstanden in den DP-Lagern »Historische Kommissionen«. Die Historikerin, Soziologin und Psychologin Cilly Kugelmann hob einen weiteren Aspekt hervor, der in der unmittelbaren Nachkriegszeit eine besondere Rolle spielte. Der Vorwurf, die Überlebenden hätten sich »wie Schafe auf die Schlachtbank« treiben lassen und »Feigheit anstatt Mut bewiesen« sei keine Identität stiftende Metapher gewesen: »Es führte zu einer Verachtung und einer ambivalenten Haltung gegenüber den Opfern und ihrem Leid. Das daraus resultierende Schuldempfinden musste durch kollektive Sinngebung beruhigt werden, in deren Zentrum nicht die Mehrheit der Opfer und ihre Geschichte, sondern die Minderheit der Partisanen stand.«[86] Dieses unbedingte Festhalten am Widerstand der Partisanen- und Ghettokämpfer stand zwar »im Gegensatz zu der Geschichte der Millionen Ermordeten und wenigen Überlebenden«. Nun wurde er idealisiert und fand seinen wohl stärksten, emotionalsten Widerhall in Ghetto- und Partisanenliedern. Einer dieser Kämpfer stieß eines Tages zu ihnen, eine elegante Erscheinung, bescheiden, eloquent und zielstrebig.

Als Jascha Gurewitz nach St. Ottilien kam, lag auch hinter ihm eine längere Odyssee. Zwei Jahre vor Beginn des Zweiten Weltkriegs hatte er in Vilnius das Studium der Rechtswissenschaften aufgenommen. Vor den Deutschen war er mit seiner Schwester Genia nach Kaunas geflohen, wo beide 1941 ins Ghetto gezwungen wurden. Beiden Geschwistern gelang die Flucht. Gurewitz schloss sich einer Partisanengruppe an. Nach der Befreiung durch die Rote Armee versuchte er vergeblich, überlebende Familienmit-

Fania Durmashkin und Max Beker stammten aus berühmten Vilniuser Musikerfamilien. Sie lernten sich aber erst in St. Ottilien kennen. Archiv Sonia P. Beker.

glieder ausfindig zu machen. Er half seiner Schwester und einer Gruppe von Freunden, sich nach Deutschland durchzuschlagen. Unterwegs hatte er von einem Orchester überlebender Musiker aus Litauen gehört. Wie deren Musik wirkte und was sie auslöste, davon musste nach dem *Liberation Concert* niemand mehr überzeugt werden, auch die Amerikaner nicht. Schnell wurden die Militärs auf ihn aufmerksam und bereits nach dem ersten Gespräch waren sie von diesem hochgebildeten, smarten und dazu noch mehrsprachigen jungen Mann überzeugt.[87] Sie fragten ihn, ob er Manager des Orchesters werden wolle: der Beginn einer Allianz, die sich für beide Seiten auszahlen sollte. Bevor er sich an konkrete Planungen machen konnte, gab es aber erst einmal Wichtigeres zu tun. Stundenlang dauerten die Gespräche, bei denen man vom Hundertsten ins Tausendste kam. Nachdem er sich mit den Durmashkin-Schwestern und Max Beker angefreundet hatte, der sich zwischenzeitlich in Fania verliebt hatte, ging es vor allem um Vilnius, die glorreichen Zeiten jüdischer Hochkultur, deren Niedergang und wie man das alles überstanden hatte.

DAS VILNA GHETTO

Als die deutsche Wehrmacht am 24. Juni 1941 Vilnius besetzte, war nichts mehr wie es vorher war. Am 5. Juli ordnete das National-Litauische Bürgerkomitee eine allgemeine Kennzeichnungspflicht für Juden an. Sie durften nicht mehr auf den Bürgersteigen laufen und mussten eine Ausgangssperre einhalten, die nur für sie von 18 Uhr abends bis 6 Uhr morgens galt. Juden wurden mitten auf der Straße aufgegriffen oder aus ihren Häusern gezerrt und in das berüchtigte Lukiškės-Gefängnis gebracht. Einer von ihnen war Akiva Durmashkin, Kantor und Leiter des Chors der Großen Synagoge. Mit der Ankunft der deutschen Einsatzkommandos (EK) begann der Vernichtungsprozess. Während der ersten »Aktion« vor den Toren der Stadt wurden auf einem 5000 Quadratmeter großen Areal in Ponary, dem Tor zur Hölle, mit Unterstützung litauischer Freiwilliger die ersten Tausend Juden ermordet. Zehntausende sollten dasselbe Schicksal ereilen.[88]

Anfang September 1941 wurden alle jüdischen Bewohner aus ihren Häusern und Wohnungen getrieben und in das Kleine und Große Ghetto gezwungen, wo sich bis zu sechs Familien eine Wohnung teilen mussten, auch die Durmashkins, die nach der Ermordung ihres Familienoberhaupts alle Hoffnungen auf den einzigen Sohn, den 27jährigen Pianisten, Komponisten und Dirigenten Wolf, legten. Der Chronist Hermann Kruk, der ohne seine Familie aus Warschau nach Vilnius geflüchtet war, schrieb: »Ein neues Ereignis steht auf dem Programm – das Ghetto. Vielleicht der letzte Weg zur Unendlichkeit?« Unendlich? Tatsächlich brachen alle kulturellen, religiösen und sozialen Kontinuitäten, die die elementaren Grundlagen menschlicher Existenz bilden, zusammen. Dies galt auch für die Zeitwahrnehmung der Bevölkerung. Stunden konnten sich zu Minuten verdichten, während Tage, Wochen und Monate als unendlich wahrgenommen wurden. Die Erfahrung unendlicher Zeit, ohne das Bewusstsein einer gleichzeitig gegenwärtigen Vergangenheit und Zukunft, kam einer Todeserfahrung gleich. Aber die Mehrheit wollte leben, wollte mehr als nur überleben. Dazu gehörte auch das Bedürfnis, Hoffnung aufzubauen. So unvorstellbar ihr Schicksal angesichts der ständigen Gefahr des Todes um sie herum sein mochte, die jüdische Bevölkerung suchte nach Wegen, Ordnung und ihren Sinn für Menschlichkeit im Chaos des Ghettos wiederherzustellen. Führende Künstler, Musiker, Schauspieler und Schriftsteller taten das, was ihre Kunst von ihnen forderte, was sie tun mussten. Unter kaum vorstellbaren Bedingungen präsentierten sie Kunstausstellungen, Dichterlesungen, Theaterstücke, Opern und Konzerte. Während Tod, Krankheit und Hunger die Bevölkerung dezimierten, meinte ein unbekannter Autor geradezu trotzig: »…und die Feinde sollen sehen, dass ich noch tanzen kann.«[89]

Die Tatsache, dass ihnen bestimmte Freiheiten zugestanden wurden, war auf das Verhalten der von den Nationalsozialisten eingesetzten Ghetto-Administration zurückzuführen. Im Vergleich zu anderen Ghettos wurde die Entwicklung der kulturellen Aktivitäten sogar gefördert. War dies nur ein Trick, gar in Absprache mit den Deutschen, um die Juden mit einer vermeintlichen Toleranz gegenüber lebensspendenden Aktivitäten zu betäuben, ihnen falsche Illusionen zu vermitteln, um sie am Ende doch zu töten? Schließlich waren am 21. Dezember 1941 die Massenschießereien im Rahmen der »Aktionen«, an denen sich litauische, antisemitische Nationalisten beteiligten, beendet worden. Ihre Brutalität, Grausamkeit und ihre Schnelligkeit beanspruchten »selbst im Rahmen des Holocaust einen besonderen Stellenwert«, und das Jahr 1941 stehe, wie der Historiker Joachim Tauber bemerkt, »im Mittelpunkt einer bis heute weder historisch noch gesellschaftlich abgeschlossenen Diskussion in Litauen und der israelischen und amerikanischen Judenheit.«[90] Nicht nur dieses Kapitel ist bis in die Gegenwart nicht abgeschlossen. Es betrifft auch die Zeit der sich anschließenden relativen Stabilität, die zwanzig Monate dauerte und die jäh beendet wurde. »Mehr als ein Jahr lang herrschte Ruhe im Ghetto, die Massenverfolgungen schienen vorbei zu sein, die verbleibende Jugend war so produktiv, dass sie gerettet werden konnte, um einen Beitrag zum deutschen Kriegseinsatz zu leisten [...].« Viele Intellektuelle flüchteten sich in Ironie. Bald schon sollten sie sich zerstreiten und Positionen einnehmen, die von anderen Ghettobewohnern nicht geteilt wurden.[91]

»Im Ghetto gibt es nichts, was es nicht gibt«, notierte der Arzt Moshe Feigenberg in seinen Aufzeichnungen, die er mit dem Titel »Jerusalem von Litauen« versah und in denen er sich rückblickend des immateriellen Reichtums seiner Stadt versicherte. Seit dem 14. Jahrhundert lebten in Litauen Juden und hatten eine eigene »litauische« Zivilisation geschaffen. Sie reichte bis zur »Litvakija« und umfasste das heutige Weißrussland, Teile der Ukraine, Polens und Lettlands. Das Land, vor allem die Hauptstadt Vilnius, war die Quelle vieler neuer sozialer, religiöser und politischer Bewegungen. Die jüdische Gemeinde von Vilna wurde im sechzehnten Jahrhundert gegründet und entwickelte sich zu einem der bekanntesten Zentren der jüdischen Weisheit, Moral und Kultur.[92] Vom 16. bis 18. Jahrhundert lebten zwei Drittel des Weltjudentums im Königreich Polen und Litauen, der größte Staat in Europa.[93] Wilna, wie es in jüdischen Dokumenten seit den frühesten Zeiten genannt wird, wurde eine »jüdische Hauptstadt«. Maßgeblich dazu beigetragen hatte der Rabbiner Elijah ben Solomon Salman (1720-1797). Der »Goan von Vilna«, der Weise, wurde als einer der größten Talmudgelehrten verehrt und wird es in Israel und Amerika teilweise heute noch. Höchst versiert war er zudem im Religionsgesetz, der Halacha, und in der Kabbalah, der Mystik. Wer sich ihm in den Weg stellte, wie die im Süden Litauens ansässige chassidische Bewegung, wurde exkommuniziert.[94]

Selbst als Vilnius nach dem Ersten Weltkrieg polnisch geworden war, betrachteten die Vilniuser ihre Stadt als die eigentliche Hauptstadt Litauens. Hier, und nicht in Kaunas, vermischten sich alte religiöse Traditionen mit der modernen europäischen Kultur und hatten eine neue jiddische Zivilisation hervorgebracht. Selbstbewusst erhoben sie den Anspruch auf einen weiteren Hauptstadt-Titel. Ihre Stadt und nicht auch etwa Warschau, das einen erheblichen Anteil an der ebenso konkreten wie aggressionsfreien Utopie, einem Gegenentwurf zu den übrigen nationalistischen Ideologien des frühen zwanzigsten Jahrhunderts hatte, sondern Vilnius betrachteten sie als die Hauptstadt von »Jiddischland«. In Orientierung an die europäische Moderne war die Idee von *Jiddischland* »[...] auch eine Alternative zum Zionismus, der davon ausging, nur ein eigener Nationalstaat in Palästina könne die Leidensgeschichte der Juden in der Diaspora beenden.«[95] Klassiker der jiddischen Literatur zählten zum Kanon der Weltliteratur, die ihre offizielle Anerkennung am 20. Juni 1927 in Paris beim Internationalen P.E.N.-Kongress in Paris erhielten. Die kosmopolitische Idee von der Wortrepublik *Jiddischland* mit ihren elf Millionen Bürgern, in einem Staat ohne Grenzen als transnationale Kulturlandschaft mit Blick auf ein offenes, liberales Europa, war mit dem Vernichtungsfuror der Deutschen gescheitert. Im Vilna Ghetto erlebte sie die letzten Zuckungen, wobei dem YIVO, Yidisher Visnshaftlekher Institut, eine besondere Bedeutung zukam. 1925 in Berlin von namhaften jüdischen Gelehrten gegründet, wurde Vilnius bewusst zum Hauptsitz des YIVO gewählt. Sein Fokus war auf die in jiddischer Sprache geschaffene Kultur des osteuropäischen Judentums gerichtet und hatte neben Berlin weitere Sitze in New York. Für die Forschung setzte man auf modernste sozialwissenschaftliche Erkenntnisse und wollte diese auch nichtjiddisch sprechenden Kreisen zugänglich machen. Welch eine Ironie: Obwohl das Institut durch die Nationalsozialisten zerstört wurde, blieben seine Bestände größtenteils erhalten, weil sie von den Nationalsozialisten nach Deutschland geschafft worden waren, wo sie von den Alliierten entdeckt und dann an das YIVO in New York übergeben wurden.[96]

Einen wichtigen Part nahmen zudem Jüngere ein, die mit der Sowjetunion sympathisierten und darauf hofften, dass die dort propagierten Ideale eines »neuen sowjetischen Menschen« auch den Juden einen Ausweg für eine gesicherte Existenz bieten würde. Zu ihnen wiederum standen im krassesten Gegensatz Zionisten, die eine Wiederbelebung des Hebräischen forderten und dem Traum von einem jüdischen Staat, einer jüdischen Nation, auf dem Boden des alten Heimatlandes in Eretz Israel anhingen.

Diese vielschichtigen jüdischen Welten fanden sich nun auf ein paar tausend Quadratmetern wieder, eng zusammengepfercht, anfangs noch im Kleinen und im Großen Ghetto. Man richtete Synagogen ein, Grundschulen, eine Sekundarschule, Kindergärten, ein Kinderheim, einen Kinderclub, einen Jugendclub und einen Sportverein. Bald darauf entstand eine medizinische Versorgung, eine Musikschule, ein wissenschaftliches Institut, die Ghetto-Universität, eine Bibliothek, Künstlerverbände, ein Ghettotheater, ein Marionettentheater, eine Kabarettbühne, Kaffee- und Teehäuser, zeitweise sogar ein koscheres Restaurant. Die Quelle dieser unglaublichen, bizarren Entwicklung hatte einen Namen: Jakob Gens. Als

Oberhaupt des Jüdischen Rates, Judenrat, und der Ghetto-Polizei, die zwangsweise ernannt worden war, wurde er von einigen gehasst, verpönt und verspottet, von anderen als Führer angesehen. Ihm oblag auch die Kontrolle über das kulturelle Schaffen und die Zensur im Ghetto. Gens behauptete, dass die jüdische Regierung »dem Menschen die Chance geben wollte, für ein paar Stunden frei vom Ghetto zu sein, und das ist uns gelungen. Unsere Tage hier sind hart und düster. Unser Körper ist hier im Ghetto, aber unser Geist ist nicht gebrochen.«[97]

Das erste Konzert unter der Leitung von Wolf Durmashkin fand am 15. März 1942 statt. Auf dem Programm standen Antonín Dvořáks Sinfonie Nr. 9 *Aus der Neuen Welt*, Ludwig van Beethovens *Neunte*, die Ouvertüre zu Mozarts *Die Hochzeit des Figaro* sowie das *Klavierkonzert in e-Moll* von Frédéric Chopin. Dass überhaupt Instrumente zur Verfügung standen, dafür hatte Wolf Durmashkin gesorgt. Mitbewohner, die anfangs außerhalb des Ghettos zur Arbeit für die Nazis gezwungen wurden, legten ein Klavier, das sie in einem geräumten Haus gefunden hatten, Stück für Stück auseinander, versteckten die Teile unter ihrer Kleidung und setzen sie im Ghetto wieder zusammen. Das geschah mit vielen Musikinstrumenten. Eine Zeit lang konnte Wolf Durmashkin noch das Vilnius Sinfonieorchester leiten, weil sich Musiker für ihn eingesetzt hatten und ohne ihn nicht gut zurechtkamen. Dann fand auch diese kleine Freiheit ein Ende. Alle jüdischen Mitglieder des Klangkörpers muss-

ten im Ghetto bleiben, auch Durmashkin, der neben dem
Sinfonieorchester einen Hebräischen Chor gründete, in
dem seine Schwestern Fania und Henia mitwirkten, und
der darüber hinaus als musikalischer Direktor des Ghettotheaters zahlreiche Projekte anschob oder an Theaterstü-
cken beteiligt war. Nach dem Eröffnungskonzert erklärte
der Dichter Abraham Sutzkever: »Die Klänge des Sinfo-
nieorchesters waren für die Bewohner des Ghettos ebenso
ein Lebenselixier wie reine Bergluft für einen Lungenpati-
enten. Es lohnt sich, dafür zu kämpfen.«[98] Das Repertoire
des Ghetto-Sinfonieorchesters umfasste Opern, Operet-
ten, Sinfonien, darunter Werke von Beethoven, Tschai-
kowsky, Rossini, Mozart, Schubert oder Chopin, der ein
Kapitel für sich darstellte, weil er zunächst von den Nationalsozialisten als nichtjüdischer Komponist gefeiert, dann
als polnischer Nationalist verpönt und später bewusst für
Germanisierungsbemühungen eingesetzt wurde.[99] Volkslieder, Ghetto- und Partisanensongs, aber auch Jazz und
Unterhaltungsmusik standen auf der Beliebtheitsskala bei
den Konzertbesuchern ganz oben. Dass Wolf Durmashkin auch Werke von verbotenen jüdischen Komponisten
wie Felix Mendelssohn Bartholdy aufführen konnte, war
eine weitere Besonderheit. Im Gegensatz zum Warschauer
Ghetto beispielsweise musste man im Vilna-Ghetto keine
Einschränkungen vornehmen, indem man sich aus dem
Würgegriff der nationalsozialistischen Vorgaben befreite
und jüdische Komponisten als arische ausgab. Ein mitunter lebensbedrohliches Unterfangen. Es bleibt unge-

wiss, ob es sich um eine vermeintliche Reverenz an die Feinde, Ironie oder ausgeprägtes Selbstvertrauen handelte, als Musikdirektor Durmashkin im Oktober und November 1942 Märsche des überzeugten Antisemiten und von Adolf Hitler bewunderten Richard Wagner aufführte. Schließlich befanden sich im Publikum oft auch deutsche Zuhörer.

An Kritikern, die musikalische Darbietungen im Ghetto als Verhöhnung des ständigen Leidens der Bevölkerung betrachteten, mangelte es nicht. Es waren nicht nur konservative Kräfte, die diese Aufführungen als frivol und völlig unangemessen empfanden. Sie sahen in den Kulturveranstaltungen die Inszenierung einer Illusion, »die keine reelle Chance auf kollektive Rettung geboten« hätte. Mehr noch, jede ablenkende Tätigkeit sei nicht nur ein Fehler, sondern ein Verbrechen gewesen, sie seien von den Nationalsozialisten instrumentalisiert worden und das Potential zum Widerstand sei ungenutzt geblieben.[100] Diese Kommentare verstummten zunehmend. Noch Jahrzehnte später erinnerte sich die Schauspielerin Sima Shurkowitz: »Die Stücke und Lieder drückten das aus, was in unseren Herzen war […], unseren Kummer, unsere Pein. Sie gaben uns die Hoffnung, zu überleben.«[101] Die Partisanenbewegung »Fareinikte Partisaner Organisatzije«, FPO, die am 21. Januar 1942 in Vilna durch den Zusammenschluss verschiedener zionistischer Jugendverbände sowie kommunistischer Gruppierungen, aber ohne religiöse Verbände, da sie unbedeutend waren und auch keine derartigen Ideen verfolgten, zu einer einheitlichen Widerstandsorganisation gebildet worden war, befand sich in einem echten Dilemma. Ihren Widerstand gegen die Nazis hatten sie überwiegend aus dem Ghetto heraus organisiert und nicht wie andernorts aus den sie umgebenden Wäldern. Im April/Mai 1943 ging ein Aufstand im Warschauer Ghetto durch die Weltpresse. In Vilnius wollten die Deutschen eine derartige Eskalation kein zweites Mal erleben. Sie hatten herausgefunden, dass sich deren Führer im Ghetto aufhielt. Im Juli 1943 verlangte die Gestapo die Herausgabe von Itzik Wittenberg, andernfalls würden sie das gesamte Ghetto zerstören. Der Leiter des Ghettos, Judenrat Jacob Gens, stachelte die Massen mit der Parole »Einer oder 20 000« an. Jüdische Polizisten und Massen von Ghettojuden belagerten das Hauptquartier der Partisanen mit dem Schrei: »Wir wollen leben!« Für die Partisanen machte es keinen Sinn, den Aufstand zu diesem Zeitpunkt zu beginnen, denn das hätte bedeutet, die Juden zu bekämpfen und nicht die Deutschen. In dieser Situation beschloss die Partisanenführung, ihren Anführer Wittenberg allein zur Gestapo gehen zu lassen. Offenbar hatte ihm Jakob Gens vorher noch eine Zyankalikapsel zugeschoben. Wittenberg beging Selbstmord. Noch am selben Tag wurde Abba Kovner zu seinem Nachfolger gewählt. Die »neue Masche« war Herman Kruk zufolge, Menschen in Arbeitslager nach Estland zu schicken. Der Auslöser war ein konkreter Befehl Heinrich Himmlers vom 21. Juni 1943, die arbeitsfähigen Juden aus den

Ghettos »Ostland« in Konzentrationslager zu verfrachten und alle übrigen zu liquidieren. Liquidiert wurde als einer der ersten Jakob Gens. Nach dessen Erschießung rief Wolf Durmashkin verzweifelt aus: »Das ist das Ende!« Am 23. September 1943, mit der endgültigen Auflösung des Ghettos, zogen sich die Kämpfer der FPO in den Wald von Rūdninkai zurück und schlossen sich sowjetischen Partisanen an.

Wolf Durmashkin im Kleinen Ghetto Theater mit dem Vilna Ghetto Symphony Orchestra. The National Library of Israel.

Obschon jüdische Komponisten wie Mendelssohn-Bartholdy verboten
waren, standen sie im Vilna Ghetto auf dem Programm.
Vilna Gaon Jewish State Museum.

Simas Lieder

Geschichten & Lieder aus dem
Wilnaer Ghetto

Yoëds musikalische Arrangements bekannter
jiddischer Volkslieder
Easy to play

Die Schauspielerin Sima Shurkowitz liebte Konzerte. Ihr Enkel, der
Tenor und Kantor Yoed Sorek, stellte die bekanntesten Ghettosongs
mit Noten und Texten zusammen. Repro: Karla Schönebeck.

5 JETZT ERST RECHT! ABER WAS?

Die Aussicht, mit einem eigenen Orchester in eine wie auch immer geartete Zukunft blicken zu können, unterschied die Musiker nicht nur von ihren Schicksalsgenossen im DP-Hospital St. Ottilien. Abgesehen davon, dass sich die meisten immer noch in einer schlechten Verfassung befanden, waren Juden grundsätzlich nicht bereit, für die Deutschen auch noch irgendeinen einen Finger zu krümmen und für sie zu arbeiten. Vom »tollen Umgang« miteinander, wie man Jahrzehnte später das Gegen- und Nebeneinander verklärte, war wenig zu spüren.[102] Die Mönche ließen weiterhin nichts unversucht, ihre ungebetenen Gäste aus dem »Judenlager« loszuwerden.[103] Es sollte noch drei Jahre dauern, bis sie ihr Ziel erreicht hatten: »Nach dem Abzug der Juden wurden sämtliche Räumlichkeiten einer gründlichen Desinfektion unterzogen, um alles Ungeziefer zu vernichten. Unmittelbar darauf wurde mit der Restauration der Gebäude begonnen.«[104] Im alltäglichen Leben begegnete man den jüdischen Displaced Persons gelassener. Die Missionsbenediktiner hatten ihre eigenen Sorgen und Nöte. Diese waren zutiefst menschlich und eher weltlicher Natur: der nächtliche Diebstahl von Eiern aus ihrer Landwirtschaft, gute und schlechte Ernten, das Schicksal ihrer Mitbrüder, die sich noch in Kriegsgefangenschaft befanden oder als Kriegsversehrte zurückkehrten, wie etwa Pater Guntram. Nachdem sich dieser wieder in den Kreis seiner Glaubensbrüder eingefunden hatte, hielt Pater Balthasar Gehr fest: »Er konnte so aufregend erzählen von der Zweckmäßigkeit des guten alten Stahlhelms bei Genickschüssen, oder von den Gefühlen, die man hat, wenn man als Verwundeter von einem russischen Panzer überrollt wird.«[105] Zum Wiederaufbau hieß es knapp, man rede davon wenig, umso mehr werde gearbeitet und gebetet.[106]

Gemeinsame Berührungspunkte zwischen Juden und Deutschen beschränkten sich, wie überall, auf Verwaltungsangelegenheiten oder Schwarzmarktaktivitäten. In St. Ottilien fielen sie kaum ins Gewicht, genauso wenig, wie die Mönchen irgendetwas davon mitbekamen, was ihre ungebetenen Gäste zutiefst beschäftigte. Das Treffen der Vertreter aller jüdischen DP-Lager im besetzten Deutschland und Österreich sowie dem offiziellen Vertreter Palästinas, Elijahu Dobkin, ging völlig an ihnen vorbei. Erst später erfuhren sie davon aus Geschichtsbüchern.[107] Umso mehr begeisterten sie sich für die klostereigenen Konzerte unter der Leitung von Professor Otto Jochum[108]. Jochum, Sohn eines katholischen Lehrers und Organisten, hatte wie seine älteren Brüder Eugen und Georg Ludwig von 1922 bis 1928 am Augsburger Leopold-Mozart-Konservatorium und von 1928 bis 1931 an der Staatlichen Akademie der Tonkunst bei Joseph Haas studiert. 1932 wurde er Leiter der Städtischen Singschule in Augsburg, der Vorgängerin der heutigen »Sing- und Musikschule Mozartstadt Augsburg«, an der er 1935 das Singschullehrerseminar und den Städtischen Chor gründete. Jochum gelang es, das Augsburger Singschulseminar als erste und einzige deutsche Ausbildungsstätte für Singschullehrer gegen den Widerstand des Reichsunterrichtsministeriums, aber versehen mit dem Plazet der Reichsmusikkammer, durchzusetzen. 1938 wurde er Direktor des Augsburger Musikkonservatoriums. Der bisher parteilose Jochum stellte am 11. November 1937 einen Antrag auf Mitgliedschaft in der NSDAP.[109] Ohnehin war er seit 1934 bereits Chorgauführer des Reichsverbands gemischter Chöre für die Gaue München-Oberbayern, Franken, Saarpfalz und die Bayerische Ostmark. Durch und durch vom Zeitgeist durchdrungen, nannte er seine damals erschienenen Kompositionen: *Der jüngste Tag* op. 28, *Vaterländische Hymne* op. 54c, *Flamme empor* op. 61, *Ich bin ein deutsches Mädchen* op. 64,4. Seine Kantate *Volkwerdung der Nation* wurde zum Heldengedenktag 1938 im Festsaal des Deutschen Museums auf Einladung der NSDAP-Gauleitung München-Oberbayern uraufgeführt.

Es war Otto Jochum, der ein Ereignis musikalisch mitbegleitete, zu dem Massen von Gläubigen nach St. Ottilien strömten und das dem Chronisten zwei Seiten wert waren. Am 13. Juli 1947 drehte sich alles um die Jubiläumsfeier der bayerischen Benediktinerkongregation. Angekündigt hatte sich »Seine Exzellenz der Apostolische Visitator von Deutschland, Dr. Aloisius Muench [...]«[110] Es sei eine große Freude gewesen, »am Höhepunkt unserer Jubiläumsfeier den besonderen Vertreter des Heiligen Vaters unter uns zu haben.«[111] Nicht geplant war, dass Muench auch noch die zweite Vesper »pontifizieren« würde. »Dabei ergriff er vom Throne aus persönlich das Wort. Er wies auf die traurige Lage des deutschen Volkes hin, wie es fast alles verloren habe, aber eines hätte es nicht verloren, seinen Glauben, und das sei sein heiligstes Gut, [...] Zum Troste könne er als bevollmächtigter Vertreter des Heiligen Vaters bezeugen, dass dieser voller Anteilnahme auf das deutsche Volk blicke, dass er es nicht verurteile, wie es sonst meist verurteilt werde [...].«[112] Diese Mut spendenden Worte an das Kirchenvolk bedienten einen trotzigen, deutschtümelnden Patriotismus, der an die Stelle des offiziell zu verpönenden Nationalsozialismus getreten war. Und, sie kamen nicht nur von einem der höchsten Vertreter des Vatikans in Deutschland. Alois Muench war auch einer der ausgewiesensten Antisemiten seiner Zeit.[113] Die im Juli 1947 in St. Ottilien verkündete Botschaft, dass »er«, Papst XII., alles in seiner Macht Stehende tun werde, um dem deutschen Volk zu helfen, blieb kein leicht dahingeworfenes Versprechen. Im zähen Ringen um die Amnestie und Freilassung der im War Criminal Prison No1 inhaftierten deutschen Kriegsverbrecher sollte dem Kirchenoberhaupt in Rom eine größere Bedeutung zukommen und das dem Kloster benachbarte Landsberg zu einem Ort von höchster Symbolkraft für den Revisionismus der Nachkriegszeit werden lassen. Nicht direkt mittendrin, aber mit dabei: Mönche aus St. Ottilien und der katholische Landsberger Gefängnisgeistliche Karl Morgenschweis.

Im Laufe des Sommers 1945 reiften die Pläne der Musiker, nach Landsberg umzuziehen. Zwischenzeitlich waren noch Rafael Wolfberg und seine Frau nach St. Ottilien gekommen. Wolfberg hatte im Kovno-Ghettopolizeiorchester Klarinette und Saxophon gespielt. Auch der Litauer E. A. Borkum ergänzte die größer werdende Truppe. Er wurde umgehend als künstlerischer Manager verpflichtet.[114] Ansonsten nutzten sie die Zeit, um wieder zu Kräften zu gelangen. Unerwartete Unterstützung erhielten sie von Dr. Heinz Kubierschky. Der Facharzt für Chirurgie hatte lange mit sich gehadert, ob er Cellist werden sollte, sich dann aber für den Beruf des Mediziners entschieden. Für eine professionelle musikalische Karriere reichte nach seiner eigenen Einschätzung sein Können nicht aus. Er erinnerte sich jedenfalls daran, dass sich in seinem ehemaligen Haus in München-Schwabing noch ein stattlicher Konzertflügel befand. Den ließ er auf eigene Kosten nach St. Ottilien schaffen und Fania Durmashkin konnte endlich wieder Klavier spielen.[115] Ende Juli, Anfang August 1945 war es so weit. Durch den Umzug an den Lech öffneten sich neue Horizonte: räumlich, inhaltlich, organisatorisch und personell. Als erstes änderte das Management

PROGRAMME
of the Concert of the Jewish Orchestra in Bavaria

Wednesday on the 14th November 1945.

At 19,00 o'clock at the town-theatre in Landsberg (Stadttheater).

1. **Grieg**
   "Homage March" — by Orchestra.
2. **Rossini**
   Ouverture from the Opera "Barber from Sevilla" — by Orchestra.
3. **Offenbach** — by Orchestra.
   Ouverture and Barcarole from the Opera" Hoffmann's tales"
4. **Brahms**
   "Hungarian dances Nr. 1" — by Orchestra.
5. **Schalit**
   "Eili · Eili" — sung by Mr. Schenker.
6. Our K Z Or. iestr. — sung by Mr. Schenker.
7. **Verdi**
   from the Opera "Rigoletto" — by Orchestra.
8. **Mendelsohn**
   Rondo · Capricciosa — by Mr. J. Rosmarin (Piano).
9. **Petrow**
   Waltz — by Mr. Wolberg (Saxophon).
10. **"A wedding in a little town"**
    folk song — sung by Miss Durmaschkin.
11. **I wish other times** — sung by Miss Durmaschkin.
12. **Sibisch**
    Poem — by Mr. Hofmekler (Violin) with Orchestra accomp.
13. **Grossmann**
    Tschardasch — by Orchestra.
14. **It must go as it goes** — sung by Mr. Kupritz.
15. **Song me** — sung by Mr. Kupritz.
16. **Hofmekler**
    "Palestine sings and dances" — by Orchestra.
17. **Hofmekler**
    "Our way" — by Orchestra.

Musical conductor : Hofmekler. / Concert master : Borstein.
Concert arranged by the Culture Office.

Landsberger Verlagsanstalt

Aufgrund der beengten Verhältnisse im DP-Lager traten die Musiker anfangs vor allem im Stadttheater Landsberg auf. Archiv Sonia P. Beker.

den Namen des Ensembles in »Jewish Orchestra in Bavaria«, ein Hinweis darauf, dass man Tourneen in der gesamten amerikanischen Zone anstrebte.

Dass bekannte jüdische Musiker aus Litauen jetzt im DP-Lager Landsberg zu finden seien, war bis ins niederbayerische Schwandorf vorgedrungen. Die Nachricht erreichte dort den gerade 18 Jahre alt gewordenen Chaim Arbeitman, einen gebürtigen Warschauer, der sich nach der Befreiung aus dem KZ Flossenbürg in dem von der UNRRA betreuten »Assembly Center« aufhielt. Als Zweijähriger hatte er seinen Vater regelmäßig zum Friseur begleitet und sich für das Geigenspiel der Angestellten begeistert, mit dem sie ihre Kundschaft nebenbei unterhielten. Vor allem dieser Holzkasten, aus dem sie diese wunderbaren Klänge zauberten, hatte es ihm angetan. So einen musste er unbedingt haben. Seine Eltern, die nichts mit Musik zu tun hatten, verstanden die Welt nicht mehr. Klein-Chaim trat in einen dreitägigen Hungerstreik. Danach hatte er nicht nur seinen heißersehnten Holzkasten, sondern sie bezahlten auch einige Jahre später den Geigenunterricht. Chaim Arbeitman war neun Jahre alt, als er mit seinem Vater ein Konzert der Warschauer Philharmoniker besuchte. Auf dem Programm stand Beethovens *Konzert für Violine und Orchester D-Dur op. 61*. Star des Abends war der weltweit gefeierte russisch-jüdische Geiger Efrem Zimbalist. Nach dem Konzert gab es kein Halten mehr: »Eines Tages werde ich bei diesem Mann studieren!«[116] Es sollte nicht lange dauern, bis sein erstes, eigenes Solodebüt bevorstand – mit den Warschauer Philharmonikern. Der Einmarsch der Deutschen in Polen am 1. September 1939 zerstörte den für seinen Auftritt vorgesehenen Saal. Die Familie Arbeitman musste sich verstecken, wurde entdeckt und in das Warschauer Ghetto getrieben. Rund 350 000 Juden, 30 Prozent der Stadtbevölkerung, wurden auf einem Areal von 2,4 Prozent der gesamten Stadtfläche konzentriert. Nach einer waghalsigen Flucht durch die Warschauer Kanalisation gelangten sie nach Lublin. Alles vergebens. Chaim Arbeitman wurde von Nazi-Offizieren aufgegriffen und von seiner Familie getrennt. Vater, Mutter, Geschwister, Onkel, Tanten und die Großeltern sollte er nie wieder sehen. Er wurde in das Konzentrationslager bei Budzyń gebracht.

Während einer Routinekontrolle führten die Nazis eines Morgens Chaim Arbeitman mit anderen jungen, alten und kranken Häftlingen in den nahegelegenen Wald. »Dort stand ein Grab bereit, hinter uns ein Erschießungskommando. Als ich das Grab sah, wurde mir klar, dass dies das Ende des Lebens war. Uns wurde gesagt, wir sollten uns in Dreierreihen aufstellen. Wir mussten unsere Kleidung, sofern wir welche hatten, an die Seite legen. Ich zog meine Hose und meine Schuhe aus, die Schnürsenkel zusammengebunden. In einem bestimmten Moment wusste ich, dass die nächste Kugel für mich bestimmt war. Es war ein so schreckliches Gefühl. Man wusste, dass man in den nächsten Sekunden begraben werden würde. Mein ganzes Leben seit meiner Kindheit schoss wie ein Blitz in mein Gehirn«, erzählte er später. »Plötzlich packte mich Noah Stockman, der von den Nazis eingesetzte Lagerälteste, und brachte mich zum Obersturmführer. Stockman erklärte: »Er ist ein Geigenvirtuose und wir brauchen ihn.« Bis zum Zusammenbruch des Dritten Reichs verbrachte Arbeitman über vier Jahre in sieben verschiedenen Konzentrationslagern.[117]

Der Todesmarsch vom Kauferinger Lager I gen Wolfratshausen hatte den schmächtigen Isai Rosmarin, der Akkordeonspieler ohne Akkordeon, sichtbar gezeichnet. Auf zwei Krücken gestützt, die ihm in St. Ottilien Heinz Kubierschki besorgt hatte, traf er in Landsberg seine Mutter Bezalel wieder. Die beiden waren am 15. Juli 1944 von Kaunas ins Oberbayerische deportiert und im selben Lager

Neben Isai Rosmarin war Chaim Arbeitman der jüngste Musiker im DP-Orchester. Es nahm ihn im Sommer 1945 in Landsberg als neues Mitglied auf. Archiv Sonia P. Beker.

untergebracht. Wenigstens das. Als einziges Kind war Isai der wohlbehütete Sonnenschein seiner Eltern. Seinen Traum von der Karriere als Pianist hatten sie nach allen Kräften unterstützt. Ibe Abke Nauchowitz, wie Abba Naor bis zu seiner illegalen Einwanderung nach Palästina hieß, kannte ihn aus ihrer gemeinsamen Geburtsstadt Kaunas. Beide waren ungefähr gleich alt, Rosmarin Jahrgang 1927, Nauchowitz ein Jahr jünger. Viel verband die beiden nicht. Abba Naors Vater Hirsch war Kommunist, Isai der Sohn eines wohlhabenden Fleischfabrikanten, der unmittelbar nach dem Einmarsch der Deutschen ermordet worden war. Eng befreundet war Naor mit David Granat, dem Sohn des Schlagzeugers Melech Granat, ebenfalls ehemaliges Mitglied des Kovno-Ghettopolizeiorchester. David stand sogar offiziell auf dessen Mitgliederliste als »Granatas Dovydas – Orkester pasiuntiye«, »Orchesterbote«.[118] Sein Kumpel Abke machte sich als Laufbote für die gleichzeitig im Untergrund operierende Ghettopolizei nützlich.

Sich zu tarnen, flink, wachsam und mutig zu sein, diese Eigenschaften hatten sie sich schnell angeeignet. Telefone gab es im Ghetto nicht. In der Polizeistation, erzählte Naor später, habe er die eine oder andere Information aufgeschnappt und auch mal einen Blick in die herumliegenden Akten riskiert. Sie enthielten unter anderem Informationen über bevorstehende Aktionen der Nazis. Eines Tages erfuhr der 13-Jährige von der geplanten Ermordung eines ihm bekannten Kindes. Noch in derselben Nacht wurde der Nachbarjunge der Familie Nauchowitz in einem Kartoffelsack aus dem Ghetto geschmuggelt. Er sollte nach der Befreiung im DP Landsberg wieder auftauchen. »An seinen vollständigen Namen erinnere ich mich nicht. Ich erinnere mich nur noch an seinen hebräischen Vornamen: Barak. Er wurde dann in Israel Präsident eines hohen Gerichts.«[119]

Wie der Vollwaise Barak an den Lech gelangt war, wusste Naor jedenfalls nicht. Zufällig entdeckte er ihn als 94-Jähriger auf einem Gruppenfoto des Kibbuz *Lohamei HaGeta'ot*, Kämpfer des Warschauer Ghettos.[120] Am Eingang des DP-Lagers steht heute noch der traditionsreiche Brauereigasthof *Kratzer Keller*, ein beliebter Treffpunkt für die Soldaten der benachbarten Saarburgkaserne, den während des Krieges bevorzugt SS-Leute ansteuerten.[121] Nach der Beschlagnahmung durch die Amerikaner diente er als Unterkunft für Kinder und Jugendliche bis 18 Jahren, die ihre Eltern durch die Schoa verloren hatten oder auf der Suche nach ihnen waren. Wie Barak lebten sie im *Kratzer Keller* als Angehörige des Kibbuz *Lohamei HaGeta'ot*, Kämpfer des Warschauer Ghettos. 1942 waren Mitglieder der zionistisch-sozialdemokratischen Jugendbewegung Dror an der Gründung der Jüdischen Kampforganisation im Warschauer Ghetto beteiligt. Überlebende dieses Ghettoaufstands wurden ab August 1944 auch nach Kaufering/ Landsberg deportiert.

Baraks Lebensretter Abba Naor stieß erst einige Zeit später auf seine litauischen Schicksalsgenossen im DP-Lager Landsberg. Nach seiner Befreiung vom Todesmarsch

Dr. Samuel Gringauz (mit Schirmmütze) vor dem Kratzer Keller am Rande des DP-Lagers Landsberg mit amerikanischen Militärs. USHMM.

war er im DP-Lager Freimann zufällig auf seinen Vater Hirsch gestoßen. Sein älterer Bruder war im Ghetto von Kaunas ermordet worden, seine Mutter und seinen jüngeren Bruder hatte er im KZ Stutthof bei Danzig zum letzten Mal gesehen. Zusammen wollten Vater und Sohn von München aus in ihrer Heimat Litauen nach Überlebenden der Familie suchen. Unterwegs erfuhren sie nicht nur von den Auswüchsen des Antisemitismus, »jenes alten Antisemitismus der ultrakatholischen und nationalistischen Kreise Polens, der vor dem Krieg besonders heftig gewesen war.«[122] Sie mussten auch realisieren, dass Juden in Arbeitslager deportiert wurden, diesmal von ihren russischen Befreiern, an den Ural und noch weiter östlich. Nach der Beendigung des Nazijochs unterstellte man ihnen, sie hät-

ten mit ihren Peinigern kollaboriert. Wie sonst hätten sie
deren Terror- und Gewaltregime überstehen können? Auf
dem Weg nach München begegneten sie in Łódź ehemaligen Kämpfern des Warschauer Ghettos, in Bratislava sogar
deren legendärem Anführer Yitzhak Zuckerman. Nach ihrer Rückkehr bestand Abba Naors Vater auf einer Lehre für
seinen Sohn im DP-Lager Landsberg, das sich zunehmend
zu einem Mustercamp unter Führung der verbliebenen litauischen Elite entwickelte. Eine Schule hatte er zuletzt im
Kovno-Ghetto besucht. Genauso wie David Granat, dessen Vater Melech seinen Sohn im Umfeld des Kibbuz *Lohamei HaGeta'ot* in besten Händen wähnte, sodass er sich
auf sein künstlerisches Schaffen konzentrieren konnte.

Durch die Randlage des *Kratzer Kellers* waren die Jugendlichen nicht nur räumlich vom DP-Lager getrennt.
Sie konnten sich dem immer hektischer werdenden übrigen Leben weitgehend entziehen und sich auf Schulun-
gen und politische Versammlungen konzentrieren. Dafür
stand ein größerer Saal zur Verfügung, gleichzeitig der per-
fekte Probenraum für das DP-Orchester. Chaim Arbeitman fand diese Lokalität recht behaglich, auch wenn ihn
die Qualität des Klaviers, das offensichtlich zum alten In-
ventar gehörte, nervte, genauso wie die Tatsache, dass sie
sich den Raum mit anderen teilen mussten und öfter andere Probenmöglichkeiten suchen mussten.[123]

Landsberg bot zwar eine bessere Infrastruktur als das
abseits gelegene St. Ottilien, Benzin war dennoch knapp
und der Zugriff auf Transportmöglichkeiten blieb auch am

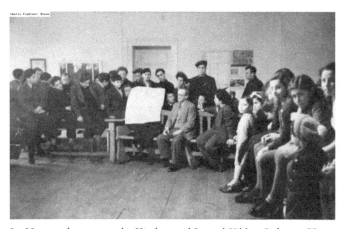

Im Versammlungsraum des Kinder- und Jugend-Kibbuz Lohamei Hagetaot probtem auch die Musiker des DP-Orchesters.
Museum Ghetto Fighters' House.

Lech beschränkt. Außerdem ließ die Gesundheit einiger
Musikerinnen und Musiker noch keinen größeren Akti-
onsradius zu. Für kleinere Fahrten konnten sie mit etwas
Glück auf Krankenwagen zurückgreifen, für ein ganzes
Orchester aber reichten die Kapazitäten nicht aus. Am 25.
August 1945 war es endlich so weit: das erste Konzert in
dem eigens von der UNRRA angemieteten Stadttheater
und, noch eine Premiere, erstmals mit offizieller Unterstützung des »Cultural Office of the former Jewish political prisoners in Landsberg/Lech«, geleitet von Diplom-Ag-
raringenieur Jakob Oleiski.[124]

Mit rund 300 Sitzplätzen erinnerte das Stadttheater
Landsberg die Durmashkin-Schwestern an das Ghettotheater von Vilnius. Und nicht nur sie. Rückblickend versuchten sich Überlebende vorzustellen, wie *Der Krönungs-*

Die Musiker bei einer Probe im DP-Lager Landsberg. Von dort aus bereiteten sie sich auf Tourneen in der amerikanischen Zone vor. USHMM.

marsch aus Giacomo Mayerbeers Oper *Der Prophet,* mit dem sie das Programm eröffneten, wohl in der Konzerthalle von Vilnius unter dem Dirigat von Wolf Durmashkin geklungen hätte.[125]

Das waren Gedanken, denen nur jüdische DPs nachgehen konnten. Außenstehende legten eher den Fokus darauf, dass mit der der Auswahl von Komponisten wie Felix Mendelssohn-Bartholdy oder Giacomo Mayerbeer wieder jüdische Komponisten ohne Angst vor Repressionen aufgeführt werden konnten. Mayerbeer und sein Werk brauchten nicht erst die Nazis, um von den Deutschen gehasst zu werden. Der Sohn eines jüdischen Zuckerfabrikanten und Bankiers wurde 1791 als Jakob Liebmann Meyer Beer im Brandenburgischen geboren. Mit seinen

Umzug nach Paris, dem familiären Hintergrund und seinen Erfolgen als Pianist, Dirigent und Komponist schall-
ten ihm gängige antisemitische Stereotype entgegen, etwa,
er sei ein »Rothschild der Musik« und Vaterlandsverrä-
ter.[126] Obschon es fester Bestandteil des Repertoires wurde,
kam Mayerbeers Werk in Landsberg noch einmal eine zu-
sätzliche Bedeutung zu. In *Le Prophet* geht es um selbster-
nannte, falsche Heilsbringer und die waren den Musikern
und ihrem Publikum in der Gestalt eines Adolf Hitlers nur
zu bekannt. Bei der nächsten Gelegenheit trugen ihn Mitglieder des Ghetto Fighters' House symbolisch zu Grabe.
Vorher hatten sie den »größten Führer aller Zeiten« unter
Beifall aufgehängt und am Galgen durch die Straßen des
Lagers gefahren.

Beim ersten Purim-Fest 1946 wurde Hitler erst am Galgen durch das
DP-Lager Landsberg gefahren und dann zu Grabe getragen.
Museum Ghetto Fighters' House.

Auch Guiseppe Verdi stand an diesem Abend auf dem Programm. Der war zwar kein Jude, hatte aber mit seiner Oper *Nabucco* dem jüdischen Freiheitswillen ein musikalisches Denkmal gesetzt. Erstaunlich fanden es Beobachter, dass die Musiker ganz selbstverständlich auch deutsche Komponisten aufführten. Mozart, Händel oder Beethoven waren ihnen als ehemalige Mitglieder renommierter Orchester aus besseren Zeiten ebenso vertraut wie ans Herz gewachsen. Das traf besonders auf die Musiker zu, die schon vor dem Holocaust in großen Orchestern mit dem Repertoire klassischer Musik aufgetreten waren: Micha Hofmekler, die Borsteins oder Boris Stupel. Der Geigenvirtuose hatte zwischenzeitlich seine Frau in München wiedergefunden und fehlte bei den ersten Landsberger Konzerten. Es war eine weitere Herausforderung für das Management, die Planungen und Durchführung höchst flexibel der jeweiligen Situation anzupassen und Rücksicht auf drängende persönliche Angelegenheiten und körperliche Beeinträchtigungen zu nehmen. Am 14. November 1945 beispielsweise sprang Isai Rosmarin als Pianist für Fania Durmashkin ein.

Wenn sich das Orchester auf etwas wirklich verlassen konnte, dann war es die Beziehung des Publikums zu Ghetto- und Partisanenliedern. Von ihnen ging eine geradezu unheimliche Faszination aus. Außenstehende Beobachter wie Koppel S. Pinson vermochten allerdings nicht die Kluft zwischen eigenen Vorstellungen und den Realitäten des kulturellen Lebens der DPs im Jahr 1945 zu

Wie im Kovno Ghetto blieben Micha Hofmekler und Boris Stupel, rechts sitzend, auch nach der Befreiung ein eingespieltes Team. USHMM.

schließen. Die amerikanische Musikhistorikerin Abby Anderton gab grundsätzlich zu bedenken: »In den Trümmern des Nachkriegsdeutschlands fungierte Displaced Music als Gegenmittel zu einer nationalsozialistisch geprägten Kultursphäre, da das Orchester die Hegemonie der deutschen klassischen Musik mit Aufführungen konterkarierte, die sich stattdessen auf die Erfahrung von Völkermord und Verlust konzentrierten.«[127] Im Liederbereich konnte das Orchester aus dem Vollen schöpfen, da viele Stücke der *Displaced Music* direkt aus dem Vilna Ghetto stammten.

LIEDER AUS DEM GHETTO

Ob vertraut oder neu komponiert, ob privat gesungen oder vor einem größeren Publikum aufgeführt, die Lieder aus der Zeit des Ghettos reichten von ernst bis nachdenklich, satirisch oder humorvoll, waren ebenso religiös, jiddisch, hebräisch oder trotzig und überwiegend geprägt von den letzten mutigen Schreien der Verzweiflung. Sie bestanden aus drei Kategorien: Ghettolieder, Theaterlieder und Partisanenlieder. Neben den »weltlichen Ghettoliedern« gab es auch Lieder mit religiösen Konnotationen. Sie bezogen sich auf vergangenes jüdisches Leiden und führten zu dem Schluss, dass es der jüdischen Nation immer gelungen war, im Laufe der Jahrtausende der Geschichte zu überleben. Charakteristisch für die Ghettolieder waren ihre eingängigen, leicht zu singenden Melodien. Die Texte wurden größtenteils auf Jiddisch verfasst, weil sie auszudrücken vermochten, was das Hebräische nicht leisten konnte. Im Gegensatz zu den oft melancholischen, düsteren Ghettosongs standen die Theaterlieder. Sie waren fröhlicher und erhebender, und konnten formulieren, was man wegen der Zensur nicht zu sagen wagte. Die beliebten Revuelieder waren von Humor, Ironie und Mehrdeutigkeit geprägt – ein Augenzwinkern in Wort und Ton. Partisanenlieder appellierten grundlegend an den Geist des Widerstands, sie verherrlichten Heldentaten, die Macht und Stärke der jüdischen Nation. Diese Lieder betonten auch die Notwendigkeit der Rache und sie wurden bis auf wenige Ausnah-

men im »Wir« formuliert. Wie Hirsch Glick waren ihre
Autoren jung und gehörten der Partisanenbewegung FPO
an. Partisanenlieder wurden auch im Jugendclub gesungen, über den der 17-jährige Yitzok Rudashevski schrieb:
»Lied für Lied klang ... Wir sind so glücklich, so glücklich ..., berauscht von der Freude der Jugend ...«[128] Lieder, die der Zensur zum Opfer gefallen wären, wurden in
einem Café in der Rudnicka Straße gesungen. Dort genossen die jungen Mitglieder eine gewisse Narrenfreiheit. Die
Partisanen hingegen sangen in den Wäldern Texte über
Hitler oder den Faschismus, während sie sich für den be-
waffneten Widerstand organisierten. Ihr Motto: Besser im
Kampf sterben, als wie Schafe zur Schlachtbank geführt
zu werden. *Zog nit keymol az du geyest dem letstn veg* (Sag
nie, Du gehst den letzten Weg) wurde zu einem der sym-
bolträchtigsten und berühmtesten Partisanenlieder, das
heute als »die Partisanenhymne« bekannt ist. Der Text des
24-jährigen Hirsh Glik wurde von zwei Ereignissen beein-
flusst: einer Schlacht, die 1943 zwischen einer Gruppe jüdischer Partisanen und einer SS-Abteilung im Wald bei
Vilnius ausbrach und zum Tod von fünfzehn Juden führte,
und der jüngsten Nachricht vom Aufstand im Warschauer
Ghetto. Das Lied basiert auf einer Melodie des sowje-
tisch-jüdischen Komponisten Dimitri Pokrass, einem mit-
reißenden und rhythmischen Marsch in Moll.[129]

Der Judenrat unter Jakob Gens hatte zudem einen
Preis für Musikkompositionen ausgeschrieben. Eingereicht
wurde auch das Lied »Shtiler, Shtiler«. Der Text stammte

von Schmerke Kaszerginski, einem Pädagogen, Schriftsteller, Dichter und Partisan im Ghetto. Er hatte ihn für eine
Melodie des elfjährigen Alik Volkovyski, der sich in Israel
Alex Tamir nannte und ein bekannter Komponist und Pianist wurde, verfasst. Das Lied beschreibt die Ereignisse
in Ponary aus der Sicht einer Mutter, die ihrem Sohn ein
Schlaflied singt. Darin erzählt sie von der Tragödie von Vilnius, drückt aber auch ihre Hoffnung aus, dass aus der Dunkelheit Licht hervorgehen wird. In diesem Wettbewerb trat
Alik Volkovyski unter anderem gegen Wolf Durmashkin
an, der mit seiner Komposition »Elegie von Ponary« den
ersten Preis erhielt. Ein anderer, vielversprechender junger
Autor und Dichter war Leyb Rosental. Der Spross aus einer bekannten Vilniuser Verlegerfamilie verfasste nicht nur
Texte für verschiedene jüdische Publikationen. Rosental
schrieb auch für das berühmte *Ararat Theater* und er ver-
öffentlichte das *Lider folksblat*. Von linken Idealen beein-
flusst, unterstützte er die Anti-Faschisten in Spanien und
den Arbeiterkampf für Menschenrechte – Aktivitäten, die
ihm mehrere Gefängnisaufenthalte einbrachten. Zwischen
1939 und 1940 schrieb und übersetze Rosental zahlreiche
populäre Lieder, außerdem war er Gründer und künstlerische Direktor eines Tournee-Theaters, dem *Vilner yidisher miniatur teater MIMT* (Jüdisches Puppentheater). Der
Plan, mit seiner Schwester Khayale nach Moskau zu reisen,
um am »Sowjetischen Volkslieder Wettbewerb« teilzunehmen, wurde mit dem Beginn des Krieges durchkreuzt. Im
Vilna Ghetto arbeitete er in der »Papier Brigade« von Alfred

Rosenberg mit, die im ehemaligen Gebäude der YIVO untergebracht war. Er schrieb für das *Geto-yedies bulletin* und noch mehr für das Theater. Seine Texte zu aktuellen Themen waren heiter, mitunter lustig, um die Menschen zu ermutigen, tapfer zu sein, über alltägliche Probleme zu lachen und auf eine bessere Zukunft zu hoffen. *Ich benk aheim, Ich will aheim*, war ein Lied für polnische Flüchtlinge in den Ghettos, Konzentrationslagern, aber auch für, wie er hoffte, kriegsmüde gewordene Wehrmachtssoldaten. Die beliebten Couplets der musikalischen Varieté-Produktion *Peshe from Reshe* stammten ebenfalls aus seiner Feder. Anfang September 1943 wurde er mit Wolf Durmashkin, Hermann Kruk, Hirsch Glick und weiteren Kreativen und Intellektuellen in das Konzentrationslager Klooga in Estland deportiert. Fania und Henia Durmashkin sahen ihren Bruder und ihre Mutter bei der Selektion zum letzten Mal. Ihrer Mutter hatte Wolf noch zugerufen, sie solle sich die Lippen rot anmalen, das würde sie jünger aussehen lassen. Sinnlos. Wie Wolf Durmashkin wurde Leyb Rosental in der Barackenbau-Brigade des Arbeitslagers Lagedi eingesetzt. Bei Tischlerarbeiten verlor er einen Finger – für einen Pianisten das Ende. Dennoch organisierten die ehemaligen Mitglieder des Ghettotheaters heimlich Amateurabende, bis auch das nicht mehr ging. Durmashkins letzte Komposition mit dem Text von Leyb Rosental hieß: *Lomir Shvaygn* (Lass mich schweigen). Die Front rückte immer näher und die Straßen nach Westen waren abgeschnitten. Am 18. September 1944 wurden die meisten der Häftlinge,

425 Menschen, ein paar Stunden vor der Befreiung durch die Rote Armee von einem Polizei-Bataillon des SD erschossen und ihre Leichname verbrannt. Unter ihnen auch Wolf Durmashkin und Leyb Rosental. Vilnius hatte 1939 rund 60 000 jüdische Bewohner, nur 2000 überlebten den Holocaust. *Ich will aheim*, gesungen von Fania Durmashkin und begleitet vom DP-Orchester, gehörte seit dem ersten *Liberation Concert* zum ständigen Repertoire und sollte sich zu einem Klassiker entwickeln.

Bis auf seine letzte Komposition »Lomir Schvaygn« gelten alle Werke von Wolf Durmashkin, Bruder von Fania Durmashkin, bis heute als verschollen. Repro: Wolfgang Hauck.

»Habaita« war ein Lied der Hoffnung auf ein neues »Heim« in Eretz Israel. Nach dem 7. Oktober 2023 wurde es für die Hamas-Geiseln neu aufgelegt: Bring them home. Archiv Hanna Rosenbaum.

Den Boden für kulturelle Aktivitäten, nach denen alle Überlebenden dürsteten, bereiteten im DP-Lager Landsberg führende, charismatische und widerstandserprobte Persönlichkeiten aus Litauen. Das jüdische DP-Orchester allein konnte ihre Sehnsucht nach Abwechslung und Unterhaltung nicht stillen. Bald schon gab es ein Kino, Tanzveranstaltungen, eine Theatergruppe und einen Chor.[130] Gesungen wurde aber auch privat, individuell, in kleinen Gruppen. Wie groß das Bedürfnis war, zeigte eine Handvoll Überlebender in Bergen-Belsen. Fünf Tage nach ihrer Befreiung durch die Briten, an einem Freitag, dem 20. April 1945, sangen sie das Lied der Hoffnung, die *Hatikva*, die Israels Nationalhymne wurde.[131] »In Landsberg«, erinnert sich Dr. Hanna Rosenbaum, »sangen meine Eltern, die aus Buchenwald nach Bayern gekommen waren, *Habaitah*, Heim, dort Wurzeln schlagen, wo man in Sicherheit war, das war das Wichtigste für sie. Die ersten Tage in Freiheit waren einfach nur ganz, ganz schrecklich, selbst noch im DP-Lager.« »Aber«, fügt sie hinzu, »dieses Gefühl wurde im Laufe der Zeit immer stärker, weil auch die Ungewissheit größer wurde. Meine Eltern wollten unbedingt nach Palästina, Alija machen. Meine Mutter ist schwanger geworden. Sie hat Landsberg allein und illegal verlassen. Ich sollte unbedingt in Eretz Israel zur Welt kommen. Als sie dann auf Zypern wegen der Briten festsaß, haben sie in einer größeren Gruppe wieder das hebräische Lied *Habaitah* gesungen.«[132]

Der Musikexperte Bret Werb vom United States Holocaust Memorial Museum unterscheidet für die Nachkriegszeit drei Kategorien von Musik: nostalgische Musik, zu der er auch »jiddische Standards« wie *Bei mir bistu sheyn* rechnet. Die Musik für den Swing-Song von 1932 stammt von Sholom Secunda (1894–1974), der Text von Jacob Jacobs (1890–1977) für das jiddische Musical *Men ken lebn nor men lost nisht* (»Man könnte leben, aber sie lassen uns nicht«). Mit der Version der Andrew Sisters von 1938 erlangte es Weltruhm und wurde zu einem Evergreen. Weniger verbreitet als die Nostalgie-Musik war das »importierte Repertoire«, das kurz nach Kriegsende von amerikanisch-jüdischen Entertainern auf Goodwill-Touren durch die Lager eingeführt wurde. Nostalgie und importierte Musik vermischten sich Werb zufolge zur »Musik von und für Displaced Persons«. Das DP-Orchester hätte seine Identität erst finden müssen, worauf die Tatsache hinweise, dass es mehrmals seinen Namen änderte, bis es schließlich als »Reprezentanc Orkester fun der Szeerit Hapleitah« auftrat. Auf diese Weise habe es seine jeweilige Bedeutung und Selbsteinschätzung für sein Publikum kommuniziert und bekräftigt.[133] Das Management war sich bewusst, dass die Veranstaltungen des DP-Orchesters im Stadttheater Landsberg die Ausnahme waren. Anstatt in Konzertsälen bayerischer Städte und Gemeinden aufzutreten, würden sie in ehemaligen Konzentrationslagern und Wehrmachtskasernen spielen, die zur Unterbringung der Überlebenden umfunktioniert worden waren. Täterorte, an denen sich das Spannungsfeld zwischen der ehemaligen Internierung durch die Nazis und der Nachkriegszeit mit musizierenden und rezipierenden Befreiten als mittel- und staatenlose Flüchtlinge auf das Unheimlichste offenbarte. Im Grunde genommen ging es bei der Displaced Music um eine Musik, »die von Natur aus nicht zu ihrer Umgebung passt«, wie Abby Anderton es formuliert. Für den Musikethnologen Philip Vilas Bohlman spiegelten die Aufführungen des DP-Orchesters eine »Ästhetik der Verdrängung« wider. Ihre Auftritte an den Orten ehemaliger Gefangenschaft stellten den Versuch dar, auf die dort entstandenen, unverarbeiteten seelischen Verletzungen zu verweisen und »ihren Opferstatus zu verleugnen.«[134] Welches Ausmaß Traumata haben konnten, verdeutlichen Beispiele aus der Praxis amerikanischer Psychologen und Psychotherapeuten, unter ihnen auch die von Patienten aus dem ehemaligen Kovno Ghetto, die nach Landsberg/Kaufering deportiert worden waren. Die schockierenden Erlebnisse von Vernichtung und Tod hatten sie derartig paralysiert, dass sie ihre Sprache und die ihrer ehemaligen Nachbarn, die sich mit den Deutschen verbündet hatten, aufgrund mentaler Blockaden nicht mehr sprechen konnten. Auch nach einer Therapie weigerten sie sich, wieder Litauisch zu lernen.[135]

Inwieweit es um Verdrängung oder die »leise Gewalt der Kunst als eine Form des politischen Widerstands« ging – mit ihrer »displaced music« machte das Orchester auch auf die Notlage vieler als Flüchtlinge aufmerksam. Die Musik war wie sie: Vertrieben aus der Heimat und gelandet in einem am Boden liegenden Nachkriegsdeutschland. Hinschauen und Weggucken, Looking and looking away, nannte es Orchestermanager Jascha Gurewitz. Jakob Olieski, der schon in Litauen die ORT, die Organisation für Rehabilitation und Training, geleitet hatte, implantierte im September 1945 ORT-Programme zuerst in Landsberg, dann in den DP-Lagern Feldafing und Föhrenwald. Ziel war es, jungen Überlebenden Kenntnisse in Landwirtschaft und Handwerk zu vermitteln. Bei den

Frauen hatte die Abteilung Schneiderei einen immensen Zulauf. Für Joseph Joe Brodecki, im DP-Lager Landsberg geborener Sohn polnischer Überlebender, lag der praktische Nutzen klar auf der Hand: »Als meine Eltern heirateten, gab es nur ein Brautkleid im ganzen Lager. Das haben sich die Frauen geteilt, sodass jede in Weiß heiraten konnte.«[136] Hanna Rosenbaums Mutter reagierte prompt. In kürzester Zeit lernte sie den Umgang mit Nadel, Faden und Nähmaschine und spezialisierte sich auf Brautmoden. Einer der merkwürdigsten Aufträge für die DP-Frauen kam von Jascha Gurewitz: KZ-Sträflingskleidung, für die Musiker Hosen und Jacketts, für die Musikerinnen Blazer und modische, enge schwarze Röcke. Die Aufträge an die Schreinerei und die Abteilung für Metallverarbeitung beinhalteten den Bau einer Stacheldrahtinstallation,

Frisch vermählt: Das Ehepaar Brodecki im DP-Lager Landsberg. Archiv Joe Brodecki.

Säulen und jeweils in Hebräisch und Deutsch ein überdimensional großer Davidstern mit der Aufschrift: Jude. Die bei einigen Konzerten eingesetzte Bühnendekoration und die blaugrau gestreiften Uniformen, die sie immer trugen, die Frauen geschminkt, die Haare sorgsam frisiert und in hochhackigen Pumps, wurden zum Markenzeichen des Orchesters. Für die einen verwirrend, geradezu verstörend, für die anderen Ausdruck eines erstarkenden Selbstbewusstseins, der Selbstversicherung des »Wir sind noch da«.

Fania Durmashkin, links, und ihre Schwester Henia.
Archiv Sonia P. Beker.

Di „Nocham"-kwuca „Banatiw" in Landsberg.

Die Rosenbaums und Mitglieder des Kibbuz Banatiw (2. Reihe, vierte und fünfte von links). Archiv Hanna Rosenbaum.

6 TRIUMPHE, RÜCKSCHLÄGE UND DAS GEGENGIFT

Frisch duftende Frühlingswiesen, die Farbenpracht der Wildblumen, Äcker und Felder, die zartsprießende Büsche säumten – Robert Hilliard hatte auf dem Weg nach St. Ottilien in seinem Jeep die voralpenländische Landschaft mit jedem Atemzug genossen. Jetzt, nach dem *Liberation Concert* auf dem Weg zurück zu seiner Airbase marterten ihn die Bilder einer »dantesken Vorhölle«. Absurd, grotesk, surreal, was er in den knapp zwei Stunden erlebt hatte: Wehrmachtssoldaten, die von deutschen Krankenschwestern liebevoll umsorgt wurden, während hinter einer Mauer bis auf die Knochen abgemagerte Gestalten in zerfetzten, graublau gestreiften KZ-Uniformen auf Krücken stehend oder auf Tragen liegend, auf verkrampfte und angespannte Musiker stierten, die mit letzter Kraft aus ihren mühsam reparierten Instrumenten Töne herausholten, dazu eine Sängerin, die sich kaum auf den Beinen halten konnte, und das, um sie nur eines wissen zu las-

sen: Das ist unser Befreiungskonzert! Das ist keine Toten-
feier. Es ist ein Konzert des Lebens, unseres gemeinsamen
Überlebens.[137]

Hilliard berichtete seinem Freund Edward Herman von
den Zuständen in St. Ottilien: »Ed und ich versuchten, das
Krankenhaus wenigstens einmal die Woche zu besuchen
und mitzubringen, was wir von den Männern auf dem
Stützpunkt bekommen konnten und was Ed aus der Ar-
meeverkaufsstelle und anderen nicht zu ergiebigen Quel-
len wie der Küche organisierte.« Zur Freude der beiden
konzertierten die Musiker mittlerweile regelmäßig sonn-
tags im ehemaligen Turnraum, nachdem sie mit Klausners Hilfe und Unterstützung von Kameraden nahegele-
gener Stützpunkte »ein Klavier, drei Violinen, einen Satz
Trommeln, ein Akkordeon, ein Saxophon und eine Trom-
pete« aufgetrieben hatten.[138] Diese kleinen Fortschritte
und Erleichterungen setzte der 19-jährige Bob Hilliard
in Relation zu den größeren Entwicklungen und versah
sie mit einem für ihn folgenreichen »aber«: »Ich kam zu
dem Schluss, dass Geschichte machen nicht Zuschauen
bedeuten kann [...]. Dies war keine selbstlose Entschei-
dung bewussten Heldentums.«[139] Der Ort St. Ottilien erinnerte ihn an seine Kindheit und Jugend in New York.
Er war im Stadtteil Brooklyn als Sohn europäischer Ein-
wanderer aufgewachsen, allerdings umgeben von strenggläubigen Katholiken, die Juden herablassend behandelten
und schikanierten. Angestachelt wurde Hilliards christliche Nachbarschaft vor allem von Vater Charles Cough-

lin. In seinen Radiosendungen und der Zeitung *The Table*
erinnerte er immer und immer wieder daran, dass Juden
Christus getötet hätten und für Kapitalismus, Liberalismus
und Kommunismus verantwortlich seien. Nur, Robert L.
Hilliard dachte nicht in Freund-Feind-Bildern. In Brooklyn hatte er die Einladung von nichtjüdischen Kindern
und deren Familien angenommen und verschiedene Got-
tesdienste besucht: katholische, lutherische, baptistische,
griechisch-orthodoxe, methodistische und auch jüdische.
»Um die Wahrheit zu sagen, keiner von ihnen überzeugte
mich.«[140] Konfessionen jedweder Art würden die Realität
des Lebens um sie herum ignorieren. Mit dem Heldentum
war das wohl noch einmal eine andere Sache. Kinofilme
mit Unbeirrbaren, die über das Böse triumphierten, zogen
ihn genauso an wie Abenteuerbücher, nach deren Lektüre
er sich einbildete, zu den Guten zu gehören.

Mit seinen Kameraden beschloss Hilliard, eine Art Ket-
tenbrief zu verfassen und seine Landsleute in Amerika zu
motivieren, Pakete mit Lebensmitteln, Kleidern und Me-
dikamenten nach Deutschland zu schicken: »Als Armee-
angehörige war es uns nicht erlaubt, einen offenen Brief
zu schreiben. Dafür konnte man uns vor ein Kriegsgericht
stellen.« Einig waren sie sich nämlich auch darin, nicht
nur über die Zustände in St. Ottilien zu berichten, sondern auch über die judenfeindliche Haltung innerhalb
der Militärpolizei und der Militärregierung. Um ausrei-
chend Aufsehen zu erregen, warf sein Freund Ed Herman ein, müsse das Anschreiben so verfasst sein, dass sich

Robert L. Hilliard als US-Soldat in St. Ottilien und 78 Jahre später in
Landsberg als Schirmherr des Liberation Concerts.
Foto: Christian Rudnik.

auch höhere Stellen, die Presse, am besten gleich der Präsident, für die Verhältnisse in Deutschland interessierten. Der seitenlange Brief enthielt deshalb auch die Rede Dr. Zalman Grinbergs, die er zum *Liberation Concert* gehalten hatte. Mit der Aufforderung: »Lesen Sie sorgfältig und DENKEN SIE NACH! Es hätte auch SIE treffen können!« endete der Brief, der den anfänglichen Segen Abraham Klausners hatte und mit den Unterschriften von Bob Hilliard, Ed Herman und dem protestantischen Militärgeistlichen Claude Bond versehen war.[141] Bei der nächsten Brief-Serie äußerte Klausner Bedenken: »Er war der Meinung«, bemerkte Hilliard, »dass ein Großteil des Volumens für Nahrungsmittel und Kleidung besser für religiöse Bücher und Gegenstände genutzt werden sollte. Wir lehnten ab.«[142]

Über die Bedeutung der Aktion von Hilliard und Herman gehen die Meinungen bis in die Gegenwart auseinander. Mehr hinter vorgehaltener Hand denn wirklich offen lautet einer der Vorwürfe, sie hätten sich wichtigmachen wollen, um als Helden dazustehen. Denn längst waren auch andere auf den Plan getreten:

»*Mehrere Zeitungsartikel, Briefe von Rabbiner Klausner an Stephen S. Wise vom ›World Jewish Kongress‹ und an Finanzminister Henry W. Morgenthau sowie die zahlreich kursierenden Gerüchte alarmierten die amerikanische Öffentlichkeit, vor allem aber die jüdischen Organisationen.*

Morgenthau gelang es schließlich, den seit April 1945
amtierenden US-Präsidenten Truman von der dringen-
den Notwendigkeit einer Untersuchung dieser Gerüchte
zu überzeugen. Am 22. Juni 1945 gab Truman sein Ein-
verständnis dafür, dass Earl. G. Harrison, der ehemalige
US-Kommissar für Einwanderung, jetzt Dekan der juris-
tischen Fakultät an der Universität von Pennsylvania [...]
nach Europa reisen und seine besondere Aufmerksamkeit
der Situation der jüdischen DPs widmen sollte.«[143]

Der nach ihm benannte Bericht lag nach der Besichti-
gung von rund dreißig DP-Lagern in Norddeutschland,
der amerikanischen Besatzungszone und Österreich bereits am 24. August 1945 vor. Ein Satz stach besonders
hervor: »Wir scheinen die Juden wie die Nazis zu behandeln, mit der Ausnahme, dass wir sie nicht vernichten.
Sie sind in großer Anzahl in Konzentrationslagern untergebracht und werden anstelle der SS-Truppen von unseren Militärs bewacht.«[144] In Deutschland machten sich die
Verantwortlichen umgehend an die Verbesserung der im
Harrison Report kritisierten Zustände. Jüdischen Überlebenden wurden der Status als »jüdische Displaced Persons«
zuerkannt. Es galt die am 22. August 1945 vom Ober-
befehlshaber über die amerikanischen Besatzungstruppen,
General Dwight D. Eisenhower, herausgegebene Direk-
tive: Ihr zufolge waren für staatenlose Juden, die nicht in
ihre Heimat zurückkehren wollten oder konnten, spezielle
jüdische Lager einzurichten. Vorher hatte man eine Ka-

tegorisierung nach nationaler Herkunft in Betracht gezogen, weil man nicht wie die Nazis alle Juden über einen Kamm scheren wollte. Diese Idee wurde wieder verworfen. Dass es unter ihnen genau deshalb zu Spannungen kommen sollte, wurde grundsätzlich als eine intern zu regelnde Angelegenheit betrachtet. Unter den rund 5 000 im Oktober 1945 registrierten Juden im Landsberger DP-Lager kamen 75,2 Prozent aus Polen und nur 2,8 Prozent aus Litauen, die im Gegensatz zu den übrigen Bewohnern alle Akademiker waren. »Das Landsberger Komitee stand vor einem unlösbaren Problem – für die Übernahme der 57 besten Stellen standen nur 57 litauische Bewohner des Lagers zur Verfügung,« zitiert die Historikerin Angelika Eder den Joint-Mitarbeiter Josef Schwarz. Der Wunsch nach einem eigenen, jüdisch-polnischen Lager fand jedenfalls kein Gehör.[145]

Die Elitefunktion der litauischen Juden beschränkte sich nicht nur auf Landsberg. Der Historiker Michael Brenner meint sogar, es sei »in gewisser Weise berechtigt, von einer Oligarchie zu sprechen.« Als Beispiel führt er das aus 15 Mitgliedern bestehende *Zentralkomitee für die befreiten Juden in Bayern* an, das sich im Juli 1945 konstituiert hatte und dessen Präsident Dr. Zalman Grinberg geworden war. Es bestand aus vier Litauern, acht Polen und drei Rumänen.[146] Was kaum jemand außer den Grinbergs, Shalits, Kaplans oder den Jüngeren wie Abba Naor und Uri Chanoch wusste, manche ahnten und die meisten bis heute nicht wahrhaben wollen: Litauen war der Testfall der Nationalsozialisten für den Holocaust. Bevor in Auschwitz die industrielle Tötung begann, hatten sie nicht nur in Babyn Jar, sondern auch in Kaunas und Vilnius Zehntausende Juden ermordet, durch Kugeln bei Massenerschießungen. Die wenigen Überlebenden waren Zeugen geworden, wie am 25. November 1941 eine Gruppe von über 2 500, darunter 999 aus München deportierte Juden, ins Fort IX von Kaunas getrieben und umgehend erschossen wurde, von Deutschen und von litauischen Nationalisten.[147]

Nach der Erweiterung zum *Zentralkomitee der befreiten Juden in der amerikanischen Zone* wurde Zalman Grinberg im Januar 1946 in München auch zu deren Präsidenten gewählt. Als größtes zusammenhängendes Gebiet umfasste es Bayern, einschließlich der thüringischen Exklave Ostheim, größere Teile des heutigen Hessen sowie Baden-Württembergs, aber auch im Norden, eigentlich britische Zone, Bremen und Bremerhaven – als Versorgungshafen der amerikanischen Besatzungstruppen. David Ben Gurion hatte sogar vorgeschlagen, in Bayern ein Klein-Israel unter eigenständiger jüdischer Regie zu errichten. Der offensichtlich verblüffte General Eisenhower lehnte dieses Ansinnen ab.[148]

Zwischen der amerikanischen und der britischen Besatzungspolitik gab es gravierende Unterschiede. Im Gegensatz zu den Amerikanern gewährten die Briten Juden keinen Status als eigene DP-Gruppe. Der Grund lag in der restriktiven britischen Palästinapolitik, mit der sie eine massenhafte Zuwanderung jüdischer Überlebender nach Palästina zu verhinderten können glaubten. Obschon es ihm die britischen Militärbehörden verboten hatten, organisierte Josef Rosensaft am 25. September 1945 die erste Konferenz der befreiten Juden in der britischen Zone. Sie fand im DP-Lager Belsen bei Hannover statt, zu der er die Vertreter aus der amerikanischen Zone nicht einlud. Pläne, den Jüdinnen und Juden durch eine gemeinsame jüdische Vereinigung in Deutschland mehr Gewicht zu verleihen, verliefen trotz mehrerer Anläufe im Sand. »Bis zur Auflösung beider Zentralkomitees 1950 bzw. 1951 gab es kaum mehr als eine nominelle Zusammenarbeit zwischen den DP-Vertretern der amerikanischen und der britischen Zone.« Hintergrund war wohl auch die Haltung Josef Rosensafts, »der einen zu starken Einfluss des Münchner Komitees befürchtete [...].«[149] Im November 1945 traten Bewohner des Landsberger DP-Lagers in einen Hungerstreik, um gegen die britische Ablehnung zusätzlicher Immigrationszertifikate zu protestieren. Zudem versammelten sie sich zu einer Großdemonstration gegen die britische Mandatspolitik auf dem Hauptplatz. Da die Briten nicht bereit waren, von ihrer Linie abzuweichen, sahen sich immer mehr jüdische Überlebende genötigt, aus dem Norden in den Süden, vor allem nach Bayern, zu ziehen.[150]

Die den Juden von den Amerikanern zugestandenen Freiräume wussten zunächst vor allem die »Landsberger« zu nutzen. Ein weiterer Glückfall für sie war die Ankunft von Mayor Irving Heymont im September 1945.

Der amerikanische Kommandant des DP-Lagers am Lech sah es als seine vornehmste Pflicht an, die im *Harrison Report* thematisierte administrative Selbstbestimmung in die Tat umzusetzen. Am 21. Oktober ließ er die ersten Wahlen nach amerikanischem, demokratischem Vorbild für das Lagerkomitee durchführen. Angelika Eder zufolge verfolgte Heymont damit noch ein zweites Ziel, nämlich die Beteiligung unterschiedlicher politischer Gruppen, die auch in die Verantwortung genommen werden sollten. Außerdem sollten sie selbst über die »ungleich verteilte Repräsentanz litauischer und polnischer Vertreter im Komitee« entscheiden.[151] Am selben Tag hatte sich außerdem David Ben-Gurion angekündigt. Um den Vorsitzenden der zionistischen Jewish Agency und späteren ersten Ministerpräsidenten Israels gebührend zu empfangen, kamen die DPs ihm massenweise entgegen, schwenkten Spruchbänder und Flaggen und hielten Blumen bereit. In keiner Darstellung fehlt die Beschreibung Irving Heymonts: »Für die Leute ist er Gott […]. Ich glaube nicht, dass ein Besuch von Präsident Truman so viel Aufregung verursacht hätte.« [152]

Zum Begrüßungskomitee im DP-Lager gehörten neben Abraham Klausner, Samuel Gringauz und Irving Heymont der frisch gewählte Julius Spokojny, der Ben Gurion im Namen der zionistischen Jugend offiziell begrüßte. Außerdem hatte sich Israel Kaplan für eine Ansprache im Auftrag der She 'erit Hapleitah vorbereitet. In ihr erklärte er unter anderem:

»*Gerade hier in Landsberg, in den oberbayerischen Bergen, weit weg von der Metropole und ohne stabile Verbindung zur Außenwelt, wurde ein Weg zu kulturellem und sozialem Leben geebnet, besonders im jüdischen Leben. Die Auswanderer aus den kleinen, abgelegenen Provinzstädten (die Namen sind im Originaldokument angegeben) wurden zu Trägern der jüdischen Sprache und Kultur. Hochhäuser und dichter Straßenverkehr sind kein Garant für Kultur und soziales Leben. [...] Nationale, religiöse, internationale und andere Organisationen sind im Lager tätig. Jede setzt sich für ihre eigenen Interessen ein und bekämpft die anderen.*

Wenn man mit einem jungen Juden über sein (zukünftiges) Studium spricht, bedeutet das, dass man mit ihm über eine Reise nach Landsberg spricht. Wenn ein Jude ein jüdisches Leben führen will, unter seinem Volk leben will – dann wieder Landsberg. Viele Juden kommen aus fernen Lagern und Städten hierher, um Rat zu suchen, um ein Dokument oder eine Lösung für ihre Probleme zu finden. [...]. Landsberg befindet sich in einem Rausch der jüdischen Basisaktivität. [...] Das Kultusministerium und das Ministerium für Berufsbildung sind in Landsberg angesiedelt, doch ihre Wirkung reicht weit darüber hinaus – sie haben in Bayern ein Netz von Kibbuzim und von verschiedenen Kursen, technischen und wirtschaftlichen, aufgebaut, und sie wirken mit voller Kraft weiter.«

Militärrabbiner Abraham Klausner, von links, begrüßt mit Mayor Irving Heymont David Ben Gurion im DP-Lager Landsberg. USHMM.

In Anlehnung an einen Vers aus dem Buch Jesaja, Kapitel 2, beendete Kaplan seine Ansprache: »Denn von Landsberg soll das Gesetz und die Arbeit ausgehen«.[153] Der »Messias«, der »König der Juden« besuchte neben bayerischen Lagern wie Feldafing und St. Ottilien auch das ehemalige KZ Bergen-Bergen und er war im Gegensatz zu seiner sonstigen trockenen Sachlichkeit zutiefst gerührt. In sein Tagebuch trug er ohne weitere Erläuterung alle Verse des Partisanenlieds »Es brennt« von Hersch Glick ein.[154] Für das jüdische DP-Orchester hatte die Landsberger Visite bemerkenswerte Folgen. Wer immer im Hintergrund die Fäden gezogen hatte, das Ensemble begleitete den ersten Kongress des erweiterten *Zentralkomitees* im Januar 1946 in München, diesmal unter dem Namen »Jewish Ex-Concentration Camp Orchestra«. Die an Stalin, Tru-

man und den britischen Außenminister Ernest Bevin gerichtete Rede Ben Gurions zu grundsätzlichen Problemen
der Sche'erit Hapleitah rückte München für einen kurzen
Moment zurück auf die Weltbühne. Ausgerechnet in Hitlers ehemaliger »Hauptstadt der Bewegung« ging es erstmals wieder öffentlich um Juden. Sie wurden nicht länger
nur als traumatisierte und passive Masse wahrgenommen,
sondern dank ihrer Anführer als aktiv, höchst politisch
und willensstark. Welche Rolle dabei dem Orchester zukam, ob es mit seinen Ghetto- und Partisanenliedern nur
stark wirkende Stimmungsbilder des erlittenen Schicksals
musikalisch wiedergab oder ob deren Bedeutung und Wirkung auch als politisches Druckmittel instrumentalisiert
werden könnten, zeichnete sich zu diesem Zeitpunkt noch
nicht eindeutig ab. Genauso wenig wie erkennbar war, unter welchen Bedingungen jüdische Souveränität und Identität in einem eigenen Staat, Eretz Israel, zum Tragen kommen sollten und inwieweit die Vergangenheit dabei als
Segen oder Last empfunden würde.[155]

Einerseits bildete die ab Oktober 1945 zunächst in Jiddisch erscheinende und von Samuel Gringauz herausgegebene *Landsberger Lager Cajtung* Vergangenheit und Gegenwart ab, wie die Gegenüberstellung von zwei Fotos
in einer der ersten Ausgaben verdeutlicht. Das erste zeigt
den Einzug von Frauen ins Kovno Ghetto unter strengster
Gestapo-Bewachung, während auf dem anderen Lands-
bergerinnen aus der unmittelbaren Nachbarschaft des
DP-Lagers abgelichtet sind, die auf Anweisung von Lager-

kommandant Irving Heymont ihre Häuser und Wohnungen für Juden räumen.[156] Sicherlich eine große Genugtuung. Andererseits mahnte Gringauz in derselben Ausgabe, man solle den Realitäten mit klarem Blick begegnen: »Das Leben ist wie es ist.« Abschließend forderte er seine Leser auf, für ihr zukünftiges Heim zu kämpfen, das von »humanistischer Freiheit und sozialistischer Gerechtigkeit« geprägt sein müsse.[157] Noch war es nur Zukunftsmusik. Zu den aufgrund des Harrison Reports eingeräumten Freiheiten gehörten unter anderem eine eigene Gerichtsbarkeit, ein Religionsamt, aber auch eine Lagerpolizei. Die konnte allerdings nicht verhindern, dass es außerhalb ihres Zuständigkeitsbereichs zu massiven Plünderungen kam. Landsberger wie Überlebende schenkten sich gegenseitig wenig. Während die einen alles, was möglich war, aus ihren Häusern räumten, sogar Heizungen, machten sich die anderen daran, jeden auch nur halbwegs brauchbaren Gegenstand »mitzunehmen«. Schließlich war die Nachfrage auf dem Schwarzmarkt immens, auf dem man übrigens keinen Unterschied machte, wer wem was anbot oder von wem man etwas kaufte.

Bei den offiziell angeordneten Räumungen gingen die Amerikaner rigoros vor. Es traf nicht nur ausgewiesene Nazis, sondern auch Familien, von denen man annahm, dass sie belastet seien. Christel Gradmanns Familie musste das Haus räumen, weil man aufgrund von Denunziationen ehemaliger Lehrerkollegen ihren Vater verdächtigte, regimetreu gewesen zu sein. Die nächsten Jahre mussten sie in einer Holzhütte in der Nähe des ehemaligen KZ-Außenlagers VII verbringen.[158] Die Beschlagnahmepolitik der Besatzer »schürte den deutschen Hass auf die jüdischen DPs,« stellt der Nürnberger Historiker Jim G. Tobias fest. Wie weit der gehen konnten und welches Ausmaß der Antisemitismus zeitigte, macht er anhand eines Briefes des Beauftragten des Landsberger Stadtrates für das Wohnungsamt an den Staatskommissar für die Betreuung der Juden in Bayern vom November 1945 aus: »Der Expansionstrieb der hiesigen Juden und deren Methoden zur Erlangung ihrer Ziele nimmt Formen an, die über kurz oder lang zu einer nicht wieder gut zu machenden Episode führen.« Für Tobias eine unverhohlene Morddrohung.[159]

Beschlagnahmt wurden nicht nur Häuser und Wohnungen für die Unterbringung von jüdischen Überlebenden, sondern auch Geschäftshäuser und gewerblich genutzte Einrichtungen wie das Café Deibel am Hauptplatz, von dem immer wieder behauptet wurde, Hitler habe es während seiner Festungshaft des Öfteren aufgesucht. In dem beliebten Kaffeehaus ließ sich die jüdische Verwaltung nieder, außerdem wurde dort jetzt koscheres Essen angeboten. Erfolg konnten gläubige Juden auch im Lager selbst verbuchen. Stanley Abramovitch, ein überlebender polnischer Jude, der als Berater für das *American Jewish Joint Distribution Committee* bayernweit unterwegs war, machte im Oktober 1945 zum höchsten jüdischen Festtag am Lech Station: »An Jom Kippur wird normalerweise ein besonderes Gebet für die verstorbenen Mitglieder der Familie gesprochen.« In Landsberg habe er »das bewegendste, wortgewaltigste, herzlichste, stillste Jizkor« seines Lebens gehört, berichtete er rückblickend. Zu der Zeit habe es zwar drei Synogogen gegeben, aber: »Es gab viele Menschen, die auf der Straße blieben und sich weigerten, am Gottesdienst teilzunehmen. Sie waren wütend auf G-tt.« Unter ihnen seien ehemals religiöse Juden gewesen, »die die offensichtliche Gleichgültigkeit G-ttes gegenüber dem Leid, der Folter und der Tragödie, die sie in ihren Häusern und in den Lagern erlebt hatten, nicht akzeptieren konnten.« Andere hätten beim Kaddish, einem jüdischen Trauergebet, demonstrativ das Gotteshaus verlassen und am Fastentag aus Trotz und Wut demonstrativ auf den Straßen des Lagers gegessen, vor allem Jüngere.[160] Die Mitglieder des DP-Orchesters waren liberal-religiöse und säkulare Juden, die auch aus Rücksicht auf die Gefühle ihrer Zuhörer regelmäßig, aber nicht durchgehend, Kol Nidrei spielten. Liturgische Gesänge und Auftritte von Kantor Samuel Schenker aus Kaunas sind nur für das *Liberation Concert* in St. Ottilien und der Landsberger Zeit dokumentiert. Nach einem weiteren Umzug im Juli 1946 tauchte er nicht mehr in den Konzertankündigungen auf.

Samuel Schenker war auch beim ersten Jahrestag der Befreiung nicht mehr mit dabei, zu dem das »Komitee der ehemaligen polnischen KZ-Häftlinge« und im Namen der Zionistischen Organisation« in die Stadthalle des 40 Kilometer entfernt gelegenen Weilheim eingeladen hatte. Die Unterschiede zum *Liberation Concert* 1945 und zu den

Zum ersten Jahrestag des Befreiungskonzertes ließ es sich Weilheims Bürgermeister Dr. Josef Machon nicht nehmen, persönlich die Begrüßungsrede zu halten. Archiv Sonia P. Beker.

Landsberger Verhältnissen waren offensichlich. Weilheims Bürgermeister Dr. Josef Machon, ein gebürtiger Schlesier und mit den Problemen Vertriebener und Depotierter vertraut, hieß die Musiker am 29. April 1945 persönlich willkommen. Sein Landsberger Kollege Pfannenstiel hatte zwar logistische Meisterleistungen bei der Organisation von Lebensmitteln für die jüdischen Überlebenden vollbracht, bis 1948 ließ sich aber kein Stadtoberhaupt im DP-Lager blicken. In die Abendveranstaltung waren auch Laienmusiker aus dem DP-Lager Weilheim eingebunden, Selbst Sketche wurden bei diesem Jubiläumstag zum Besten gegeben. Die »Ausführenden von dem großen jüdischen symphonischen Orchester. Leitung: Dirigent Hofmäkler« feierten anschließend im Hotel Bräuwastl mit ihren Gastgebern bis in den frühen Morgen. Es wurde ausgelassen getanzt, gelacht und Wein getrunken.[161]

Schon vor der Weilheimer Festveranstaltung hatte eine Einladung die Musiker in helle Aufregung versetzt. Sie sollten am 7. Mai 1945 in der Oper Nürnberg vor Juristen des Internationalen Militärgerichtshofs ein Konzert geben. Die Vorstellung, in der Stadt der pompös inszenierten Reichsparteitage der NSDAP aufzutreten, in der Stadt, in der die gegen sie gerichteten Rassegesetze erlassen worden waren, hatte allerdings auch etwas Beklemmendes. Unter der Überschrift »Ajndruksfuler jidiszer Koncert« berichtete die jiddische DP-Zeitung *Undzer Wort* am 17. Juni 1946 über das »außergewöhnliche Kultur-Ereignis«. Ihre KZ-Uniformen fanden alle imposant. Es handele sich um dieselbe Kleidung, die sie schon in Konzentrationslagern getragen hätten, hatte die US-Armee in der Konzertankündigung hervorgehoben. Die Faszination und Verwunderung galt auch dem Ort des Konzertes, dem einstigen »Musentempel«, der in der nationalsozialistischen Propaganda eine wichtige Rolle gespielt hatte. Seit 1933 saßen in ihm regelmäßig Adolf Hitler und seine Entourage und lauschten den Wagner-Aufführungen. Selbst als Nürnberg schon in Schutt und Asche lag, wurde im August 1944 noch die »Götterdämmerung« aufgeführt. »Als sich der Vorhang hebte, waren die anwesenden hohen Gäste ob des sich ihnen darbietenden Bühnenbildes sichtlich berührt«, schrieb das Blatt und fuhr fort: »Auf der rechten Seite der Bühne, ein bisschen im Schatten von einer Palme, prangte ein großer Davidstern mit der in hebräischer Schrift versehenen Aufschrift ›Zion‹.« [162] Die mit der Bühnendekoration verfolgte Absicht des *Jewish Ex-Concentration Camp Orchestra* war angekommen: ein eigener Staat Israel für die vom Naziregime verfolgten Juden. Das aus zwei Teilen bestehende Programm, zuerst Werke von Mayerbeer, Rossini und Offenbach und dann die Ghetto- und Partisanenlieder aus dem Vilna Ghetto, wurde erwähnt und auch auf ihre Bedeutung hingewiesen. Das Publikum habe das »herrliche Konzert« beeindruckt und mit viel Applaus bedacht: »Es blieb noch lange still im Saal sitzen.« [163]

Der Sängerin Henia Durmashkin ging auch Jahrzehnte später vor allem ein Lied immer noch nicht aus dem Kopf, von dem sie meinte, es habe die größte Aufmerksamkeit

Als Jewish Ex-Concentration Camp Orchestra erfuhren die Musiker in der Oper Nürnberg offiziell die lang ersehnte Bachtung und Anerkennung. Archiv Sonia P. Beker.

erzielt: »Tzu Eins, Zwei, Drei«. In ihm geht es um die unerbittliche Plackerei im Ghetto, in dem jeder Schritt auf dem Weg zur Arbeit seinen eigenen Klang und seine eigene Melodie hatte. Ursprünglich bekannt unter dem Namen »Einheitsfront-Lied« mit der Musik von Hanns Eisler und dem Text von Bertolt Brecht, hatte es bei kommunistischen Widerstandskämpfern und KZ-Häftlingen großen Anklang gefunden. Leyb Rosental wiederum hatte es im Ghetto von Vilnius umgeschrieben. Seine Version interpretierte Henia Durmashkin am 7. Mai 1945: »Die Nazis brachten uns ins Verderben, jetzt trug ich das Gegengift in Nürnberg vor. Es ist ein kraftvolles Lied.«[164] Mit Genugtuung verfolgten die Musiker auch eine Verhandlung des Prozesses, in dem die Mörder, auch die ihrer Familien, endlich da waren, wo sie hingehörten: auf der Anklagebank. Einen Tag später trat das Orchester auf Einladung des »Jüdischen Kulturamts« im DP-Lager Fürth auf. Die von der US-Militärverwaltung beschlagnahmte Arbeitersiedlung »Eigenes Heim« diente seit Anfang 1946 rund 800 Holocaust-Überlebenden als Unterkunft. »Im bis zum letzten Platz besetzten Theatersaal wurden die Künstler herzlich begrüßt«, notierte die Zeitung *Undzer Wort.* Und: »Das Konzert wird noch lange in der Erinnerung der Bewohner des Fürther DP-Lagers verbleiben.« Der Durchbruch war endgültig geschafft.

Mit ihren nachgenähten KZ-Uniformen hinterließen die Musiker auch bei amerikanischen Soldaten großen Eindruck. Archiv Sonia P. Beker.

7 AUSSENWELTEN, INNENANSICHTEN

Mit dem spektakulären Auftritt in der Oper Nürnberg vor einem internationalen Publikum war der Durchbruch geschafft. Dem jüdischen DP-Orchester war es als *Ex-Concentration Camp Orchestra* gelungen, auf das erlittene Schicksal in Ghettos und Konzentrationslagern öffentlichkeitswirksam aufmerksam zu machen. Danach fühlten sich die Musiker geradezu ermächtigt, ihre Opferrolle abzulegen.[165] Fania Durmashkins Tochter Sonia Beker sah es ähnlich: »Sie erlangten Ruhm und Popularität und nahmen einen wichtigen kulturellen Part bei der Wiederherstellung der jüdischen Identität in der Nachkriegszeit ein, indem sie die Stimmung ihres Publikums aufhellten.«[166] Sie wurden gebraucht! Auch David Ben Gurion hatte das Potential entdeckt, das in den Überlebenden steckte. Nachdem über sechs Millionen Juden, unter ihnen rund 1,5 Millionen Kinder, ermordet worden waren, benötigte er Menschen für die Staatsgründung Israels. Die Idee eines eigenen Staates, für die er teilweise mit erheblichem Druck auf die Displaced Persons warb, fand vor allem bei den zionistisch organisierten Jüngeren großen Widerhall.

Im Juli 1946 zog das Orchester von Landsberg nach Fürstenfeldbruck. Direkt im Zentrum der idyllisch an der Amper gelegenen Stadt steht heute noch das traditionsreiche und älteste Haus am Platz, das »Hotel zur Post«. Mit herkömmlichen Lagern hatte es wenig gemein. In dem weitläufigen und komfortabel ausgestatteten Gebäudekomplex hatte der harte Kern der Litauer sein Quartier bezogen, das Ehepaar Wolfberg lebte in einer privaten Unterkunft genauso wie Chaim Arbeitman.[167] Abrascha Boris Stupel war in der »Borstei« in München gemeldet, wo er mit seiner Familie zusammenwohnte.[168] Auf einem 90 000 Quadratmeter großen Grundstück hatte sich der Bauunternehmer Borst den Traum vom idealen Wohnen und sozialen Miteinander erfüllt. Umgeben von Kunst und Natur waren Einfamilienhäuser und Etagenwohnungen nach den modernsten Erkenntnissen der Technik ausgestattet. Für Stupel war es ein Glücksfall, dass es eine direkte Bahnverbindung von Fürstenfeldbruck in die bayerische Landeshauptstadt gab. Das traf auch auf George Horvath zu. Dieser war im Laufe des Sommers auf das Orchester gestoßen und fragte sich rückblickend, wie er es geschafft hatte, unter anderem über 200 Kilometer zum Teil barfuß zu überstehen: »Ich war schließlich kein Athlet, sondern Cellist.« Er war von Budapest nach Bor in den Osten Serbiens deportiert worden und musste in einer der größten Kupferminen Europas schuften. Das Aus seiner hoffnungsfroh begonnen Karriere bei den Budapester Symphonikern, zu denen der Absolvent der Liszt-Akademie mit noch nicht einmal zwanzig Jahren berufen worden war, schien besiegelt. Wenn nicht bereits durch Hunger und körperliche Erschöpfung, dann direkt durch die Nazis. Sicher, eine Wache, ein Celloliebhaber, hatte ihm zum Schutz Handschuhe geschenkt. Horvath war aber auch Zeuge geworden, wie man einem Musikerkollegen alle zehn Finger gebrochen hatte. Einfach so. George Horvath hatte die Häftlingsnummer 1.1.8.5.6.: »Ich bin sehr abergläubig und addierte die Zahlen zusammen. Ich dachte, das sei ein gutes Omen.« Seiner Tochter Janet Horvath gestand er später, ein guter Kartenspieler zu sein und die 21 habe ihm immer Glück gebracht.[169]

Trotz eines allgegenwärtigen Antisemitismus fühlten sich ungarische Juden bis zum Beginn des Zweiten Weltkriegs und darüber hinaus noch relativ sicher. Mit den speziellen prodeutsch-ungarischen Beziehungen war es am 19. März 1944 vorbei. Die Deutschen marschierten ein und innerhalb von zwei Monaten verschwanden von einstmals 825 000 ungarischen Juden 400 000 in den Gaskammern von Auschwitz. Mit dem Wissen, möglicherweise bald deportiert zu werden, hatte George Horvath am 26. Mai 1944 die Pianistin Katharine »Kato«, geheiratet. Einen Tag später wurde er nach Jugoslawien verschleppt, seine 18-jährige Frau blieb in Budapest zurück. Nach seiner Befreiung in Jugoslawien durch serbische Partisanen machte sich Horvath auf den Weg nach Hause, meistens

zu Fuß, manchmal fand sich ein russischer Lastwagenfah-
rer, der ihn mitnahm. Am 13. Februar 1945 befreite die
Rote Armee das »Paris des Ostens«, das jetzt in Trümmern
lag. Mit Hilfe der Suchlisten des schwedischen Diploma-
ten Roaul Wallenberg fand er seine Frau Kato wieder. Sie
erfuhren, dass ihr Vater das KZ Buchenwald überlebt hatte
und im DP-Lager Windsheim war. Über Wien und Salz-
burg gelangten sie nach Deutschland, hielten sich kurz im
Fränkischen Windsheim auf und entschlossen sich, nach
München weiterzuziehen. An der Isar fanden sie eine zwischenzeitlich bestens vernetzte Verwandte wieder, die ihnen den Hinweis auf ein »jüdisches Orchester« gab, zu
dem sie umgehend den Kontakt herstellte. Für die Horvaths gab es gute Gründe, in München zu bleiben. Mit zwei
weiteren Verwandten fanden sie in der Jahnstraße 48 eine
komfortable Wohnung, die vor dem Krieg einem vermö-
genden jüdischen Geschäftsmann gehört hatte und der ihnen nun zur Seite stand. Mr. Goldberg lieh George Horvath beispielsweise Geld für ein neues Cello, das er auf
dem Schwarzmarkt für 100 Dollar erstand. Für dama-
lige Verhältnisse eine ordentliche Summe, denn das Instrument kam aus dem Haus des bekannten italienischen
Geigenbauers Vincenzo Trusiano aus Panormo (1734-
1813). Mit dem *Panormo* war er für die Auftritte mit dem
DP-Orchester bestens gerüstet, und er konnte zwischendurch eigene Solokonzerte geben. Disziplin, üben, üben,
dranbleiben und notfalls beide Augen zudrücken. Letzte-
res tat er ganz fest, als sich ihm die Gelegenheit bot, privat

Unterricht bei dem renommierten österreichischen Cellisten und glühenden Antisemiten Anton Walter zu nehmen. Die Amerikaner hatten Walter gerade als Professor an der *Staatlichen Akademie der Tonkunst* München entlassen.[170]

Mit dem Umzug nach Fürstenfeldbruck wurde die materielle Existenz des DP-Orchesters durch einen Vertrag mit dem Kulturbüro des *Zentralkomitees der Befreiten Juden*, der UNRRA und dem amerikanischen *Joint* abgesichert.[171] Ende September 1946 unterzeichneten ihn der Dirigent Micha Hofmekler, Manager Jascha Gurewitz und Konzertmeister Boris Stupel. Das Ensemble sollte aus 36 Mitgliedern bestehen, einschließlich zwei Managern. Sie mussten zwei- bis dreimal im Monat bei freiem Zugang spielen, die Eintrittspreise für die übrigen Konzerte waren auf fünf bis fünfzehn Reichsmark festgesetzt. Monatlich war ein Kassenbericht zur fachlichen Prüfung vorzulegen. Die finanzielle Sicherheit hatte ihren Preis, denn das Abkommen enthielt auch inhaltliche Vorgaben. Es hatte als *Representanc Orkester fun der Szeerit Hapleitah* aufzutreten und vor jedem Konzert musste das Repertoire vom *Zentralkomitee* genehmigt werden. Dafür erhielt das Management jeden Monat 133 000 Reichsmark (RM), mit dem unter anderem die Gehälter, die sich zwischen 3 000 und 4 500 Reichsmark bewegten, bezahlt wurden. Das Problem der Orchestergröße versuchte Jascha Gurewitz noch im selben Monat zu lösen, indem er eine Fusion mit dem Blau-Weiß-Orchester, einem anderem DP-Ensemble, bekanntgab. Allerdings taucht es in weiteren Publikationen und Dokumenten nicht auf. In den nachfolgenden Berichten über Konzerte nach der Vertragsunterzeichnung ist stets nur die Rede von 16 oder 17 Musikern.

Wenige Tage nach dem Vertragsabschluss verfasste der Mitunterzeichner Micha Hofmekler einen Brief an den »lieben Kollegen Philipp Auerbach«. Das Schreiben führte im Briefkopf immer noch den Namen »Jdiszer EX. K. Z. Orkester in Bayern, Dirigent M. Hofmekler«, abgekürzt möglicherweise aus Papiermangel. In ihm spricht er aber ausschließlich von der »Kapelle Hofmekler« und bittet um Unterstützung für sich und die Musiker. Ein bemerkenswerter Vorgang, abgesehen von der Tatsache, dass der Holocaust-Überlebende Auerbach drei Tage später, am 10. Oktober 1946, mit Genehmigung der amerikanischen Besatzungsbehörden bayerischer Staatskommissar für rassisch, religiös und politisch Verfolgte wurde, und Hofmekler zu ihm gute Kontakte hatte.

Hofmekler fühlte sich offensichtlich immer noch als der allein Zuständige und Verantwortliche, wie er es seit den Zeiten aus dem Kovno Ghetto gewohnt war. Irgendwelche erkennbar internen Schwierigkeiten, eine Rangfolge innerhalb der Gruppe, waren nach außen nicht erkennbar. Als Einzelpersönlichkeiten stachen aber immer wieder Micha Hofmekler und Henia Durmashkin hervor, die sich zunehmend in Szene zu setzen wusste. Jascha Gurewitz aber war es, der für einen eigenen Tournee-Bus gesorgt hatte. Die Anfragen jedenfalls ließen nicht lange auf sich warten. In Bayern, in dem sich rund 200 DP-Lager und Kibbuzim be-

Bis zu seinem Selbstmord nach einem zu Unrecht angezettelten Justiz-skandal half der Holocaustüberlebende und bayerische Staatskommis-sar für rassisch, religiös und politisch Verfolgte, Philipp Auerbach, DPs nicht nur bei ihrer Auswanderung. Archiv Sonia P. Beker.

fanden, traten sie in fast jedem größeren Lager auf: Neu-Freimann, Feldafing, Geretsried, Bamberg, Rosenheim, Bayerisch Gmain, Bad Reichenhall, Traunstein, Gabersee-Wasserburg, Attel oder Pocking. Zu besonderen Anlässen gastierten sie außerdem in den Army Clubs der Amerikaner. Außerhalb Bayerns traten sie unter anderem in Frankfurt-Zeilsheim und in Heidenheim, Baden-Württemberg auf, wo übrigens selbst der Vertragspartner UNRRA weiterhin vom *DP-Orchester St. Ottilien* sprach. Ihren 50. Auftritt feierten sie am Ort ihres ersten *Liberation Concert* mit einem ähnlichen Programm wie vom 27. Mai 1945. Die Juden waren die Mönche immer noch nicht los. Nachdem Philipp Auerbach sein Amt angetreten hatte, erhofften sie sich gerade von ihm die entscheidende Hilfe.

Deutsche und Juden gingen sich zwar möglichst aus dem Weg, aber sie beobachteten sich gegenseitig mit Argusaugen. Hatten die Nationalsozialisten die Bevölkerung mit Verheißungen wie »Niemand muss hungern und frieren«, beglückt, hieß es nun: »Niemand muss hungern, ohne zu frieren.« Arbeit gab es kaum, Wohnungen waren konfisziert, Juden bekamen kalorienreiches Essen und da die Amerikaner sie auch bei der Vergabe von Handelslizenzen bevorzugten, entwickelte sich schnell Neid, der bald in offenen Hass umschlug. Ungleich feiner ging es am Ammersee zu. Erika Mann, Tochter des Literaturnobelpreisträgers Thomas Mann, hatte nicht nur die Nürnberger Prozesse für amerikanische Zeitungen beobachtet. Während einer Reise durch Bayern machte sie Station in Riederau, wo sie

1946 einer Einladung des Deutsch-Amerikaners Dr. Manfred Curry in dessen Villa folgte. Der Modearzt mit einem Hang zum Esoterischen war mit einer Thyssen verheiratet und genoss das volle Vertrauen der Besatzer. Die Journalistin berichtete von einem fulminanten Fest, bei dem amerikanische Offiziere und Profiteure des untergegangenen Regimes in bester Eintracht edle französische Tropfen tranken und sich über das »jüdische Ungeziefer« lustig machten.[172] Nie wären diese Champagner-Nazis auf die Idee gekommen, ihre Zeit für ein so ordinäres Vergnügen wie ein Konzert im KZ-Kaufering mit um ihr Leben spielenden Juden zu verschwenden. Die Schönmanns zum Beispiel: Marianne Schönmann war die Tochter des Wiener Opernstars Maria Petzl, die Hitler seit seiner Wiener Zeit kannte und bewunderte. Marianne Schönmann hatte den Münchner Bauunternehmer Friedrich 1937 auf dem Obersalzberg mit Adolf Hitler als Trauzeugen geheiratet. Ihm gehörten drei Grundstücke am See und sie zählte sich zum Freundeskreis von Eva Braun.[173] Nun sollte eines der Häuser zu einem Erholungsheim für jüdische Kinder umgewidmet werden. Da Marianne Schönmann aber »große Unterstützung durch die Militärregierung und den CIC (US-Geheimdienst)« fand, blieb der Besitz unangetastet.[174] Zu den Aussätzigen zählten dagegen Hans und Ottilie Sturm. Mit der von ihnen aufgenommenen Erika Canaris mussten sie ihre Riederauer Villa räumen und in eine kleine Dreizimmerwohnung über einer Bäckerei ziehen. Statt beim Geigenspiel auf den See zu blicken, war es nun ein trister Hinterhof. Aus dem am 9. April 1945 im KZ Flossenbürg ermordeten und höchst umstrittenen Widerstandskämpfer Admiral Canaris war für die Nachkriegsdeutschen ein Verräter geworden, und die Amerikaner spielten ihnen durchaus in die Hände. Bis Canaris von ihnen rehabilitiert wurde, sahen sie in ihm erst einmal nur den ehemaligen militärischen Abwehrchef Adolf Hitlers.[175]

Ob der Schlagzeuger Melech Granat die Konzerte in der näheren Umgebung nutzte, um seinen Sohn David im DP-Lager Landsberg zu sehen? Gut beschäftigt waren beide. Während sein Vater mit dem Orchester im Namen des geretteten Rests musikalisch die Botschaften zum geistigen Widerstand verkündete, hatte sich David mit seinen Freunden auf den handfesten Gebrauch von Waffen verlegt. Das Lied *Tzu eins, Tzwei, drei* mit seiner Aufforderung

Die Champagner-Nazis vom Ammersee. Third Reich in Ruins.

Cover »Songs to Remember«. Archiv Sonia P. Beker.

zu Kampf und Widerwehr, um nicht wieder wie Schafe zur Schlachtbank geführt zu werden, sangen sie bei den freitäglichen Schabbes-Feiern im *Kratzer Keller* genauso wie *Ich will aheim*. Dabei dachten sie weniger an die alte Heimat in Osteuropa als an ihr zukünftiges zuhause in Eretz Israel.

Die im Kovno Ghetto erworbenen Fähigkeiten als Laufbursche sollten sich für David Granat und seinen Freund Abba Naor auszahlen. Naors Vater Hirsch hatte zwar darauf bestanden, dass sein Sohn in Landsberg Schule und Ausbildung absolvieren sollte. Aber München war weit weg. Au-

177

ßerdem hatte er zum Missfallen seines Sohns eine neue Frau
kennengelernt. Wer sich als Jugendlicher wie ein Greis ge-
fühlt, wer als Zwangsarbeiter wie er und sein Freund David die »Hölle von Kaufering« überstanden hatte, der wollte
sich endlich frei bewegen und sich von keinem, auch nicht
vom eigenen Vater, Vorschriften machen lassen. Zu ihren
Aufgaben im Kinder- und Jugendkibbuz *Lohamei Hege-
taot* gehörte die Weitergabe von Informationen zum Tages-
ablauf und Versammlungsterminen. Abba Naor bekam viel
mit, gab aber nicht alles weiter. »Bevor ich ein Zimmer be-
trat, habe ich natürlich vorher angeklopft, nun, nicht immer ...«, amüsiert er sich noch im Nachhinein: »Ich war
gefürchtet.« So ertappte er Isaak Kopczenski bei einer innig-
lichen Umarmung mit einer Frau. Kopczenski war es auch,
der ihn in sein Zimmer in die erste Etage über dem Speise-
raum bat. Wie sich herausstellte, war er nicht nur Leiter des
Kibbuz. »Er nahm mir den Eid ab, mit einer Bibel, auf der
ein Revolver lag.« Mit diesem Ritual war Abba Naor in die
Hagana aufgenommen, eine zionistische, paramilitärische
Untergrundorganisation in Palästina während des britischen
Mandats, die im befreiten Deutschland heimlich Soldaten für den anstehenden Freiheitskampf in Eretz Israel re-
krutierte. Die Waffen für die Schießübungen, die im groß-
gewölbigen Untergeschoss des *Kratzer Kellers* stattfanden,
kamen von der Jüdischen Brigade. In Landsberg wurden neben Föhrenwald, Feldafing und Deggendorf verdeckte Aktionen der *Hagana* und der illegalen jüdischen Hilfsorganisation *Bricha* koordiniert und gefälschte Papiere für die

illegale Auswanderung nach Palästina angefertigt.[176] Dabei konnten sie sich auf die amerikanische Lagerverwaltung verlassen, die in entscheidenden Momenten wegschaute. [177]

Abba Naor, obere Reihe Mitte, mit seinem Cousin David Birnbaum, knieend links, und seinem Freund David Granat, dessen Vater Melech Mitglied im DP-Orchester war.
Archiv Abba Naor, Repro Claudia Weissbrodt.

Eines Tages waren 42 Litauer aus dem DP-Lager verschwunden. Außerhalb Landsbergs hatten sie auf einem
Abstellplatz ausrangierte Mercedes-LKW der Wehrmacht
entdeckt, sie wieder fahrtüchtig gemacht und waren über
Österreich mit Hilfe der Jüdischen Brigade in einem Lager
der *Hagana* in Italien angekommen. Im Hafen von Man-
fredonia nahm sie ein kleiner griechischer Kutter auf und
brachte sie in einer halsbrecherischen Fahrt, ohne von den
Briten entdeckt zu werden, an die Küste Palästinas. »Diese
42 litauischen Juden spielten eine bedeutende Rolle im
Unabhängigkeitskrieg«, stellte der Publizist Morris Beckman fest.[178] Keine Aktion, die man an die große Glocke
hängte. Untereinander wusste man genau, zum Teil auch
unter den Musikern, an wen man sich zu wenden hatte,
wenn man es nicht länger im Land der Täter aushielt.
Wenn dagegen für Lagerpräsident Samuel Gringauz etwas
sicher war, dann war es der seiner Ansicht nach äußerst kri-
tische Zustand, in dem sich die *Scheerit Hapleitah* befand:
»1. Die Gleichgültigkeit der Welt gegenüber den Ursachen
und Wirkungen unserer größten nationalen Katastrophe;
2. Die unverständliche und paralysierende Welle des Antisemitismus nach der Zerschmetterung des Faschismus; 3.
Die Haltung unseres Volkes angesichts der geschichtlichen
Tragödie.«[179] Obwohl sie Bildungseinrichtungen, Schulen,
Universitäten, eine demokratische Selbstverwaltung und
Kulturprogramme eingerichtet hätten, sei das innere Leben an den »Schlägen der äußeren Unzugänglichkeiten«
zerbrochen. Der zuvor auf der Jahreskonferenz der briti-

schen Sektion des Jüdischen Weltkongresses ausgerufene
Appell »Juden aller Welt, vereinigt Euch!« rüttelte an der
grundsätzlichen Frage, was Judentum bedeute und was bei
aller Unterschiedlichkeit in religiösen Auffassungen, Bräu-
chen und Geschichtsempfinden der gemeinsame, alles ver-
bindende Nenner sei. Mehr feststellend denn fragend kam
Gringauz zu dem Ergebnis, dass man in die alten Verhal-
tensmuster von Streit, gegenseitigen Beschuldigungen und
separaten Daseinsspielen zurückgefallen sei, »als ob das gemeinsame Martyrium der Jahre der großen Katastrophe an
ihnen spurlos vorbeigegangen wäre.«[180]

Einer der Gründe für die Auflösungs- und Abspaltungs-
tendenzen war die Entwicklung in Palästina, wo es zu immer heftigeren Auseinandersetzungen zwischen Briten und
Juden kam und die auch in Deutschland die Hoffnung auf
einen eigenen Staat schwinden ließen. Damit stellte sich
die nächste Frage, ob und in welchem Ausmaß man sich für
diesen noch zu gründenden Staat einsetzen musste, konnte
oder wollte. An der Antwort wäre beinahe die Beziehung
zwischen Max Beker und Fania Durmashkin zerbrochen.
Sie war überzeugte Zionistin, er hingegen verspürte als ehemaliger Soldat keinerlei Antrieb, jemals wieder in irgendeinen Krieg zu ziehen. Noch war dieses Problem nicht akut,
aber es zeichnete sich am Horizont ab. Wie aber war es
zu lösen? Und gab es nur die eine gültige Antwort? Folgt
man der Sicht des amerikanischen Juden Koppel S. Pinson,
dann lautete sie ohne Wenn und Aber: Ja. Alle kulturellen
Aktivitäten seien nur einem einzigen Ziel untergeordnet,

»Propaganda für Palästina zu sein. Die politischen Führer glauben nicht an offene Diskussionen intellektueller Probleme. Sie sind kalt und manchmal arrogant, gleichgültig gegenüber einem Plädoyer für Toleranz, intellektuelle Freiheit und ähnlichem. Ihr Umgang mit solchen Fragen ähnelt gefährlich dem ihrer vormaligen Herren: Betonung der Krisensituation, Misstrauen in den Verstand gewöhnlicher Menschen und die brennende Überzeugung, im Besitz der Wahrheit zu sein. Desillusioniert in ihrer Erwartung, dass die siegreichen Demokratien sich ihnen, den ersten Opfer der Nazis, zuwenden würden, haben sie das Gefühl, dass Juden auf niemanden als sich selbst zählen können. In so einem Moment ‚nationalen Notstands' wird disziplinierte Einheit als nationale Notwendigkeit betrachtet.« [181]

Martialisch anmutende Aufmärsche wie die der Mitglieder *des Ghetto Fighters' House* im DP-Lager Landsberg mussten Pinos in seiner Einschätzung von einer »totalitären Konzeption von Einheit«, die es einzuhalten galt, »koste es, was es wolle«, bestätigt haben.

Obwohl er gleichzeitig eine zunehmend stärker werdende Rolle religiöser Gruppen ausmachte, ging er auf deren zukünftiges Gewicht in und für Eretz Israel nicht weiter ein. Mit diesem Verhalten stand er nicht allein da. Pinson beschäftigte vielmehr die sprachliche Assimilation, die die politische Führung mit Sätzen wie: »Sprecht jiddisch, lernt hebräisch« vorantreibe. Sie habe erkannt, dass

Aufmärsche und Wehrübungen gehörten zum Alltag der Jugendlichen im DP-Lager Landsberg. Museum Ghetto Fighters' House.

Jiddisch die einzige Sprache sei, die »die Massen der Juden miteinander verband, während die zionistische Ideologie und die Vorbereitung für die Ansiedlung in Palästina das Hebräische als Sprache der Zukunft erforderten.« Noch deutlicher zeige sich die »kulturelle Assimilation in der Musik. Nicht jüdische Volksmusik oder das religiöse Lied sind beliebt, sondern leichte Musik-Komödien oder Barmusik.«[182] Das war ein Affront gegen die *Scheerit Hapleitah* und damit auch gegen das in ihrem Namen auftretende DP-Orchester mit seinem Repertoire. *Looking and looking away* hatte auf einmal den Beigeschmack des in der Vergangenheit Erstarrten. Als Koppel S. Pinson im September 1946 Deutschland verließ, hinterließ er bittere Worte. Das DP-Orchester sei wirklich ein kleines Ensemble: »Der Dirigent und einige der Männer sind ernsthafte Musiker. Leider haben sie weder die Möglichkeiten noch das Publikum, um ernsthafte Musik zu machen. Ihre Funktion ist eher propagandistisch als musikalisch.«[183]

Der New Yorker Kritiker erwartete etwas von einem Orchester osteuropäischer, überlebender Musiker des Holocaust im Nachkriegsdeutschland, das es seit seinem ersten *Liberation Concert* für sich selbst gar nicht beansprucht hatte. Mit seiner »Displaced Music« hob es die Trennung von individueller Rezeption und dem kollektiven Erleben auf. Musik als Instrument der Propaganda, egal unter welchen ideologischen Vorzeichen, hat es zu allen Zeiten gegeben. Das Neujahrskonzert der Wiener Philharmoniker wird heute wie selbstverständlich von Millionen von Menschen geschätzt, und spätestens mit dem Ertönen des Radetzky-Marsches verfallen Saalpublikum wie Fernsehzuschauer in eine kollektive Klatsch-Ekstase, ohne zu wissen, dass es zunächst eine von Donau-Blau auf Braun getrimmte Walzerseligkeit im Auftrag der Nationalsozialisten war. Seit dem 31. Dezember 1939 war das Neujahrskonzert der Wiener Philharmoniker eine feste kulturelle Größe der Propagandamaschinerie von Joseph Goebbels.[184] In Wien setzt man ohne größere Abweichungen seit Jahrzehnten bewusst auf das Repertoire der Musiker-Dynastie Strauss. Der Vorwurf, das DP-Orchester habe in den gut vier Jahren seines Bestehens nur eine begrenzte Anzahl von Werken aufgeführt, war Teil des Kalküls. Jascha Gurewitz bestätigte es immer wieder und der Erfolg gab ihm recht. George Horvath erinnerte sich daran, dass er in zwei

Jahren rund 200 Konzerte mit dem Ensemble absolviert hätte. Allein zwischen Juli und Dezember 1947 brachten sie es auf 44 Konzerte mit über 27 000 Zuschauern. Wer sich für Jazz oder für Leichteres interessierte, hatte mittlerweile eine größere Auswahl. Mehrmals kreuzten sich die Wege des DP-Orchesters mit der zweiten Tournee-Gruppe in der amerikanischen Zone, den *Happy Boys* – beispielsweise in München, Fürstenfeldbruck, Heidelberg, Mannheim, St. Ottilien, Altötting oder Bad Reichenhall und Landsberg.[185] Die polnischen Jazz-Musiker kannten sich aus dem Ghetto von Lodz und hatten sich nach der Befreiung aus dem KZ Flossenbürg in Cham in der Oberpfalz niedergelassen. In einer Nacht- und Nebelaktion war es ihnen gelungen, ihre vor den Nationalsozialisten verbuddelten Instrumente wieder auszugraben, die Grenze zu überwinden und nach Bayern zurückzukehren.[186] Die acht von der UNRRA und dem amerikanischen *Joint* geförderten Musiker spielten Operetten-Ouvertüren, Werke von Duke Ellington, aber auch jüdische Volkslieder. Wie das »*St. Ottilien Orchester*« war es aber auch ihnen ein Anliegen, auf die erlittenen Qualen und Demütigungen hinzuweisen und sie mit seinen Zuhörern zu teilen.[187]

Samuel Bak, das junge Malergenie aus dem Vilna Ghetto, das mit Unterstützung des Schriftstellers Abraham Sutzkever bereits zu einer gewissen Berühmtheit gelangt war, kam 1946 mit seiner Mutter in das DP-Lager Landsberg. Seine Schilderungen wollten so gar nicht zu dem passen, was Kritiker und Skeptiker zu bemängeln hatten. Er habe eine »kleine jüdischen Stadt« vorgefunden, notierte der damals 13-jährige, und, die größte Beschäftigung sei »das Tratschen gewesen«.[188] Für Abwechslung sorgten unter anderem Liedergruppen aus Palästina, und: »Die Lagerbewohner entdeckten bald eine Vorliebe für Tourismus. Es gab die Paläste Ludwig II., König von Bayern […] Diese extrem kitschigen feudalen Paläste stimmten mit der Vorstellung überein, die sich ein Schtetl-Jude vom unglaublichen Reichtum der Rothschilds machte.«[189] Nachdem sich seine Mutter mit einem Lagerverantwortlichen angefreundet hatte, ging es in einem klapprigen Jeep öfter in das nicht weit entfernte Augsburg in ein »schönes Amphithe-

■ S. Bakas (gim. 1933) perknītgu avmeny stuvyżīgā Landsberg am Leche
■ S. Bak (born 1933) in DP CAMP, Landberg am Lech, 1946

„1944 m. kovas. Stovyu su Motina ant geledveno tilto ir žvelgiu žemyn, į greitą upēs tēkmę. ‹…› Staiga Motina trūkteli mane už rankovēs, ir abu pasilēdžiame bēgti. Kažkas suteikia mums neįtikētiną jēgą. ‹…› Vartelai sugirgžda, prasiveria, kalkas primenantis nebemiška būtybe čiumpa mus už rankų ir įtraukia vidun. Tai įesuo Marija. Kairēje maiyti tamsūs slēptuves langai. Kaip galējome išgyventi purve, be maisto, pasmerkti tylēti, paslēpti už senų dūksmentų ir tukstančiu knygų, dvokiančių klijais, netuvhy?"

Samuel Bak

"March 1944. My mother and I are standing on an iron bridge and looking down at a fast-flowing river beneath. ‹…› Suddenly my mother pulls me by the sleeve and we start running. Something gives us unbelievable strength ‹…› The gate squeaks and opens, and an unearthly being grabs us by our arms and pulls us inside. It appears to be Sister Mary.
The dark windows on the left are our hideaway. How could we possibly survive in this dirt, with no food, sentenced to silence, and hidden behind piles of old documents and thousands of books that stank of glue?"

Samuel Bak

■ S. Bakas su A. Suckeveriu. Vilnius, 1944   ■ S. Bak and A. Sutzkiwer. Vilnius, 1944

Abraham Sutzkever und Samuel Bak 1944 im Vilna Ghetto und der junge Maler 1946 im DP-Lager Landsberg, beide 2018/2019/5779 im Jüdischen Kalender Vilnius geehrt. Repro: K. Schönebeck.

beschlich, nicht mehr uneingeschränkt im Mittelpunkt zu stehen. »Für Micha Hofmekler war Micha Hofmekler immer das Wichtigste«, charakterisiert ihn Abba Naor. Hofmekler spekulierte auf einen Neustart beim renommierten *Palestine Symphony Orchestra,* das 1936 von Bronislaw Hubermann in Tel Aviv gegründet worden war, um 75 vor den Judenverfolgungen aus Osteuropa geflohenen Musikern eine Existenzgrundlage zu bieten. Unter den Mitgliedern dieses Orchesters war auch ein Cousin Hofmeklers. Von ihm erhoffte er sich Hilfe.

Die Mehrzahl der Überlebenden wollte ins gelobte Land. Koppel S. Pinson sprach sogar von einem »Palestinocentrism«. Selbst diejenigen, die aufgrund verwandtschaftlicher Beziehungen nach Amerika, Brasilien, Kanada, England oder Australien auswandern wollten, waren grundsätzlich von der Notwendigkeit eines jüdischen Staates überzeugt. Sie dafür zu sensibilisieren, war maßgeblich der Arbeit der Jüdischen Brigade und der zionistischen Führer der *Scheerit Hapleitah* zu verdanken.[192] Dass ausgerechnet aus ihren Reihen die größten Zweifel kamen, wie sie etwa Samuel Gringauz in der Jüdischen Rundschau zum Katastrophenjahr 1946 geäußert hatte, war nur die eine Seite der Medaille. Abraham Klausner sprach offen von einem »Kampf« zwischen dem litauischen Juristen und seinem Landsmann Zalman Grinberg, in den er auch den Journalisten Levi Shalit mit einbezog, der wiederum von Gringauz erbittert abgelehnt wurde.[193] Angelika Königseder und Juliane Wetzel sehen den Hauptgrund der

Unzufriedenheit der DPs aber weniger in der vermeintlich ineffizienten Arbeit und dem autoritären Führungsstil des Komitees.[194] Amerika oder Kanada waren noch nicht von ihren restriktiven Einwanderungsbestimmungen abgewichen und die in der britischen Palästinapolitik begründete lange Wartezeit machte den Überlebenden zu schaffen.

Als am Mittag des 10. Juli 1947 die *President Warfield* mit über 4500 jüdischen Flüchtlingen den südfranzösischen Hafen Sète verließ, waren auch rund 200 »Landsberger« an Bord. Der älteste Cousin von Jakob Weissberg, dessen Eltern sich in der Endphase des Holocaust in polnischen Wäldern versteckt hatten und große Teile der Verwandtschaft im DP-Lager am Lech wiederfanden, war plötzlich verschwunden. Nichts hatte auf eine Flucht nach Palästina hingewiesen – die ganze Familie war auf Amerika fokussiert. Genauso überrascht waren sie, als er vier Monate später im DP-Lager Landsberg wieder vor der Tür stand. Ein Rückschlag? Für den Einzelnen ganz bestimmt. Für die Hagana und deren Elitetruppe, der jüdischen paramilitärischen Untergrundorganisation Palmach, aber ein Riesenerfolg: Von Beginn an war alles darauf angelegt, die Briten vor der Weltöffentlichkeit bloßzustellen. Auf der Fahrt nach Palästina hatte man die Flagge Honduras gegen eine weiß-blaue mit Davidstern, die spätere Nationalfahne Israels, ausgetauscht und dem kaum seetüchtigen und nur notdürftig repariertem Schiff einen neuen Namen gegeben: *Exodus* – per Funk nach Palästina übertragen und dort im Radio gesendet. Nach einem vierstündigen, live ins Mandatsgebiet übertragenen Übernahmekampf vor der Küste, vier Toten und 28 Verletzten, wurde die schwer beschädigte *Exodus* von britischen Kriegsschiffen in den Hafen von Haifa geschleppt, während über Bordlautsprecher die *Hatikva* erklang. Die Passagiere, unter denen sich Hunderte von Kindern befanden, wurden gewaltsam auf drei britische Transportschiffe geschafft. Jeder Kontakt zur Außenwelt war abgeschnitten, auch zum UNSCOP, dem *United Nations Special Committee on Palestine,* das zur selben Zeit in Haifa tagte und deren Mitglieder zum Teil Zeugen des Ereignisses wurden, ein offensichtlich bewusst kalkuliertes Timing der verantwortlichen Zionisten. Nach einer wochenlangen Irrfahrt landeten die Rückkehrer zunächst in zwei von den Briten streng bewachten und mit Stacheldraht gesicherten Lagern in Norddeutschland. Selbst der amerikanische Präsident Harry S. Truman schaltete sich ein, um die britische Regierung zum Einlenken zu bewegen.[195] Allerdings weigerten sich die Amerikaner ihrerseits, die gescheiterten Flüchtlinge aufzunehmen. Dass es dennoch gelang, die meisten von ihnen in die amerikanische Besatzungszone zu bringen, war ausschließlich der Partisanengruppe *Bricha* zu verdanken. Sie ermöglichte Juden aus Polen, Ungarn, der Tschechoslowakei, Rumänien, Jugoslawien und der Sowjetunion zwischen 1944 und 1948 die Flucht und illegale Einwanderung nach Palästina. Zusammen mit anderen, bis dahin unabhängig voneinander operierenden Gruppen, hatte sie sich im Dezember 1944 unter der Leitung des ehemaligen Partisanenführers aus dem Vilna Ghetto, Abba Kovner, im polnischen Lublin, formiert. Einen Monat später schlossen sich ihnen Überlebende des Aufstands im Warschauer Ghetto unter Yitzhak Zuckerman an. Rund 1800 Exodus-Passagiere mussten zwar in der britisch besetzten Zone zurückbleiben Die Briten mochten diese Schlacht gewonnen haben, den Krieg aber hatten sie bereits verloren.

Im Gegensatz zu den etwa 200 000 jüdischen DP-Bewohner im amerikanisch besetzten Bayern machten die rund 15 000 in der britischen Zone eine deutlich kleinere Gruppe aus. Dennoch war das kulturelle Angebot im Norden beachtlich. Großen Zuspruch fand das *Kazet-Theater* aus dem DP-Lager Belsen, das, ganz »in der Tradition des jiddischen Theaters«, oft auf Tournee ging. Offensichtlich aber war es um die Verhältnisse zwischen Militärregierung und Juden in der britischen Zone nicht sehr gut bestellt, denn bereits im Juni 1947 nahm die Theatergruppe das Angebot der belgischen Regierung an, in ihr Land umzusiedeln. Die Auftritte waren in Belgien und Frankreich äußerst beliebt. Die zweite bekannte Theatergruppe in Belsen war die *Jidisze Arbeter Bine,* die auf Einladung des Landsberger DP-Kulturamtes zweimal am Lech gastierte. Umgekehrt konzertierten die »Fürstenfeldbrucker« unter dem Namen *Orchester des Zentralkomitees der US-Zone* ebenfalls 1947 im DP-Lager Belsen.[196] Schon im Juli 1945, drei Monate nach der Befreiung des Konzentrationslagers Bergen-Belsen, das aus hygienischen Gründen umgehend abgebrannt wurde und deren Insassen auf zwei Kasernen verteilt wurden, gab der amerikanisch-jüdische Geiger Yehudi Menuhin dort sein erstes Konzert auf deutschem Boden nach dem Zweiten Weltkrieg. Die Szenen glichen denen des *Liberation Concert* in St. Ottilien: ein Publikum bestehend aus bis auf die Knochen abgemergelte, von Lumpen umhüllte Gestalten. Aber sie folgten Menuhin und den ihn am Klavier begleitenden Engländer, dem Pianisten Benjamin Britten nicht mit derselben Inbrust wie die jüdischen DP-Patienten es bei »ihren Leuten« getan hatten. »Als Menuhin und Britten schließlich die Bühne betraten, beide ganz informell hemdsärmelig, waren die Zuschauer weder zu dem üblichen Willkommensbeifall noch zu einem empfänglichen Schweigen imstande. So begannen die beiden Musiker ihr Konzert einfach gegen den Lärm, den ihr Publikum machte. Fast wie eine kleine Geste der Wiedergutmachung spielten sie neben der Musik von Bach auch die lange unterdrückte Musik Mendelssohns.«[197]

Nachdem Amerika 1941 in den Zweiten Weltkrieg eingetreten war, absolvierte der 1916 in New York geborene Weltstar Menuhin einige Hundert Auftritte vor alliierten Soldaten von Alaska bis Hawaii. Benjamin Britten und Yehudi Menuhin hatten sich erst kurz vor dem Konzert im DP-Lager Belsen auf einer Party in London kennengelernt. Menuhins Vorstellung, »mit dem Wenigen, was ich durch Musik beitragen konnte, einige Anknüpfungspunkte an die Menschheit wiederherzustellen,« hatte Britten derart begeistert, dass er Menuhin umstimmen konnte, ihn selbst statt des ursprünglich vorgesehenen Pianisten Gerald Moore mit nach Deutschland zu nehmen.[198] 1947 war Yehudi Menuhin wieder in Deutschland zurück. Diesmal sorgte er für helle Empörung. Als erster jüdischer Musiker nach dem Holocaust bestritt er mit den Berliner Philharmonikern unter Wilhelm Furtwängler einige Konzerte. Ausgerechnet Furtwängler und dieses Orchester, die sich gemeinsam unter den Nationalsozialisten als »Komplizen bei der Säuberung des musikalischen Geschmacks und der Verbannung von jüdischen Komponisten und denen der Avantgarde« beteiligt hatten.[199] Nachdem Adolf Hitler sich darüber beklagt hatte, dass die Wiener Philharmoniker im Gegensatz zu ihren Musikerkollegen an der Spree über hervorragende Instrumente verfügten, wurde der *Sonderstab Musik* unter Propagandaminister Joseph Goebbels eingerichtet. Der ließ im besetzen Europa Tausende von Musikinstrumenten von ihren jüdischen Eigentümern plündern und rauben.[200] Da Hitler gegen Kriegsende fürchtete, dass »sein großer Dirigent Furtwängler Opfer eines Bombardements werden könnte«, ordnete er an, ihn zusammen mit dem Orchester in einen Kurort zu evakuieren: »Man wohnte in einem Luxushotel mit Sauna und Heilkräutertherapie.«[201] Doch unberührt von der Streitfrage, ob und inwieweit Wilhelm Furtwängler und die Berliner Philharmoniker die nationalsozialistischen Förderungen ertragen oder begrüßt hatten, sah Yehudi Menuhin die Konzerte mit ihnen als einen »Akt der Versöhnung« an. Er wolle damit die Musik und den Geist Deutschlands wiederbeleben.

Die Wiederbelebung des »deutschen Geistes« war eine der größten Herausforderungen, vor denen die Alliierten, aber auch die Deutschen selbst standen. Frankreich, England und Amerika waren demokratieerfahrene Staaten. Nach einer gescheiterten Revolution, König- und Kaiserreich, war die Weimarer Republik, eine Demokratie ohne Demokraten, in eine Diktatur bisher nicht gekannten Ausmaßes gemündet. Je nach Sichtweise, hatten die Deutschen das Ende des Zweiten Weltkriegs als eine Befreiung vom Nazijoch erlebt oder sie empfanden es als Kapitulation. Die Bandbreite reichte von fassungslos über beschämt bis kaltschnäuzig und uneinsichtig. Nach seiner vorzeitigen Haftentlassung aus dem ehemaligen Hitlergefängnis, seit Ende 1945 das War Criminal Prison No. 1 der Amerikaner, WCPL, antwortete der Industrielle Alfried Krupp von Bohlen und Halbach dem Journalisten Hans Ulrich Kempski auf die Frage, ob er jemals wieder bereit sein würde, Waffen zu produzieren: »Ich trage den Namen Krupp. Unsere Hauptaufgabe ist es immer gewesen, auf sozialem Gebiet tätig zu sein. Ich hoffe, dass es nie wieder nötig sein wird, in die Rüstung zu gehen. Aber mein Leben hat nie von mir abgehangen, sondern vom Lauf der Geschichte.«[202] Es sei »bedauerlich, dass das deutsche Volk selbst zuließ, von Hitler so betrogen worden zu sein.«[203] Mit dieser Haltung aus Schicksalsergebenheit, Opportunismus und der Schuldzuweisung auf andere, repräsentierte Krupp einen Großteil der deutschen Bevölkerung. Auf Rückhalt in der Bevölkerung konnte die Krupp-Familie aber nicht rechnen. Die Firmenzentrale lag in Essen. Die Stadt im Ruhrgebiet war immer noch von den Engländern besetztes Sperrgebiet und deren Stadtväter hatten sich von den Krupps abgewandt: »Der Teufel soll sie holen, die von Krupp und Bohlen.« Der Industriellenfamilie verdankten sie zwar ihren Reichtum, aber die Briten hatten ein Drittel der Krupp-Werke in Schutt und Asche gelegt und Teile ihrer Stadt noch dazu.

Die Landsberger Bevölkerung meinte es dagegen ungleich besser mit den Verurteilten der Nürnberger Kriegsverbrecherprozesse, einschließlich der Nachfolgeprozesse sowie den sogenannten Dachauer- und Fliegerprozessen. »Die Einheimischen«, fasste die Landsberger Historikerin Edith Raim zusammen, »bemühten sich ohnehin rührend um die Inhaftierten. Kinder führten Krippenspiele auf, die Stadtkapelle musizierte, man überreichte Geschenkpakete und die Honoratioren, wie Pfarrer, Bürgermeister und Landrat, wurden im Gefängnis persönlich vorstellig.«[204] Das WCPL lag 500 Meter Luftlinie vom DP-Lager entfernt. Den Journalisten der Lagerzeitung entging nicht, was die Lechstädter und die mit ihnen weltweit vernetzten Sympathisanten, Helfer und Helfershelfer der rund 1600 Inhaftierten unter Schuld und Sühne verstanden. Eine Informationsquelle der Redaktion waren polnische DPs, die von den Amerikanern als Wachpersonal eingestellt worden waren. Hinter den zusätzlich mit Stacheldraht gesicherten Gefängnismauern verlor niemand den Anschluss an die freie Welt. Der Filmemacher Lutz Hachmeister gelangte zu dem Ergebnis, dass sich in Landsberg mit seiner inhaftierten ehemaligen NS-Elite eine »Parallelwelt zur neuen Bundesrepublik« entwickeln konnte.[205] Zu dieser Elite zählten prominenteste Namen: Ernst Heinrich von Weizsäcker, Diplomat, Staatssekretär des Auswärtigen Amtes und Brigadeführer der Allgemeinen SS. Der Vater des späteren Bundespräsidenten Richard von Weizsäcker saß wegen seiner Mitwirkung an den Deportationen französischer Juden nach Auschwitz als Kriegsverbrecher in Landsberg. Graf Lutz von Schwerin-Krosigk, vormals Reichsfinanzminister und für drei Wochen unter der geschäftsführenden Regierung von Admiral Dönitz Außenminister. Weiterhin leitende Köpfe der I.G. Farben, die der größte Arbeitgeber innerhalb der Zwangsarbeitermaschinerie gewesen war, Vertreter von Banken, Ministerien, Wissenschaft, Kunst und Kultur, Ärzte, Juristen, Funktionäre und hohe Militärs. Ebenso auch Hermann Giesler, Hitlers ehemaliger Lieblingsarchitekt. Nach dem Zugang der »Nürnberger« habe sich das Klima deutlich verbessert, hielt er in seinen Aufzeichnungen fest: »Es gab seltsame Betätigungen im War Crimes Prison. Da schleppte ein alter Mann in regelmäßigen Abständen zwei Eimer Kohlen durch die weiten, hallenden Flure und Gänge des Gefängnisses. Es war Friedrich Flick, der sich mit Geschick zwischen dem ersten und zweiten Weltkrieg ein Kohle- und Stahlimperium aufgebaut hatte, Nun, als Kriegsverbrecher war er, nicht ganz berufsfremd, mit Kohletransport befasst.«[206] Als es Franz Alfred Six, ehemaliger SS-Brigadeführer, Leiter der Kulturpolitischen Abteilung im Auswärtigen Amt, Mitglied des »Stabs Heydrich« und damit umfassend in die Pläne der Liquidierung der gesamten polnischen Führungsschicht eingeweiht, gelungen war, Flick in der Gefängnisbibliothek unterzubringen, konnte der sich endlich ungestört daranmachen, seinen zerlegten Konzern wieder aufzubauen.[207]

Die Landsberger empörten sich besonders über die im WCPL vollstreckten Todesurteile. Die Exekutionen der sogenannten Rotjacken, das Erkennungsmerkmal der Todeskandidaten, hatte John C. Woods von der 3. US-Armee vorgenommen. An den Galgen begleitet wurden die zum Tode Verurteilten von Gefängnispfarrer Karl Morgenschweis. Einer der 268 Exekutierten war SS-Obersturmführer Vinzenz Schöttl. Nach Stationen in Dachau, dem Ghetto Lublin, Auschwitz III Monowitz und zuletzt als stellvertretender Lagerkommandant des KZ-Außenlagerkomplexes Kaufering unter Otto Förschner wurde er im Rahmen der Dachauer Prozesse bereits am 13. Dezember 1945 zum Tod durch den Strang verurteilt.[208] Ausschließlich auf die Rettung der Todeskandidaten fixiert, und damit beschäftigt, wie man den Entnazifizierungsbemühungen der Alliierten entkommen konnte, blieb den vor allem in Landsberg konzentriert auftretenden Lobbygruppen aus kirchlichen Kreisen und selbsternannten weltlichen Samaritern kein Raum, an die Opfer derer zu denken, für die sie so vehement eintraten. Es waren vor allem kirchliche Kreise, die 1948 einen Exekutionsstopp bewirkten. Da-

nach änderten sich die Verhältnisse noch einmal dramatisch. Am Horizont zogen die Wolken eines neuen Krieges
auf.

Am 3. Mai 1948 hielt sich der aufstrebende Musiker
Leonard Bernstein im Rahmen einer vom amerikanischen
Außenministerium geförderten Europareise in Paris auf.
Seiner Klavierlehrerin Helen Coates schrieb er, dass die
Menschen, mit denen er zusammentraf, »Angst vor einem
von den Amerikanern angezettelten Kriegsplan hätten«.[209]
Es sei unerträglich, schrieb er zwei Tage später von München aus seiner Schwester Shirley nach Amerika, dass sich
»Juden in elenden DP-Lagern« aufhielten, »während die
deutschen Faschisten darauf warten, einen neuen Krieg zu
beginnen, diesmal mit den verbündeten Amerikanern, gegen die Sowjetunion.«[210] Die noch vor drei Jahren gemeinsam gegen die deutschen Nationalsozialisten Kämpfenden
standen sich mittlerweile in unversöhnlichen Lagern gegenüber. Eine Folge davon: »Der Entnazifizierungsprozess
war eine Farce,« fuhr Bernstein fort. Bei einem Mittages-
sen hatte er den Entnazifizierungsbeauftragten der Amerikaner getroffen, der ihm lächelnd erklärt habe, dass es sich
tatsächlich um eine »Re-Nazifizierung« handeln würde:
»Es ist ein Witz, mein Sohn.« Hinter dem »Witz« stand
die Überlegung der Amerikaner, dass sie die Deutschen
vor dem Hintergrund der sich zuspitzenden Konfrontation zwischen Ost und West brauchten. Der Rechtsruck
in der amerikanischen Politik des Kalten Krieges war für
Bernstein offensichtlich: Ex-Nazis kamen ungestraft da-

von, hingegen er wurde von amerikanischen Beamten ver-
dächtigt, auf der Gegenseite zu stehen.[211] Da war er also
zum ersten Mal in seinem Leben in diesem fragwürdi-
gen Deutschland und sollte innerhalb von vierundzwanzig Stunden zwei Orchester an drei verschiedenen Orten
dirigieren. Rekordverdächtig, in jeder Hinsicht. Nur, es
war ausgerechnet das Konzert mit jenem Orchester, das
Leonard Bernstein ursprünglich überhaupt nicht geplant
hatte, das die deutschen Feuilletonisten ausschließlich interessierte. An die beiden anderen Auftritte in den DP-Lagern verschwendeten sie nicht eine Zeile. Wer sollte sich
schon im Nachkriegsdeutschland für 17 überlebende Musiker des Holocaust begeistern, wenn sich wie gehabt die
Berührungspunkte im besten Fall auf Schwarzhandel und
Verwaltungsangelegenheiten reduzierten? Ein deutsches
Spitzenorchester wie das der Bayerischen Staatsoper und
ein jüdischer Dirigent, das war die Geschichte schlechthin!

Was immer die tonangebende Militärregierung beab-
sichtigt hatte, an die Erfüllung seines Wunsches mit dem
Dachau Symphony Orchestra in den DP-Lagern Landsberg
und Feldafing zu konzertieren, knüpften sie eine Bedin-
gung: »Ich musste nach München kommen und mit einem Orchester arbeiten, dessen Mitglieder vermutlich alle
Parteiangehörige gewesen waren.«[212] Die Wahl des Orchesters der Bayerischen Staatsoper, dessen Mitglieder allesamt
1933 entlassen worden waren, hatte Bernstein offensichtlich vorher mit dem amerikanischen Offizier Carlos Mosley verabredet. Mosley wurde später Manager der New

Yorker Philharmoniker. Jedenfalls legte Bernstein Wert auf die Feststellung: »Ich weiß, Yehudi Menuhin hatte schon früher für Deutsche und Flüchtlinge gespielt, auch mit Furtwängler, aber ich hatte eine andere Einstellung als er...«[213] Eine klare Meinung zum Menuhin-Konzert mit Furtwängler hatte man im DP-Lager Landsberg. Er wurde als Verräter betrachtet und Samuel Bak erhielt den Auftrag zu einer Zeichnung mit dem Violinisten. Die Redaktion schrieb unter das Bild: »Er spielt für den Teufel.«[214] Georg Solti, der ungarisch-britische Dirigent jüdischer Abstammung, den die amerikanische Militärregierung 1946 als Generalmusikdirektor der Bayerischen Staatsoper in München als Nachfolger des abgesetzten Clemens Krauss und des mit einem Auftrittsverbot belegten Hans Knappertsbusch berufen hatte, begleitete Bernstein zur ersten Probe ins Prinzregententheater. Die Mitglieder des Orchesters hatten gerade einen Hungerstreik hinter sich und waren unwillig, mit einem Dirigenten zu arbeiten, der jung und unbekannt und dazu noch Amerikaner und Jude war: »Die Musiker wollten nicht einmal von ihren Notenpulten zu mir hinaufschauen. Sie benahmen sich in dieser ersten Probe ganz schrecklich. Doch nach einer halben Stunde änderte sich das: Sie lagen mir zu Füßen, sie hielten mein Jackett für mich, sie gaben Feuer für meine Zigarette. Das war für mich so eine Art Offenbarung über den Charakter der Deutschen – die beiden Seiten der Medaille: der Sklave und der Meister. Einerseits Herrenrasse und anderseits dazu erzogen, Befehlen absolut zu gehorchen, die Hacken zusammenzuschlagen, Sklave zu sein. Plötzlich hatte sich das Orchester in Sklaven verwandelt.«[215] In einem Gespräch mit Helmut Schmidt ergänzte Bernstein vierzig Jahre später, er habe die Probe mit einer Schumann-Symphonie begonnen: »[...] wie das wohl auf sie gewirkt haben muss [...] Für sie war das doch ›Heilige deutsche Kunst‹ und sie hatten sie schon unter Furtwängler, Abendroth und so fort gespielt.« Selbst als er ihnen »Schumann« zurief, hätte ihn kein Mensch angeschaut: »Zuerst war es sehr schwierig, sie auf meine Art spielen zu lassen oder ihnen zu erklären, mit welchem Teil des Bogens es so klingen zu lassen, wie ich in meiner Seele Schumann empfinde.«[216]

Zwei Tage nach dem Münchner Konzert vom 9. Mai 1948 bescheinigte Heinz Pringsheim in der Süddeutschen Zeitung Leonard Bernstein, er sei »einer jener Dirigenten-Erscheinungen, die, mit feinstem Klangsinn begabt und mit ungeheurer Vitalität erfüllt, das ihnen anvertraute Orchester mitreißen und zur Hergabe des Letzten an Klangschönheit und elastischer Subtilität des Vortrags zwingen.« Zu dem von Bernstein am Flügel begleiteten Klavierkonzert von Maurice Ravel in G-Dur meinte er: »Der musikalische Elan, die spielende Selbstverständlichkeit in der Überwindung der gewaltigen technischen Schwierigkeiten (die man überhaupt nicht als solche beachtet), der durchfühlte Vortrag der Klavierkantile, die beinahe unvorstellbare Sicherheit in der Zusammenfassung von Klavier und Orchester bei so anspruchsvoller solistischer Betätigung – das empfand man geradezu genial und einmalig.« Fritz Brust von der Deutschen Zeitung sah in dem 29-jährigen Bernstein einen »Musiker von erstaunlicher, dämonischer Begabung«, mehr noch, »ein Hexenmeister des Orchesters wie Liszt und Paganini auf ihren Instrumenten [...] Das Blenden liegt ihm fern, da allzu viel in ihm vor sich geht, das sich in Klang umsetzen will.« Allerdings konnte sich der Musikkritiker nicht die Bemerkung verkneifen, Bernstein habe sich beim Dirigat von Schumanns C-Dur-Sinfonie »zwar innerhalb der Grenzen deutscher Auffassung« gehalten, dabei jedoch »nicht alle jenen zarten Gefühlswerte dieser erzromantischen Musik ausgeschöpft, die bei uns liebevolle Pflege genießen.«[217]

Mochte München ihm zu Füßen gelegen haben – die Stadt, über die Bernstein seinem Mentor Serge Koussevitzky geschrieben hatte, sie sei »ein Chaos. Überall Nazis, eine kranke Wirtschaft...«. Einen Tag nach dem Konzert im Prinzregententheater ging es in einem Militärkonvoi an den Starnberger See, wo die Menschen auf ihn warteten, die Leonard Bernstein wirklich am Herzen lagen: jüdische Musiker und die Bewohner des DP-Lagers Feldafing. Dass das jüdische Orchester im Namen des geretteten Rests und mit Unterstützung der von David Ben Gurion geleiteten *Jewish Agency for Palestine* spielte und nicht das *Dachau Symphony Orchestra* war, – wer außer den Betroffenen kannte damals schon deren KZ-Außenlager Kaufering/Landsberg oder St. Ottilien? – erwähnte er eher beiläufig. Bernstein wunderte sich an diesem Tag über ganz andere Dinge, etwa über die musikalische Auswahl. Auf dem Programm stand etwa die Ouvertüre der Oper »Der Freischütz« des deutschen Komponisten Carl Maria von Weber. Er schrieb dies der Tatsache zu, dass es wohl das einzige Notenmaterial gewesen sei, das sie hätten retten können.[218] Außerdem erstaunte es ihn, dass sie die »Rhapsody in Blue« von George Gershwin auf das Programm gesetzt hatten, ein Werk, dem er zeitlebens verfallen war. Was er nicht wissen konnte: Nach jeder »Aktion«, jedem gelungenen Sabotageakt gegen die Nationalsozialisten, hatten die Partisanen von Vilnius diese Melodie in den umliegenden Wäldern auf einem Grammophon abgespielt.[219] Jetzt führten ein paar von ihren Leuten diese berühmte Komposition mit ihrem Klarinetten-Glissando, einer fast schluchzenden Melodie, dem Markenzeichen des Klezmers, live im besiegten Deutschland auf und das mit keinem geringeren als dem aufstrebenden Genie Leonard Bernstein! »Die habe ich dann zweimal an einem Tag – auf einem verstimmten Piano – gespielt, für 5000 Lagerinsassen aus Landsberg und Feldafing«. Nach dem Auftritt in Feldafing ging es in das rund 60 Kilometer entfernte Landsberg. Die ehemalige Reithalle war zwar ein Ort für größere Feiern, für 5000 Zuhörer dürfte sie aber nicht groß genug gewesen sein: »Sie kamen und gingen und gaben anderen Platz«, hielt Bernstein fest. Mit einer Ausnahme. »Unglaublich geradezu, dass in beiden Konzerten die ersten drei Reihen von Mitgliedern des ehemaligen Nazi-Orchesters aus München gefüllt waren – das ganze Orchester, etwa hundert Mann, war gekommen, zusammen mit ihrem Intendanten. Der Intendant war eine Frau, Frau Fichtmüller, die das Orchester durch die ganze Nazizeit hindurch gesteuert hatte. Sie lagen quasi auf den Knien, hatten Blumen mitgebracht und legten Rosen aufs Podium.« Leonard Bernstein wertete diese Geste als eine Art von Buße, als ein »Jom Kippur für diese Deutschen, die mich in der ersten Orchesterprobe gehasst hatten.«[220]

»Er spielte einfach wunderbar auf diesem schrecklich verstimmten Piano«, diktierte der junge Konzertbesucher Harry Bialor einem mitgereisten Journalisten der New York Times ins Notizbuch. »Ich entdeckte die Macht der Musik und wollte noch mehr Konzerte besuchen, auch wenn sie von deutschen Orchestern aufgeführt wurden,« begeisterte sich auch Samuel Bak, der sich zunehmend auf das Künstlerische verlegt hatte, weil ihn der Schulunterricht immer mehr langweilte. Inspiriert wurde er von einem alten Schauspieler, der aus den Geschichten von Sholem Aleychem wie »Tewje, der Milchmann« vorlas. Diese Welt der »Kleyne Menchelekh«, der einfachen Bewohner aus den Schtetls mit ihren Traditionen, jüdischen Feiertagen, ihrer Folklore, ihrem Humor, ihrem unaufgeregten Pragmatismus, diese Jiddischkeit hatte er erst in Landsberg kennengelernt und setzte sie in seinen Bildern um.[221] *Pintele yidn*, Handwerker und Arbeiter, waren die Fuellers aus Galizien, aus einer kleinen Stadt namens Brzozow. Wochenlang hatten Elias Fueller und sein kleiner Bruder Ben in der Kanalisation des Ghettos von Krakau verbracht, bis sie von den Deutschen entdeckt und nach Auschwitz-Birkenau deportiert wurden. Der kräftige Elias Fueller hatte die Untersuchungen von Joseph Mengele überstanden, sich um den schwächeren Ben gekümmert, und schließlich waren sie nach der Befreiung in der Nähe von Buchenwald von Mitarbeitern des *JOINT* nach Landsberg geschickt worden, wo sie einen Onkel, Mendl, wiedersahen. Elias Fueller, ein stiller, in sich gekehrter Mann, wurde Mitglied der DP-Polizei. Jahrzehnte später fragte sich seine Tochter Deb Filler, »ob das Dasein als Polizist, ob das Tragen einer Uniform meinem Vater und seinem Bruder das Gefühl gaben, die Kontrolle über ihr Leben wiederzuerlangen. Und ich glaube, erst als er Bernstein hörte, der Gershwins *Rhapsody in Blue* spielte, änderte sich der Kult oder die Gehirnwäsche, so lange ein Sklave gewesen zu sein, nur eine Nummer und kein Mensch mehr zu sein, in diesem Moment. Er hörte Musik, die von einem Juden geschrieben und von einem Juden aus Amerika aufgeführt wurde, und das Orchester bestand ausschließlich aus Juden, Überlebenden der Konzentrationslager. In diesem Moment änderte sich etwas, und Papa erkannte, dass er vielleicht ein Leben haben könnte, dass er vielleicht eine Zukunft haben könnte, dass er vielleicht heiraten, eine Familie gründen, eine andere Sprache lernen könnte, dass er nicht mehr der »Haufen« war, von dem die Deutschen sagten, er sei einer. Er war wieder ein Mensch, der eine Zukunft vor sich hatte.«[222]

Leonard Bernstein hatte Henia Durmashkin bei den Proben erklärt, sie alle sollten nicht mehr Yiddisch, sondern sie müssten Hebräisch sprechen, das sei die Sprache

Central Committee of Liberated Jews, Jewish Agency for Palestine
AMERICAN JOINT DISTRIBUTION COMMITTEE
IN THE U.S. ZONE OF OCCUPATION

Direktorjum far Kultur un Dercijung
in der U.S. Zone

Montik, dem 10. V. 1948 13 a zejger in Lager Feldafing

Montik, dem 10. V. 1948 20 a zejger in Lager Landsberg

LEONARD BERNSTEIN

tret ojf far der Szeerit Hapleitah mit dem

Reprezentanc Orkester fun der Szeerit Hapleitah

un kinstler fun der Szeerit Hapleitah.

FOLKSZINGERIN H. DURMASZKIN / TENOR M. GOLDSZTEIN
FIDLER CH. ARBEITMAN

PROGRAM

1. Ouverture fun der oper „Freischütz"	Carl Maria von Weber
2. Menuet un Farandol fun Suite L'Arlesienne	G. Bizet
Reprezentanc Orkester unter lejtung fun Gast-Dirigent	Leonard Bernstein
3. Sonate G-Moll	Tartini	Ch. Arbeitman
4. „Jeruszalaim"	Erec-Jisroel Lid	Ch. Dormaszkin
5. „Kalanijot"	Erec-Jisroel Lid	
6. Arje fun der oper „Rigoletto"	G. Verdi	M. Goldsztein
7. Arje fun der oper „Tosca"	G. Puccini	
8. „Rapsody in Blue"	G. Gershwin	Leonard Bernstein

Der Gast-Dirigent akompanirt ale solistn

Leonard Bernstein zu Ehren hatten die Musiker Gershwins »Rhapsody in Blue« in das Programm aufgenommen. Archiv Sonia P. Beker.

ihrer Zukunft. Während des Konzertes war er zutiefst zu Tränen gerührt und musste mehrmals schlucken. Als er den Abend mit der Nachricht beendete, er würde bald in Eretz Israel sein, rief ihm das Publikum entgegen: »Nehmen Sie uns mit!« Vier Tage später, am 14. Mai 1948, zogen sich die letzten britischen Streitkräfte aus Palästina zurück und David Ben-Gurion verlas die israelische Unabhängigkeitserklärung. Noch in der Gründungsnacht erklärten Ägypten, Saudi-Arabien, Jordanien, Libanon, Irak und Syrien dem jungen Staat den Krieg.

9 LANG IST DER WEG

Die Nachricht, dass mit der am 14. Mai 1948 von David Ben Gurion in Tel Aviv vorgelesenen Unabhängigkeitserklärung Israel endlich ein eigener Staat war, wurde in allen DP-Lagern überschwänglich gefeiert. Über Nacht relativierten sich Dinge, über die man sich gerade noch aufgeregt hatte. Die populäre Zeitung *Unzer Weg* hatte Leonard Bernstein und sein Konzert mit den Münchner Philharmonikern scharf kritisiert, weil sie ihm nicht abnahm, dass er es mit besten Absichten gegeben habe. Ihm sei es mehr um sich selbst gegangen. Über die beiden Konzerte mit den jüdischen DPs verlor die Redaktion, wenn auch aus anderen Gründen als die deutschen Blätter, kein Wort. Für Samuel Lewis Haber war das Verhalten der jüdischen Presse nur ein weiteres Indiz dafür, dass sie »blind Tatsachen« behauptete, »ohne alle Fakten zu prüfen.« Der Berater für Freizeitangelegenheiten des AJDC war überzeugt, dass sowohl die Bewohner der DP-Lager in Feldafing und Landsberg als auch die anwesenden Soldaten sich an diese Ereignisse mit Bernstein noch »so oft wie möglich erinnern würden«.[223] Carlos Mosely war einer von ihnen. Das

Ereignis »war so bewegend and schrecklich in seiner ganzen Tragödie, dass ich mich mein ganzes Leben davor hüten musste, mich nicht zum Idioten zu machen.« Andere waren davon überzeugt, dass das Orchester so gut gespielt habe wie niemals zuvor. Die Solisten hätten ein Können gezeigt, wie sie es wohl nur aus Vorkriegszeiten von sich selbst gekannt hätten.

Das im Namen der *Scheerit Hapleitah* auftretende Orchester, das Überlebende für die Gründung des Staates Israel mobilisieren sollte, schien seine Mission erfüllt zu haben. 70 Prozent der DPs ließen sich nach dem 14. Mai 1948 für die Auswanderung registrieren. Auch die Durmashkin-Schwestern hatten längst ihre Papiere vorbereitet. Sicherheitshalber hatte Henia als Beruf »Friseurin« angeben, da sie davon ausging, dass man in Israel vor allem Juden mit handfesten, praktischen Fähigkeiten brauchte und nicht als erstes eine Sängerin. Fania wollte mit ihrer großen Liebe eine neue Existenz aufbauen, heiraten, Kinder kriegen und in ihrem Sehnsuchtsland, der wahren Heimat, gemeinsam Konzerte geben. Alles andere würde sich ergeben. Es ergab sich aber anders als gedacht. Eine Woche nach dem Bernstein-Konzert erreichte Max Beker in Fürstenfeldbruck der Einberufungsbefehl zur Israelischen Armee. Kriegsgefangenschaft, Arbeitslager, Todesmarsch, das alles wollte er nicht noch einmal durchmachen. Für ihn gab es nur einen Zukunftsort und der hieß New York. In Brooklyn lebten Verwandte aus Vilnius, die rechtzeitig vor dem Holocaust ausgewandert waren. Ob die beiden diese alles entscheidende Frage jemals thematisiert oder bisher nur erfolgreich verdrängt hatten – sie waren nicht das einzige Paar, das plötzlich mit diesem Problem konfrontiert war. Spätestens mit dem UN-Beschluss 181 vom November 1947 musste allen klar sein, dass es zu einer Eskalation des arabisch-israelischen Konfliktes kommen würde. Diese Resolution hatte das Ende des britischen Mandats sanktioniert und die Bildung von zwei Staaten, einem arabischen und einem jüdischen, vorgesehen. Während die Zionisten die Resolution 181 akzeptierten, lehnten die Araber sie ab. Der Konflikt war programmiert. »Auch alle, die nicht nach Palästina auswandern wollten,« stellen Angelika Königseder und Juliana Wetzel fest, »ließen keinen Zweifel daran, dass sie die Errichtung eines jüdischen Staates für unabdingbar hielten. [...] Auch wer nicht nach Israel auswandern wollte, wurde von der Begeisterung angesteckt und ermutigt, weil im Falle eines Scheiterns seiner Pläne nun eine sichere Alternative offenstand.«[224] Die überzeugte Zionistin Fania Durmashkin ließ sich nicht vom Gegenteil überzeugen. Sie trennte sich von Max Beker. Isai Rosmarin, dessen Mutter andere Pläne mit ihrem Sohn hatte, wäre ebenfalls gerne nach Amerika gegangen, wohin bis auf Micha Hofmekler und der Sängerin Luiba Kupritc alle übrigen Mitglieder des Orchesters auswandern wollten. Obschon Chaim Arbeitman kurz nach seiner Befreiung im Assembly Center Schwandorf »Palestine« als »desired Destination« angegeben hatte, dürfte der mittlerweile 20-jährige Geiger diesen Gedanken nie ernsthaft in Erwägung gezogen haben. Sein großes Vorbild Efrem Zimbalist leitete seit 1941 das *Curtis Institut of Music* in Philadelphia und die Begegnung mit Leonard Bernstein hatte ihn einen großen Schritt weitergebracht. Bernstein hatte zwar von einigen Musikern gesprochen, die ihm aufgefallen waren, namentlich aber nur ihn erwähnt und ihm seine Unterstützung in Amerika versprochen. »[…] ein zweiter kam nach Israel, und es gab noch einen dritten…«[225]

Die Beziehung zu ihrem Münchner Vermieter, den George Horvath nur Mr. Goldberg oder den »Gentleman« nannte, entpuppte sich für die Familie des Cellisten als Segen. Katoka »Kato« Horvath besorgte ihm den Haushalt und kochte für ihn ungarische Spezialitäten. Dafür überließ

Die beiden Konzerte mit Leonard Bernstein in Feldafing und Landsberg am 10. Mai 1948 blieben für alle Musiker zeitlebens unvergesslich. Archiv Sonia P. Beker.

er ihr Gegenstände aus seiner Wohnung wie Porzellan, Stoffe oder Mäntel. Da die Amerikaner ihren Mann für dessen Solokonzerte mit echtem Bohnenkaffee, Zigaretten, Zucker und Schokolade – im Nachkriegsdeutschland pures Gold – entlohnten, war sie öfter in der Möhlstraße unterwegs. Auf dem ebenso berühmten wie berüchtigten Schwarzmarkt im vornehmen Münchner Stadtteil Bogenhausen liefen die Geschäfte bestens: »Wir konnten eine Menge Geld auf die Seite legen.«[226] Ursprünglich wollten die Horvaths ein neues Leben in Ungarn aufbauen. Doch George Horvaths Großvater, der aus dem DP-Lager Bad Windsheim wieder nach Budapest zurückgekehrt war, hatte nichts Gutes zu berichten. Seine Erfahrungen deckten sich mit den Einschätzungen von Samuel Gringauz: »In Ungarn erklärt sich die Regierung nicht in der Lage, den Antisemitismus wirksam zu bekämpfen. Die geretteten Juden bekommen weder ihr Vermögen noch ihre Wohnungen zurück.«[227] Also hatten die weltoffenen, lebensfrohen Horvaths über Amerika nachgedacht. Aber sie sprachen kaum englisch, außerdem betrachteten die Amerikaner Leute wie sie immer noch als ein Risiko, weil sie Sozialisten oder Kommunisten sein könnten. Vielleicht doch nach Montreal oder Vancouver gehen? Als sie erfuhren, dass es in Kanada einen Farmer gab, der ungarischen Flüchtlingen helfen wollte, schlugen sie alle Bedenken in den Wind. Ein Ausländer durfte keinem Kanadier den Job wegnehmen, Canadians first, und ein Orchestermusiker musste Mitglied der Musikergewerkschaft sein: Kanada konnte also nur dritte Wahl sein. Auch wenn die Arbeit schlecht bezahlt war, die Pianistin und der Cellist hatten sich entschieden, dem Angebot des Farmers aus Hamilton so schnell wie möglich zu folgen und sich erst einmal als Landarbeiter auszugeben.[228]

Nachdem Abba Naor bereits 1947 illegal über Frankreich, wo er mit seiner Landsberger Gruppe in Paris sogar drei Wochen in einer Villa der Rothschilds verbracht hatte, nach Palästina gelangt war, hatten sich auch im DP-Lager die Verhältnisse geändert. Der *Kibbuz Lohamei Hagetaot* war aufgelöst, Kinder und Jugendliche unter achtzehn Jahren waren nach Markt Indersdorf bei Dachau oder auf andere Einrichtungen des Kibbuz Dror verteilt worden. Einige kamen nach St. Ottilien. Gleichzeitig bewegten sich ab 1947 DP-Familien in Schüben Richtung West-Galiläa, nur wenige Kilometer von der Grenze zum Libanon entfernt. Dem charismatischen Yitzak Antek Zuckerman folgend, sollte das Wirklichkeit werden, worauf sie sich mit Hebräisch-Kursen, politischen Seminaren und praktischer Arbeit in Deutschland vorbereitet hatten: »Alles, was sie wollten, war, sich zu integrieren, in Frieden zu leben, eine Familie zu gründen und Kinder aufzuziehen.[229] Die Kreuzung ihrer Geschichten als Ghetto-Kämpfer in Warschau, die Befreiung aus Konzentrationslagern, ihre Zeit als Heimat- und Staatenlose im Land der Mörder ihrer Familien und der visionäre Aufbau in Israel machten sie zu Pionieren einer säkularen, hebräischen Demokratie. Der *Kibbuz Lohamei Hagetaot* wurde 1949 offiziell gegründet. Auf einem weitläufigen Gelände entstanden Wohnungen, gemeinsame Speisesäle,

In Landsberg bereiteten sich jüdische DPs auch mit einer eigenen Armee auf ihre Zukunft in Israel vor. Archiv Gerhard Roletscheck.

Im Norden Israels gründeten ehemalige »Landsberger« den Kibbuz Lochamei HaGeta'ot, Ghetto Fighters' Haus.
Museum Ghetto Fighters' House.

Kindergärten, Schulen, Kunstateliers, Ausbildungseinrichtungen, Werkstätten und landwirtschaftliche Einheiten für ein autarkes, selbstbestimmtes Leben. Gleichzeitig wurde das erste Holocaustmuseum der Welt eröffnet, noch vor der nationalen Gedenkstätte Yad Vashem.

Bereits einige Tage vor der Proklamation des Staates Israel konnten die Mönche in St. Ottilien mit einer Erfolgsmeldung aufwarten: »Ein lang gehegter Wunsch ging durch die Auflösung des DP-Hospitals in Erfüllung,« zitierte Pater Frumentius Renner den Chronisten Pater Paulus Hörger 45 Jahre später.[230] Seine Meisterleistung bestand darin, sein Klosterdorf, das sich von Beginn an gegen das »Judenlager« zur Wehr gesetzt hatte, quasi zum Geburtsort des Staates Israel zu erklären. Er räumte zwar ein, dass man von den Ereignissen nichts mitbekommen habe und »St. Ottilien an jenem 25. Juli 1945 als Ort der Konferenztagung in eine solch hochpolitische Rolle gedrängt wurde.« Der von Zalman Grinberg und anderen initiierte Kongress, dem Pater Renner zuschrieb, auf ihr sei die Idee der Staatsgründung »definitiv beschlossen worden«, war für St. Ottilien ein Momentum, genauso wie das *Liberation Concert* vom 17. Mai 1945, bei dem die Mönche allenfalls – wenn überhaupt – Zaungäste waren: »Offenbar herrschte unter den DP-Insassen lange die Tendenz, sich in St. Ottilien einen festen Stützpunkt zu schaffen. Demgegenüber befand sich das Kloster in einem Zustand absoluter Rechtlosigkeit und wurde völlig ignoriert.«[231] Zu dem heutigen Bild St. Ottiliens als paradiesischem Ort des friedlichen Miteinanders, in dem Kranke und Schwerverletzte wiedergeboren und neues Leben nach der Schoa entstand, trug ein internationales Symposium im Juni 2018 bei, zu dem Überlebende und deren Nachfahren sowie Historiker nach St. Ottilien gekommen waren.[232] Zwischen 1945 und 1948 verzeichnete man unter Juden, wie im benachbarten DP-Lager Landsberg, die weltweit höchsten Geburtenquoten. In St. Ottilien waren fast 500 Kinder zur Welt gekommen, in Landsberg waren es 634. Während in Landsberg die Entbindungen offensichtlich ohne größere Schwierigkeiten verliefen, berichtete die staatlich geprüfte Krankenschwester und Historikerin Jael Geis von einer hohen Anzahl von Früh- und Fehlgeburten sowie von Fehlbildungen und Todesfällen unter den Neugeborenen im DP-Hospital St. Ottilien. Während der Haft in Konzentrationslagern waren Regelblutungen ausgeblieben, Eierstöcke oder die Gebärmutter verkümmert: »Es ist die Kehrseite des Babybooms, der in den jüdischen Lagern einsetzte.«[233]

In Landsberg war Major Irving Heymont aufgefallen, dass die jüdischen DPs nie nach Verhütungsmitteln fragten, im Gegensatz zu den deutschen Angestellten der US-Armee. DP-Lagerpräsident Samuel Gringauz hatte im Juli 1945 zu bedenken gegeben, dass die »Vernichtung des osteuropäischen Judentums unsere demographischen Rückgangstendenzen mit besonderer Krassheit zum Ausdruck« gebracht habe, um daraus die Konsequenz zu ziehen: »Die Wiederaufrichtung unseres zerstörten Familienlebens ist die erste Vorbedingung der Regenerationsfähigkeit des tragischen Rests des ehemaligen großartigen osteuropäischen Judentums.«[234] Abgesehen von dem Druck, durch hohe Geburtenzahlen wieder jüdisches Leben aufzubauen, empfanden es viele Paare als Genugtuung, gerade im ehemaligen Hitlerdeutschland jüdische Kinder zur Welt zu bringen. Mit der Abwanderung der DPs ab 1948 änderte sich die Altersstruktur allerdings dramatisch. Die Älteren und Gebrechlicheren blieben zurück.

Die Auswanderungsabteilung des *Joint* und der *HIAS* leisteten jede nur erdenkliche Hilfe, die sie bereits den rund 69 000 zuvor illegal Ausgewanderten hatten zukommen lassen. Ein weiteres Ereignis forcierte die organisatorisch immer noch schwer zu handhabende Auswanderung. Im Oktober 1948 machten sich jüdische Handwerker in München daran, die Mauern des Hauses Maria-Theresia-Straße 11 mit den Symbolen des nur fünf Monate zuvor gegründeten Staates Israel zu dekorieren. »Neben dem Rabbiner der jüdischen Gemeinde in München, verantwortlich für die Anbringung der Mesusa am Türpfosten, versammeln sich mehrere Vertreter des amerikanischen Militärs zu einem außergewöhnlichen Anlass: der Einweihung eines Israelischen Konsulats auf deutschem Boden nur drei Jahre nach dem Zweiten Weltkrieg.«[235]

Während die Überlebenden weiter auf ihre Auswanderung warteten, begannen die Deutschen, sich aus reumütigen Sündern in wehklagende Opfer zu verwandeln. Bis zu den Nürnberger Prozessen waren sie bereit gewesen, sich mit der Schuldfrage auseinanderzusetzen. Danach wandelte

Ab Oktober 1948 war das Israelische Konsulat in München die Anlauf-
stelle für Juden in Bayern. USHMM.

sich das Bild. Nicht jeder einzelne selbst, sondern allein die
Naziführer hatten zu ihrem Elend beigetragen. Die umstrit-
tene Frage, wer, wo, wann den Massenmord an den Juden
erfunden hatte, beantwortet der amerikanische Historiker

Abraham J. Peck: In Landsberg, die Stadt, in der Adolf Hitler sein Hetzwerk *Mein Kampf* geschrieben und wo er ideale Haftbedingungen vorgefunden hatte.[236] Pecks Eltern Anna und Shalom waren am 22. August 1945 noch ahnungslos in das DP-Lager am Lech gekommen, nachdem sie im Ghetto von Lodz 1943 geheiratet hatten, getrennt wurden und unter anderem die Konzentrationslager Auschwitz, Stutthof, Buchenwald und Theresienstadt überlebten. Pecks Mutter hatte sogar die alliierten Bombenangriffe im Februar 1945 auf Dresden unversehrt überstanden.

Dresden gab auch Ernie Mälzer als letzte offizielle Meldeadresse an, als sie am 25. Mai 1946 mit ihrem kleinen Sohn Karl-Heinz auf Wohnungssuche bei Landsberger Behörden vorstellig wurde. Leute wie sie fielen in der vor Flüchtlingen und befreiten Juden überquellenden Stadt nicht auf. Aber sie brachten sich zunehmend wieder in Stellung. Ernie Mälzers neue Unterkunft in einem langgestreckten zweigeschossigen Gebäude, 1867 vom königlichen Notar Gabriel Zech erbaut, die sie mit anderen »Obdachlosen« teilen musste, war ihr bald nicht mehr standesgemäß genug. Sie war schließlich nicht irgendeine Offiziersgattin, sondern die Frau des zuletzt zum Stadtkommandanten von Rom ernannten General Kurt Mälzer, der im mondänen Hotel Excelsior auf der Via Veneto residierte. Der gewöhnlich stark angetrunkene »König von Rom« hatte seine Karriere im März 1937 als erster Kommandant des Kampfgeschwaders 255 und des Luftwaffenstützpunktes Penzing bei Landsberg am Lech im Dienstgrad eines Oberstleutnants begonnen.[237] Mälzer war einer der Verantwortlichen für die Massaker in den Ardeatinischen Höhlen, bei denen am 24. März 1944 335 italienische Zivilisten, darunter 75 jüdische Geiseln, getötet wurden. Von Landsberg aus beobachtete Ernie Mälzer das weitere Schicksal ihres Mannes.[238] Am 29. Juni 1947 wurden Mälzer und sein Vorgesetzter, Generaloberst Eberhard von Mackensen, zunächst zum Tode verurteilt, später von einem britischen Militärgericht zu lebenslänglichem Zuchthaus verurteilt. Beide wurden in das britische Kriegsverbrechergefängnis nach Werl gebracht, dem »Landsberg der Engländer«.[239]

Die Nachfolge Kurt Mälzers hatte Horst Korte angetreten. Korte war ab dem 2. Februar 1944 Kommandeur der 2. Flieger-Division, die nach ihrer Auflösung zur Aufstellung des Kommandierenden Generals der Deutschen Luftwaffe, Albert Kesselring, in Italien verwand wurde. Nachdem Korte im Mai 1945 von den Briten gefangen genommen wurde, blieb er bis Ende Oktober 1947 in Werl inhaftiert, wo zur gleichen Zeit auch Kurt Mälzer einsaß. Die Briefe von Landsbergs Oberbürgermeister Ludwig Thoma an Hans Korte lassen eine schon längere vertrauliche Beziehung vermuten. Seit 1937 Mitglied der NSDAP, war der Jurist Thoma während des Zweiten Weltkriegs Landrat von Schongau, zugleich zeitweise vertretender Landrat in Landsberg am Lech, und ab Dezember 1943 Militärverwaltungsrat in Italien mit Sitz in Rom. Am 4. Februar 1947 wurde er durch die Spruchkammer Schongau als »Minderbelasteter« eingereiht.[240] Korte lebte in Landsberg ab November 1947 in einem Wohnhaus am Rande der Schwaighofsiedlung, in dem im Erdgeschoss die Gärtnerei des Bayernparteimitglieds Johann Ettner untergebracht war.[241] Von dort aus organisierte er den Widerstand gegen die Amerikaner und für die im War Criminal Prison inhaftierten Landsberger. In der Öffentlichkeit trat er immer noch in seinem von Epauletten befreiten Generalsmantel auf, aber er war nur noch lokaler Agent eines großen deutschen Versicherungsunternehmens.[242] Seine Hauptbeschäftigung bestand darin, zunächst mit Karl Morgenschweis und der Unterstützung des parteilosen, der CSU nahestehenden Landsberger Oberbürgermeisters Ludwig Thoma, ein Netzwerk aufzubauen, das Altnazis und Antisemiten weltweit mit den Informationen versorgte, die sie benötigten, um die Landsberger im Gefängnis am Hindenburgring vor dem Strang und weiteren Jahren hinter Gittern zu bewahren.[243] In 100 als »persönlich – nicht für die Presse« angefertigten Rundbriefen, in denen Displaced Persons als »Dubiose Personen« vorkommen, informierte er minutiös über Anwaltsgespräche, die Anzahl der Gefangenen, parteiische Richter, von in Amerika ansässigen feindlichen Cliquen, aber auch über die Verbindungen zum Republikaner und antikommunistischen Verschwörungstheoretiker Joseph McCarthy, von unter primitivsten Verhältnissen in München »arbeitenden Stellen«, die auf ihrer Seite standen, wohl gesonnenen Politikern, Hilfsorganisationen und kirchlichen Institutionen.[244] Es war nur die Spitze des Eisbergs. Die Camouflage eines entlasteten Nazi-Oberbürgermeisters im Gewand des lupenreinen Demokraten Ludwig Thoma überzeugte nachhaltig. Ihr glaubten sogar die Mitglieder der an sich geschichtskritischen Bürgervereinigung, die 1987 in einem Schreiben an das Bundesverteidigungsministerium eine Umbenennung des ehemaligen Rüstungsbunkers, in denen über 6000 Juden zu Tode gekommen waren, in »Oberbürgermeister-Ludwig-Thoma-Kaserne« vorschlugen.[245]

Als im Oktober 1948 das Stadtoberhaupt mit einer Delegation, darunter Stadträte und Bürgermeister Ettner, dem DP-Lager zum ersten und einzigen Mal einen Besuch abstattete, stellte Thoma anschließend fest, er sei überrascht »von dem Fleiß und der Arbeitsintensität dieser Leute«. Es herrschten zur großen Überraschung einiger Besucher Sauberkeit und Ordnung und nicht die erwartete »Ungeziefer-Gefahr.«[246] Thoma konnte nicht entgangen sein, dass sich einige jüdische DPs als vorbildliche Arbeitgeber für Landsberger Bürger empfohlen hatten. Er hatte mit dafür gesorgt, das ihnen zuvor von den Amerikanern konfiszierte und übergebene Geschäfte wie das »Kaufhaus Hecht« wieder abgenommen wurden. Der ursprüngliche Zweck der Visite war eine Überprüfung der von den DPs beanstandeten schlechten Wohnverhältnisse. Obschon man diese Behauptung bestätigt sah, änderte sich nichts. Vielmehr setzte die Stadtverwaltung auf eine schnelle Auflösung des DP-Lagers.[247]

Mit den Urteilsverkündigungen der Nürnberger Nachfolgeprozesse wurden die Verurteilten ab November 1947 in das War Criminal Prison überstellt. Die ohnehin äußerst angespannte Situation auf dem Wohnungsmarkt verschärfte sich nochmals, da auch Unterkünfte für die Angehörigen benötigt wurden. Einer der prominentesten Neuzugänge war der zum Tode verurteilte SS-Obergruppenführer und General der Waffen-SS Oswald Pohl. Als Leiter des SS-Wirtschafts-Verwaltungshauptamtes (WVHA) war er maßgeblich an der Durchführung des Holocaust beteiligt. Im Gegensatz zu Ernie Mälzer legte Pohls Ehefrau Eleonore die Rolle der Grande Dame ab, ihre Überzeugung für den Nationalsozialismus aber behielt sie bei. Nie hatte sie Skrupel gehabt, die sich durch ihren Status als Frau einer Nazi-Größe ergebenden Vorteile zu nutzen. Als sie von Oswald Pohl, mit dem sie in dritter Ehe verheiratet war, ein Kind erwartete, ließ sie sich in die KZ-Schneiderei von Dachau fahren und die Häftlinge für sich arbeiten. Ähnlich hatte sie es auf Gut Comthurey im Mecklenburgischen gehalten, wo die Pohls einige Zeit residierten, und sich mit Kleidung und Schuhen aus dem nahe gelegenen Frauenkonzentrationslager Ravensbrück eingedeckt.[248] Die Korruption der Nazi-Eliten kannte keine Grenzen, »eine ungeheuer aufgeblasene, neureiche Bourgeoisie«, wie Sebastian Haffner bemerkte, »nur von den Schichten wahrgenommen, die mehr Bildung und einen besseren Geschmack hatten.«[249]

Eleonore Pohl wuchs schnell in ihre neue Rolle hinein, sie war jetzt nur noch die »Frau an der Seite des Todeskandidaten.«[250] Neben der Hilfestellung für andere stand ihr Mann im Zentrum ihres Denkens und Tuns. Sie besuchte ihn so oft wie möglich, fuhr mit dem Motorrad oder einer Vespa, Tochter Heilwig huckepack auf dem Rücken, von Brünings-Au nach Landsberg. Die Hotels stellten den Angehörigen kostenlos Zimmer zur Verfügung, Bahnkarten gab es umsonst. Mit von der Partie war stets der zum Oberpfarrer aufgestiegene Karl Morgenschweis. Lesen und Schreiben waren hinter den Mauern erlaubt und so landeten Bücher und zusätzliches Papier bei Oswald Pohl. Dem floss es nur so aus der Feder. Unter der Obhut seines Seelenführers hatte sich eine beachtenswerte Wandlung vollzogen. Aus dem in besseren Zeiten keiner Feier abgeneigten Gesellschaftslöwen war ein introvertiertes, gläubiges Lamm geworden. Für Morgenschweis war Pohl »ein Offizier vom Scheitel bis zur Sohle, erfüllt von innigem Gebetsgeist, von Bekennermut und apostolischem Eifer, aber auch von inniger Dankbarkeit und Demut gegen Gott in der Bereitschaft dort Schuld zu bekennen, wo Schuld ist, und diese Schuld zu büßen.« Im kleinen Landsberger Kosmos vollzog Morgenschweis noch einmal das, was schon bei den Nationalsozialisten so hervorragend funktioniert hatte. Gewalttätig? Waren die anderen! Und wenn, dann nur, weil man sie dazu gezwungen hatte. An dem amerikanischen Hochkommissar John McCloy aber prallte die christliche Reinwaschung ab: »Einen Menschenschinder seines Ausmaßes hat es wahrscheinlich nie vorher in der Geschichte gegeben.«[251] Wie überzeugt war Eleonore Pohl von der Veränderung ihres Mannes? In Morgenschweis sah sie einen interessanten Gesprächspartner. Ihr Vertrauter und Ratgeber aber wurde der für die Novizenausbildung verantwortliche Benediktinermönch Pater Chrodegang. Er betraute die gelernte Grafikerin mit der Gestaltung des jährlich erscheinenden Missionskalenders und ermöglichte ihr und ihrer Tochter unter anderem einen Ferienaufenthalt im Kloster. Ob sie sich jemals ernsthaft mit dem Gedanken trug, zum Katholizismus überzutreten, darf bezweifelt werden. So schnell wechselte eine Eleonore Pohl nicht die Seiten.[252] Sie orientierte sich weiter an den Idealen ihrer toten wie noch lebenden Gesinnungsfreunde, vor allem, als es darum ging, wieder einmal härteste Aufgaben ohne Wehklagen durchzustehen. Der von ihr immer noch bewunderte Heinrich Himmler mit seinem Glaubensgrundsatz von »Blut, Auslese, Härte«, den er in seiner Posener Rede am 4. Oktober 1943 zusammen mit der erstmals offen ausgesprochenen Judenvernichtung verkündet hatte, das war ihre Welt. Ihre Nachkriegswelt erzielte im Herbst 1948 einen ersten Triumph. Die Inhaftierten waren in einen Hungerstreik getreten. Der Kölner Kardinal Frings hatte am 29. Oktober 1948 an den amerikanischen Präsidenten Truman telegrafiert: »Namens der deutschen Bischöfe bitte ich dringend um einen Stopp der Hinrichtungen in Landsberg. Fortsetzung der Exekutionen wirft Völkerversöhnung um Jahre zurück.«[253] Es war ein erster Sieg für Eleonore Pohl und ihre neue Familie am Lech.

Für die Mitglieder des Orchesters ging es nicht so schnell voran, wie sie gehofft hatten. Nach außen hatten sie sich zwar vergrößert, wie sie ihr Publikum ausdrücklich wissen ließen: Auf vorgedruckten Standardplakaten, auf denen sie individuell den Veranstaltungsort eintragen konnten, kündigten sie »Große Konzerte« mit »einem Bestand von 21 Personen« an. Das Programm enthielt neben klassischen Werken jüdische und Ghetto-Musik, auch hebräische Kompositionen wurden jetzt ausdrücklich erwähnt. Weder als Dirigent noch als Konzertmeister aber tauchte Micha Hofmekler auf. An seine Stelle waren Elias Borstein und Boris Stupel getreten. Außerdem gaben einige Musiker kleinere Konzert als Solo-Auftritte in Eigenregie. Die Welt der DPs um sie herum löste sich spürbar auf. Jüdische Zeitungen wie Unzer Weg und die Landsberger Lager-Zeitung, die ab Oktober 1946 in Hebräisch gedruckt wurde, stellten ihr Erscheinen ein. Die älteste unter ihnen, *Nitzotz*, der Funke, erschien 1948 in München und Landsberg zum letzten Mal. Wie keine andere Publikation symbolisierte ihr Aus das Ende eines langen Kampfes. In Kaunas hatten sich 1940 Abiturienten ehemaliger hebräischer Gymnasien zusammengeschlossen, um mit dem Untergrundblatt gegen die sowjetische Annexion zu protestieren, mit der in Litauen ein Verbot der hebräischen Sprache verbunden war. Unter weiterhin zionistischen, jetzt aber auch antinazistischen Vorzeichen, setzten sie ihre Aktivitäten im Kovno Ghetto und nach der Umwandlung des Ghettos in ein Konzentrationslager fort. »Als einziger der Redakteure des *Nitzotz* hatte Selimar Frenkel überlebt«, der beschloss, die Zeitung nach seiner Deportation nach Kaufering unter schwierigsten KZ-Bedingungen fortzuführen.[254] Seine intellektuelle Schärfe und Weitsicht waren überragend. Noch während der Lagerhaft hatten Frenkel und andere Aktivisten wie Samuel Gringauz von den zukünftigen Aufgaben, Hürden und Hemnissen der *Scheerit Hapleitah* gesprochen und sie in größere Zusammenhänge der Weltpolitik gestellt.[255]

Eine der letzten Ausgaben der bereits im Kovno Ghetto gegründeten Untergrundzeitung »Nitzotz«. Museum Ghetto Fighters' House.

Rund 3700 Kilometer von Deutschland entfernt sorgte derweil Leonard Bernstein in Israel für größte Irritationen. Er sollte mit seinem Konzert, das er sechs Monate vorher in Feldafing und Landsberg angekündigt hatte, indirekt in die Militärgeschichte des jungen Staates eingehen. Schon der Ort des Ereignisses schien befremdlich. Inmitten einer archäologischen Ausgrabungsstätte, deren hohe Mauern ein dreiseitiges Amphitheater bildeten, wurde eine behelfsmäßige Bühne errichtet. Ein wenig erinnerte die Szene an das *Liberation Concert* von St. Ottilien. Verwundete Soldaten, die mit Krankenwagen aus dem nahegelegenen Krankenhaus von Be'er Sheva transportiert worden waren, mischten sich mit »Männern und Frauen der Frontarmee, Juden aus Palästina, dem britischen Commonwealth und den USA, aus Marokko, dem Irak, Afghanistan, China, dem Baltikum, sogar einer aus Lappland«, berichtete der südafrikanische Schriftsteller Colin Legum.[256] »Wahrscheinlich hatte kein Konzert von Bernstein und dem Israel Philharmonic, oder von irgendjemand anderem«, mutmaßte die Journalistin Susan Gold, »eine so außergewöhnliche Wirkung wie jenes am 20. November 1948, mitten im Unabhängigkeitskrieg des winzigen neuen Staates, als fast die gesamte arabische Welt angriff.«[257] Ab 15. 30 Uhr spielte er mitten in der Wüste vor einigen Tausend Zuhörern (die Zahlen variierten zwischen 1000 und 5000) drei Konzerte hintereinander: jeweils Mozarts KV 450 in B-Dur, Beethovens Erstes Klavierkonzert – und als anspruchsvolle Zugabe Gershwins

Rhapsody in Blue. Diese Menschenaufläufe hatten ägyptische Flugzeuge in allerhöchste Alarmbereitschaft versetzt. Umgehend zog Ägypten seine Truppen aus Jerusalem zurück, um sie für einen offenbar unmittelbar bevorstehenden israelischen Angriff im Negev zu verlegen.

Konzertbesucher hatten von einem Geiger berichtet, der während des Konzerts Bernsteins ins Rutschen geratenen Stuhl gestützt hatte. Es war nicht Micha Hofmekler, der auf die Fortsetzung seiner Karriere bei der Israelischen Philharmonie gesetzt hatte. Abba Naor traf ihn in Jerusalem wieder: »Seine Verwandtschaft hat ihm die kalte Schulter gezeigt, obwohl doch ein Cousin in dem Orchester Geiger war.« Der von Naor seit den Tagen aus dem Kovno Ghetto bewunderte Hofmekler verdingte sich mittlerweile als Pausengeiger im berühmten Hotel King David und hielt die Gäste mit seinem virtuosen Spiel bei Laune.

Leonard Bernstein gab im November 1948, wie in Landsberg versprochen, sein erstes Konzert in Be'er Shava, Israel. US Congress Library.

1948–1951

10 NIE WIEDER!
UND EIN SPÄTES
»FÜR IMMER WIEDER!«

Ein feierliches Abendessen beendete das Kapitel des jüdischen Orchesters überlebender Musiker des Holocaust
im Nachkriegsdeutschland. Wie man kollektive Erfahrungen individuell wahrnimmt, ob man sich von ihnen lösen
kann, ob man das überhaupt möchte, diese Überlegungen
waren an diesem 26. März 1949 im Kreis von Freunden
und Verwandten kein drängendes Thema. Fania und Henia Durmashkin planten jedenfalls, mit dem Orchester in
Israel weiter aufzutreten.[258] An die Stelle des *Looking and
looking away,* das ihr Repertoire bestimmt hatte, war ein
looking forward getreten.

Die Bilanz der führenden Köpfe der *Scheerit Hapleitah*
fiel nüchterner aus. Das Gefühl der Desillusionierung und
Enttäuschung, das sie fast seit Beginn ihrer Befreiung begleitet hatte, hatte sich nur noch verstärkt. Allen war der
Wunsch nach einer Heimat in Palästina gemein. Er ging
gleichzeitig mit dem Bedürfnis nach neuen Zielen einher.

Zalman Grinberg hatte bei der ersten Konferenz der Überlebenden erklärt, sie dürften sich nicht damit zufriedengeben, lediglich überlebende Kaddischbeter[259] zu sein. Abraham Peck verweist darauf, dass ein anderer Ideologe der
Scheerit Hapleitah, Menachem Sztajer, bereits im Oktober
1946 gefordert habe, sich grundsätzlich mit der Rolle und
dem Zweck des geretteten Rests auseinanderzusetzen, indem er fragte, ob die »*Scheerit Hapleitah* ein zufälliger Be-
griff für die Überlebenden eines zerstörten Volkes sei oder
ob er eine Revolution bedeute – eine Renaissance des jüdischen Lebens?«[260] Sie hatten sogar die Einführung eines
neuen Feiertages im jüdischen Kalender vorgeschlagen, um
derer zu gedenken, die als Märtyrer für die Heiligung des
Namens Gottes gestorben seien. Statt positiver Antworten
hielten ihnen die rabbinischen Behörden entgegen, dass
die Überlebenden kein Recht hätten, für das gesamte jüdische Volk Gesetze zu erlassen.[261] In einer der letzten Ausgaben von *Undzer Veg* räsonierten die Herausgeber: »Wir
waren eine Gesellschaft von Juden, keine politische Partei. Sicherlich waren wir ein Faktor bei der Befreiung von
Menschen, aber wir waren die Ausführenden von Befehlen. Sicher, wir hätten Herzen entflammen können, hätten die Richtung der Geschichte ändern können – und das
nicht nur politisch. aber das ist nicht geschehen. Es könnte
sein, dass die Aufgaben zu groß waren und die Menschen
zu wenige.« Der Appell Samuel Gringauz' an die jüdische und nichtjüdische Welt musste geradezu naiv klingen: »Unsere Tragödie muss der Ausgangspunkt für einen

neuen Humanismus werden.« Langsam, aber sicher, verließen immer mehr Überlebende Europa. Rund eine Vier-
telmillion ging nach Israel und über einhunderttausend
emigrierten nach Amerika, die meisten mittellos, körper-
lich und seelisch ausgelaugt und mit persönlichen Verlus-
ten konfrontiert, die mit Worten und Zahlen nicht zu be-
schreiben sind. »Aber sie kamen auch mit der Stimme, die
dem Überleben einen Sinn geben wollte, um das Gefühl
zu überwinden, lebende Leichen zu sein, die der Gnade einer gefühllosen Welt ausgeliefert sind.«[262]

Die Menschen, die den Staat Israel aufbauen sollten,
stellte sich David Ben Gurion anders vor. Einen Vorgeschmack bekamen bereits diejenigen, die im israelischen
Konsulat in München vorstellig wurden. Kranke und Äl-
tere hatten wenig Chancen. Andere, die bereits ein Zerti-
fikat für die Ausreise hatten, wie die Eltern von Abraham
Peck, machten von sich aus einen Rückzieher: »Bei meinem Vater hatte man eine Lungenkrankheit diagnostiziert
und er durfte nicht reisen.« Außerdem betrachteten sie Israel nach dem Kriegsausbruch 1948 nicht mehr als das
richtige Land für ihr dreieinhalbjähriges »Wunderkind«.[263]
Es sollte in Frieden und in Sicherheit aufwachsen, sodass
die Pecks im November 1949 vom DP-Lager Landsberg
via Bremerhaven nach Amerika ausreisten. In Israel ver-
körperten die Überlebenden des Holocaust das, was man
am allerwenigsten gebrauchen konnte. Die Makel- und
Mängelliste war der israelischen Historikerin Idith Zertal
zufolge, deren Vater gegen die Nazis gekämpft hatte, er-

heblich: »Sie waren zu alt; die meisten von ihnen wurden in der Diaspora geboren und waren nicht ›Söhne des Landes‹.[264] Der Jischuw, die jüdische Bevölkerung und das jüdische Gemeinwesen in Palästina vor der Gründung des Staates Israel, sah die Diasporajuden aus Europa mit größter Skepsis, gar Feindseligkeit an. Sie trugen weder »verstaubte Kriegsausrüstung« noch den »Tau hebräischer Jugend.« Schlimmer noch – sie würden sich weiterhin ihrer »diasporahaften Mittel« bedienen: Handel, Geldtransfer, die Kunst und List des Überlebens, allesamt Aktivitäten in der Zone des Zwielichts zwischen Erlaubtem und Verbotenem, die das neue und stolze Hebräische nunmehr zu bedrohen schienen.[265] Das Zeugnis der Überlebenden war unerwünscht. Die Vergangenheit sollte den Toten gehören, sie passte nicht zum neuen Staat und seinen Vorstellungen von einer eigenen »Stunde Null«. Noch nicht.

Währenddessen hoffte man auch in Deutschland, endlich die Last der jüngsten Geschichte zu überwinden. In der bundesdeutschen Öffentlichkeit war das Landsberger Kriegsverbrechergefängnis ein Reizthema und spielte für die nationale Identifikation eine große Rolle.[266] Nichts fürchteten die Lechstädter daher mehr als um den Ruf ihres malerischen Idylls. Im August 1950 war die im französischen Sektor Berlins erscheinende Zeitung »Der Kurier« auf ihren, wie die Redaktion der *Landsberger Zeitung* ihre Leser wissen ließ, Schreibtisch in Landsberg geflattert. Man müsse nur dieses Blatt lesen, um zu wissen, was in der eigenen Stadt los sei. Überall hätten »die Brüder«, die Landsberger Displaced Persons, ihre Hand im Spiel. Gemeint war der Schwarzhandel, an dem sich die Beschwerenden selbst beteiligten. Obschon Landsberg bis zur Deportation der Juden aus Osteuropa 1944 wenig Berührungspunkte zu Juden und jüdischem Leben hatte, abgesehen von einer kleinen Gemeinde bis zu den Rintfleisch- und Armlederpogromen 1298 und 1348 und einigen jüdischen assimilierten Familien bis 1938 (sie konnten alle rechtzeitig die Stadt verlassen), waren sie ihnen ein Dorn im Auge. Auch herrschten im Gefängnis der Amerikaner grausame Zustände, von denen, so die empörte Lokaljournaille zum Beitrag aus Berlin, weiß Gott keine Rede sein könne. Schließlich würden sich für sie der Münchner Johannes Bischof Neuhäusler und der württembergische Landesbischof Theophile Wurm einsetzen. Ihren eigenen Anteil an der Massenhysterie unterschlugen die schreibenden Lokalpatrioten. Von Romantik war also weit und breit noch nichts zu spüren. Höchste Zeit, ein neues Narrativ zu schreiben. Das DP-Lager war seit November 1950 geräumt. Wer nicht nach Israel oder Amerika ausgewandert war, zog beispielsweise in das DP-Lager Föhrenwald bei München. Für die Landsberger sollten der Krieg, die Verfolgung und Vernichtung der Juden, das ganze Dritte Reich überhaupt, eine unerwünschte Episode werden, die es schleunigst zu vergessen galt.[267] Den Amerikanern und ihren Familienangehörigen wollten sich die Deutschen endlich wieder von ihrer besseren Seite zeigen. Aus diesem Grund war 1950 auch die Idee zur »Romantischen Straße«

in Augsburg aus der Taufe gehoben worden. Landsberg
war von Anfang an mit dabei. In der Stadt selbst hatte
man als eine der »ersten vergangenheitspolitischen Aktivitäten nach Gründung der Bundesrepublik am 23. Mai
1949« beschlossen, »die historischen Gebäude und Anla-
gen der Stadt zu beleuchten und sie so in das Bewusstsein
von Bürgern und Touristen zu bringen.«[268]

Unter den insgesamt bis 1958 im WCPL inhaftierten 1659 Personen war Oswald Pohl[269] der wohl bekannteste Todeskandidat. Warum ausgerechnet ihm die meisten Sympathien galten, fragte sich nicht nur der deutsche
Jurist Robert Kempner, der bei den Nürnberger Prozessen als Stellvertreter des amerikanischen Chefanklägers
Robert H. Jackson tätig war und der das Wannsee-Konfe-
renz-Protokoll entdeckt hatte. Pohl hatte sich am 12. Februar 1950 zum katholischen Glauben bekannt und noch
im selben Jahr mit Hilfe seines Seelenhirten Karl Morgenschweis das Buch »Credo. Mein Weg zu Gott. Von General der Waffen-SS a. D. Oswald Pohl« verfasst. Aus einem
der schlimmsten Nazi- und Kriegsverbrecher war für den
katholischen Geistlichen eine Art Heiliger Augustinus geworden. Da die ganze Welt von dieser Metamorphose erfahren sollte, hatte Morgenschweis die Druckerlaubnis seiner Kirche eingeholt.

»An die Stelle der arroganten und stolzen Volksgemein-
schaft während der NS-Herrschaft«, stellt der französische
Journalist Olivier Guez fest, »war ein Kollektiv ständig
jammender narzisstischer Opfer getreten, unter frem-

der Besatzung, als Beute seines unseligen Schicksals. Gefangenschaft, Hunger, Kälte, Elend, Hass, Tauschhandel, Schwarzmarkt, Zerstörung, Ruinen, Vertreibung und Enteignungen – all diese gemeinschaftlichen, schmerzvollen Demütigungen und Erlebnisse schweißten die Deutschen zusammen und bildeten ihre neue Wertegemeinschaft.«[270] Diese in Deutschland weit verbreitete Stimmung war »in Landsberg in besonders intensiver Form ausgebildet.«[271] An die Spitze dieser Opfertruppe stellte sich noch Helene Elisabeth Prinzessin zu Isenburg, die sich selbst zur »Mutter der Landsberger« ernannte, und bei der, wie Norbert Frei feststellt, »im Alarmzustand des Spätherbstes 1950 sämtliche Sicherungen, so es sie jemals gegeben hat, durchgebrannt waren.«[272] In der Wirklichkeit der Adeligen war nämlich alles ganz anders. Allerdings hätte man sich wie sie der Mühe unterziehen müssen, bei den zum Tode Verurteilten eine psychologische Tiefenbohrung vorzunehmen. Am 4. November 1950 hatte sie sich schriftlich an Papst Pius XII. gewandt: »Ich kenne jeden, um den es hier geht. Niemand kann mehr von Schuld oder Verbrechen reden, der in ihre Seelen geschaut hat […]. Ich bitte Dich Heiliger Vater, ganz im Vertrauen, die Mutter der Landsberger, demutsvoll verbunden mit der Bitte, die Vollstreckung der Todesurteile zu verhindern.« Von Isenburg galt als strenggläubige Katholikin, war aber von den Nationalsozialisten als »politisch zuverlässig« eingestuft worden und mit dem Professor für Sippen- und Familienforschung Wilhelm Prinz von Büdingen verheiratet. Kurz nach Kriegsende war eine Vielzahl von Organisationen aus der Taufe gehoben worden, darunter die »Arbeitsgemeinschaft zur Rettung der Landsberger Häftlinge«, der »Arbeitsausschuss für Wahrheit und Gerechtigkeit«, das »Komitee für kirchliche Gefangenenhilfe«, das »Hilfswerk der helfenden Hände« oder die »Stille Hilfe«. Der Spiegel stellte zu ihrem Engagement fest: »Die Prinzessin kann so um Menschlichkeit bitten, weil sie im braunen KZ-Alter mutig für die Häftlinge eingetreten ist.« Das entsprach zwar nicht den Tatsachen, dafür durfte sie im selben Beitrag auf die Frage, warum sie sich ausgerechnet um diese Häftlinge kümmere, antworten: »[…] an die Landsberger Häftlinge denkt keine Organisation und ihre Angehörigen bekommen keine Unterstützung. Wenn es heute noch verfolgte Juden gäbe, ich würde mich ihrer genauso annehmen.«[273] Darauf musste man erst einmal kommen: Die in DP-Lagern zusammengepferchten Überlebenden waren keine Verfolgten mehr, aber irgendjemand musste sich um die Mörder ihrer Familien kümmern.

Isenburgs Bruder im Geiste, Karl Morgenschweis, konnte bereits erste Erfolge verbuchen. Gewieft mit allen weltlichen Tricks, hatte er unter seiner Soutane nicht nur Tabak, Seife oder Schreibutensilien für Oswald Pohl versteckt, sondern auch Dokumente und Kassiber für andere Häftlinge und deren Anwälte.[274] Im Malmedy-Fall, bei dem Angehörige der 1. SS-Panzerdivision »Leibstandarte SS Adolf Hitler« am 17. Dezember 1944 achtzig amerikanische Soldaten erschossen, obschon sie sich ergeben hatten, schaffte Morgenschweis das gesamte Material erst in und dann aus dem Gefängnis wieder heraus. Die Schriften erhielt Kardinal Neuhäusler. Mit Befriedigung äußerte sich Morgenschweis später, dass dadurch letztlich die 43 zum Tode Verurteilten gerettet werden konnten: »Es ist kein einziger gehängt worden, alle sind rausgekommen in guten Courtagen, die Waffen-SS-Männer, auch Peiper ist frei geworden.«[275] Jochen Peipers Anwalt Rudolf Aschenauer hatte nichts unversucht gelassen, um seinem Mandanten zu helfen. 1949 nahm er Kontakt zu dem damals noch recht unbekannten, rechtskonservativen und erklärten Gegner der demokratischen Truman-Regierung, Senator Joseph McCarthy auf.[276] In McCarthys Heimat Wisconsin lebten viele deutsche Auswanderer. Sie und die amerikanische Öffentlichkeit sollte der aufstrebende McCarthy über die untragbaren Zustände in Deutschland aufklären. Es kam zu einer Anhörung im US-Senat, in dem der »Kommunistenfresser« McCarthy behauptete, dass die Verurteilungen im Malmedy-Prozess ausschließlich mit Hilfe von durch Folter erpressten Geständnissen zustande gekommen seien. Obschon die daraufhin eingesetzte Simpson-Kommission die Beschuldigungen untersuchte, konnte sie die Foltervorwürfe nicht bestätigen. Sie stellte jedoch fest, dass die Voruntersuchungen nicht korrekt ausgeführt worden waren. Das reichte aus, um die Rechtmäßigkeit des Verfahrens infrage zu stellen. McCarthy hatte sich einen Namen gemacht, und Aschenauer konnte bei Teilen der deutschen Presse punkten.

»Heute sitzen in Landsberg noch etwa 500 Häftlinge. Die 28 zum Tode Verurteilten, über deren Schicksal in den nächsten Wochen McCloy – für Nürnberg – und General Handy – für Dachau entscheiden wird, verteilen sich auf folgende Prozesse: [...] Wie breit die düstere Skala dieser Verfahren ist,[...]«, wurde im Protokoll der politischen Redaktion des Zeitfunks[277] festgehalten, der sich ansonsten distanziert zu den Landsberger Kampagnen äußerte.[278] Bestochene Zeugen, jüdische Richter, keine umfassende Rechtsausschöpfung, unterschlagene Beweise, Folter – so lauteten die Vorwürfe, mit denen man auch deutschlandweit die Siegerjustiz anprangerte. In der Stadt gärte es. Auch deshalb hatte der Bundestagsabgeordnete Gebhard Seelos von der Bayernpartei zur Demonstration aufgerufen. Am Freitag, 5. Januar 1951, hatte er in Bonn Gerüchte vernommen, denen zufolge die Hinrichtungen der letzten 28 Verurteilten unmittelbar bevorstehen würden. Eile war geboten. Am Samstag und selbst noch vor der Veranstaltung fuhren Lautsprecherwagen, von einem Landsberger Elektrogeschäft kostenlos zur Verfügung gestellt, durch die Stadt und forderten die Bevölkerung zur Teilnahme auf. Auf dem Hauptplatz, auf dem 1945 jüdische DPs noch gegen die Palästinapolitik der Briten demonstriert hatten, fanden sich Schätzungen zufolge zwischen 3000 und 4000 Menschen ein, rund ein Drittel aller Bürger der Stadt. Untereinander hatten sich die Hauptredner laut Stadtratsprotokoll verständigt, ausschließlich über die »Methoden« im WCPL zu reden, für Menschenrechte, die Völkerversöhnung und den Friedenswillen.[279] In der neuen Bundesrepublik war die Todesstrafe abgeschafft. Im Kern ging es aber darum, demonstrativ eine Solidaritätsadresse nationalpolitischer Couleur in die Welt zu setzen. Sie sollte, nein, sie musste diese amerikanische Barbarei endlich zur Kenntnis nehmen. Der CSU-Bundestagsabgeordnete Richard Jäger verglich die gegen die Kriegsverbrecher verhängten Todesurteile mit den Todesstrafen des NS-Regimes und erntete Beifall. Mit derselben Inbrunst, mit der er sich gegen den Vollzug der Todesstrafe einsetzte, plädierte er in den 60er Jahren für deren Wiedereinführung und ging damit als »Kopf-ab-Jäger« in die Geschichte ein. »Selten in der Geschichte der Bundesrepublik wurde eine derart erbitterte vergangenheitspolitische Debatte geführt wie vor 60 Jahren. In ihrem Zentrum stand das beschauliche Städtchen Landsberg am Lech, wo in besonderer Weise deutsche Schuldabwehr und das Verlangen der Überlebenden nach der Aufarbeitung der NS-Verbrechen aufeinanderprallten«, kommentiert der Historiker Jens-Christian Wagner am 27. Januar 2011.[280] »Das größte Verbrechen in der Geschichte der Menschheit« waren für den Redner des Bundes der Heimatvertriebenen und Entrechteten, BHE, aber nicht die Verbrechen der Nazis. Er sah es vielmehr in dem Massensterben, das durch Flucht und Vertreibung seiner Landsleute aus ihrer Heimat hervorgerufen worden war. Für den Landsberger CSU-Landtagsabgeordneten Franz Michel ging es um die »Rettung des christlichen Abendlandes« schlechthin.[281]

Rund 4000 Landsberger versammeln sich am 7. Januar 1951 auf dem Hauptplatz. Gegen Ende der Demonstration fordern sie: »Juden raus!«. Stadtarchiv Landsberg.

Wähnte man sich Jäger zufolge bei der Demonstration auf dem Hauptplatz in würdiger Eintracht unter seinesgleichen, fand die Harmonie mit der Ankunft von sieben menschenbeladenen Lastwagen ein jähes Ende. Aus ihnen strömten überwiegend Juden aus noch nicht aufgelösten DP-Lagern. Als einer der Redner den Namen Otto Ohlendorf, vormals Kommandeur der Einsatzgruppe D, nannte, forderten die Überlebenden: »Nieder mit den Mördern!« Die gegnerische Seite antwortete mit: »Juden raus!« Diesen Satz will später jedoch keiner der Deutschen gehört haben. Aber auch Vertreter der Juden wie Philip Auerbach, unter anderem Mitglied des ersten Direktoriums des Zentralrats der Juden in Deutschland, bedauerte den Zwischenfall, wies aber unmissverständlich darauf hin, dass es sehr wohl zu antisemitischen Äußerungen gekommen sei und eine Jüdin durch Schläge verletzt worden war.[282] Drei Tage später war man sich auf der Stadtratssitzung einig, dass man seine Sache gut gemacht habe. In einem Brief an einen Augenzeugen der Demonstration wurde Oberbürgermeister Ludwig Thoma deutlicher: Landsberg war wieder auf die Weltbühne gerückt und »wie ich zu meiner großen Genugtuung feststellen kann, hat Landsberg wieder seine Mission anständig bestanden.«[283] Unanständig hatten sich nur die Juden benommen. In einem Brief an den Journalisten Müller-Meiningen jr. von der Süddeutschen Zeitung, die die Kundgebung wie andere auswärtige Presseorgane zum Verdruss der Veranstalter kritisch begleitet hatte, nahm Richard Jäger die Landsberger in Schutz. Von »antisemitischer Hetze« könne keine Rede sein. Man solle vielmehr bedenken, dass die »Bürgerschaft der Stadt Landsberg immerhin mit einigem Grund nicht mehr so warme Gefühle gegenüber den DPs hegt, wie sie dies in großer Mehrheit vor dem 8. Mai 1945 tat.«[284] Das ehemalige Mitglied der SA verlangte von Müller-Meiningen jr., einem erklärten Gegner der Todesstrafe, eine Richtigstellung des »verzerrten« Artikels.[285]

Um den ohnehin schon vorhandenen Druck zu verstärken, lud Helene von Isenburg am 15. Januar 1951 im Namen des »Komitees für Wahrheit und Gerechtigkeit« in München zu einer Pressekonferenz. Sie warnte vor den verhängnisvollen Folgen und forderte gleich die Freilassung aller in Landsberg Verurteilten. Ihr spielten die großen weltpolitischen Entwicklungen zu: Die sich am anderen

Ende der Welt anbahnende Katastrophe des Koreakriegs,
die anlaufende Wiederbewaffnungsdebatte, der Kampf der
Westmächte unter Führung der Vereinigten Staaten, das
isolierte Berlin, ein geteiltes Deutschland – kurzum, im
»Kalten Krieg« brauchte man zuverlässige Bündnispart-
ner und die NS- und Kriegsverbrecher in Landsberg stellten ein lästiges Problem dar, dessen man sich schnellstens
und ohne Gesichtsverlust entledigen sollte. Selbst der ehemalige KZ-Häftling und SPD-Politiker Kurt Schumacher
hatte sich zwischenzeitlich gegen weitere Hinrichtungen
ausgesprochen. Gerüchte wollten zudem nicht verstum-
men, dass Bundeskanzler Adenauer auf dem Weg zu den
Oberammergauer Festspielen, wo er mit Bundespräsident
Theodor Heuss und als ranghöchstem Vertreter der Alliierten mit General Eisenhower verabredet war, in Landsberg einen inoffiziellen Zwischenstopp eingelegt habe. Im
Vorjahr bereits hatte Adenauer an John McCloy appelliert,
von der Todesstrafe abzusehen.[286] Der mit allen Wassern
gewaschene Rheinländer verfügte ohnehin über ergiebige
Kontakte ins WCPL. Unter anderem war der Bruder des
inhaftierten Generals a. D. Wilhelm Speidel, Hans Speidel, militärischer Berater der Regierung Adenauer. Außerdem gab es noch die Bonner Rechtsschutzstelle, die an sich
damit beauftragt war, nach NS- und Kriegsverbrechern zu
fahnden, meistens in Zusammenarbeit mit dem Deutschen Roten Kreuz. Unter dem ehemaligen Ersten Staats-
anwalt in Breslau während des Nationalsozialismus, Hans
Gawlik, mutierte die Suchstelle in der Adenauer-Repub-

lik bald zu einem Warndienst für Kriegsverbrecher. Der wendige Jurist arbeitete selbstverständlich mit der »Mutter der Landsberger« zusammen und hielt sich öfter in der Lechstadt auf. Einen besseren Kontaktmann konnte man sich kaum wünschen. Erst als das volle Ausmaß seiner Aktivitäten bekannt wurde, musste Gawlik 1968 seinen Bonner Schreibtisch räumen.[287]

Am 31. Januar 1951 gab der amerikanische Hochkommissar das Ergebnis seiner Überlegungen zu den Gnadengesuchen für die in Nürnberg Verurteilten bekannt. Im selben Bericht tat dies auch General Thomas T. Handy, Nachfolger von General Lucius D. Clay, für die in den Dachauer Prozessen verurteilten NS- und Kriegsverbrecher. Die Proteste und die sich geänderte Weltlage hatten ihre Wirkung gezeigt: »In einer sehr großen Anzahl von Fällen sind die Strafen erleichtert worden«, ließ McCloy in seinem auch an die Presse herausgegeben Report wissen.[288] Lediglich sieben Todesurteile hatten wegen der »Ungeheuerlichkeit der Verbrechen« Bestand. Sie betrafen unter anderem den für die Massenerschießungen im ukrainischen Babyn Jar Verantwortlichen Paul Blobel und den Morgenschweis-Schützling Oswald Pohl. Es bedurfte noch mehrerer Eingaben, Resolutionen, Wiederaufschiebungen und Proteste, bis die sieben am 7. Juni 1951 trotzdem hingerichtet wurden. Pohls letzten Worte, bevor ihm die schwarze Kappe übergezogen wurde, lauteten: »Gott habe Gnade mit meiner Familie und meiner treuen Frau und befreie Deutschland von seinen schlechten Freunden.« Es waren die letzten Hinrichtungen in der Bundesrepublik Deutschland. Die Eheleute hatten abgesprochen, dass Pohl in Landsberg beerdigt werden sollte, da gehöre er hin, auf den Spöttinger Friedhof, direkt neben dem WCPL. Da sich der örtliche Geistliche geweigert hatte, das Requiem am letzten Wohnsitz der Pohls am Chiemsee zu zelebrieren, reisten eine Woche später Karl Morgenschweis aus Landsberg und Pater Chrodegang von St. Ottilien in die Wallfahrtskirche von Halfing. 1952 wurde Karl Morgenschweis mit der Bayerischen Verdienstmedaille ausgezeichnet und erhielt 1958 für seine »Verdienste als Seelsorger« das Bundesverdienstkreuz, ein Jahr später verlieh ihm Papst Johannes XXIII. den Ehrentitel »Monsignore«. Deutschland konnte sich endlich seinem Wirtschaftswunder hingeben. In einem Interview bestätigte die Journalistin Inge Deutschkron, man habe ihr als Holocaust-Überlebende im Nachkriegsdeutschland geraten: »Nun vergessen Sie das doch. Das ist doch schon so lange her. Man muss doch auch vergeben können.«[289]

»Diese Jahre des Kalten Krieges können wir überhaupt nicht einholen. Die haben alles kaputtgemacht. Übrigens: Keiner von denen, die den Kalten Krieg führten, wurde Sieger,« sagte der Holocaust-Überlebende Simon Wiesenthal Jahrzehnte später.[290] Nachdem sich das Orchester aufgelöst hatte, nutzte Fania Durmashkin die Zeit bis zur Auswanderung nach Israel, um sich Europa anzuschauen. Was sie verloren hatte, war ihr bewusst. Was sie noch gewinnen konnte, stand in den Sternen. Max Beker hatte ihr

Briefe geschrieben und nichts unversucht gelassen, sie für
Amerika zu begeistern, wo er bei Verwandten in Brooklyn untergekommen war. Ende 1949 war es ihm gelungen,
Fania umzustimmen. Außerdem hatte er verspochen, sich
auch um Henia zu kümmern. Die beiden Schwestern kamen mit der U.S.S. General Greekly Anfang 1950 im Hafen von New York an. Henia hatte auf der Schiffspassage
den ehemaligen Partisanen Simon Gurko kennengelernt
und sich in ihn verliebt. Für beide Schwestern, die bald
heirateten, begann ein neues Leben in Amerika.[291] Doch
bald schon musste Max Beker feststellen, dass man auf ihn
als Geiger nicht gewartet hatte. Als er die über zwei Häu-
serblocks reichende Schlange vor einer Konzertagentur
sah, kehrte er um. Er stieg ins Textilgewerbe ein. Falls sie
gehofft hatten, außerhalb ihrer Familien und Schicksalsgenossen willkommen geheißen zu werden, wurden sie bitter
enttäuscht. »Ende der 1940er Jahre und während der gesamten 1950er Jahre, bedeutete es geradezu eine Störung
des öffentlichen Lebens der Vereinigten Staaten«, bemerkt
dazu der amerikanische Historiker Peter Novick, »wenn
man über den Holocaust sprach.«[292] Novick meinte damit vor allem das schlechte Gewissen der Amerikaner, weil
sie die Juden in Deutschland und Europa im Stich gelassen hatten. Mehr noch: Es war hinderlich geworden, über
den Holocaust zu sprechen, weil es die neue Weltordnung
verlangte. Amerika brauchte die Deutschen als Verbün-
dete im Kalten Krieg, der Holocaust wurde zur »falschen
Greueltat« und marginalisiert.[293] Dass Überlebende ihren

Kindern gegenüber schwiegen, hatte andere Gründe: Man wollte sie unbelastet aufwachsen sehen. Die Durmashkin-Schwestern sowie alle übrigen Mitglieder des DP-Orchesters, die nach Amerika gegangen waren, die Borsteins, Melech Granat und seine Familie, Rafael Wolfberg, Jascha Gurwitz oder Chaim Arbeitman, der sich nun David Arben nannte, machten dieselben Erfahrungen. Auch deshalb zerschlugen sich sehr schnell alle Pläne, dort weiter zu machen, wo man in Deutschland aufgehört hatte. In seiner gewohnten Besetzung trat das Orchester überlebender Musiker des Holocaust nie wieder gemeinsam auf. Seine Geschichte gehörte zu den unzähligen unerzählten Geschichten von Mut und einem Lebenswillen, der stärker war als das bisher Erlebte, von der Kraft, die Überlebende aufbrachten, innerhalb von nur wenigen Monaten nach der Schoa Schulen, Theater, Zeitungen, Sportvereine oder Ausbildungsstätten einzurichten.

Im Sommer 2000 eröffnete Theodore Comet, ehrenamtlich stellvertretender Exekutiv-Vizepräsident des *Joint*, Exekutiv-Vizepräsident des Weltrats des jüdischen Gemeindedienstes, in Washington eine Konferenz, die sich mit den jüdischen DP-Lagern im Nachkriegsdeutschland auseinandersetzte:

»Wir dürfen den Holocaust nicht von der Zeit nach dem Holocaust trennen. Kritiker, die sagen, dass wir kein Judentum aufbauen können, das auf dem Holocaust basiert, haben soweit Recht, aber sie gehen nicht weit genug, denn wir können auf dem »wiedergeborenen Leben« der

Auf Einladung des Zentralkomitees der Juden in Bayern feierten die Musiker am 26. März 1949 ihren offiziellen Abschied in München. Archiv Sonia P. Beker.

spirituellen Energie und dem moralischen Mut der DPs aufbauen. Nach dem »Nie wieder« zum Holocaust müssen wir das »Für immer wieder« zur Wiedergeburt und Erneuerung bekräftigen. Und um dieses Ziel zu erreichen, müssen wir den Überlebenden, die ihr Leben wieder aufgebaut haben, Anerkennung und Ehre zuteilwerden lassen – denn sie sind unsere wahren Helden.«[294]

11 EPILOG

Über Leonard Bernsteins Frage an ihn, ob er für seine 3. Symphonie *Kaddisch* einen neuen Text schreiben könnte, da ihm sein eigener nie wirklich gefallen habe, musste sein Freund Samuel Pisar zehn Jahre lang nachdenken. Sie hatte ihn an eine Grenze geführt, die er sich nach seiner Selbstbefreiung vom Todesmarsch selbst gezogen hatte: Ich will vergessen. Ich will leben. Pisar hatte dem Musiker Bernstein in New York von seinem Leben in Polen und seinem Überleben in Landsberg erzählt. Nachdem seine Familie ermordet worden war, wurde er nach Stationen in den Konzentrationslagern Auschwitz, Dachau, Sachsenhausen und Leonberg in das KZ-Außenlager Kaufering XI nach Utting am Ammersee deportiert. Das neue Leben in Freiheit war ein einziger Rausch, dem 16-Jährigen fehlte jede Orientierung. Mit seinen Freunden Niko und Ben war er bei einer jungen Kriegerwitwe untergekommen. In Landsberg, als DP, ließ er in seiner Autobiografie »Das Blut der Hoffnung«, wissen, »habe ich die Liebe kennengelernt.« Vor allem lernten die drei schnell, wie man zu etwas Wohlstand kommt. Von den Amerikanern bekamen sie abends den Kaffeesatz aus der Militärkantine, den sie am nächsten Tag, nachdem sie ihn über Nacht im Backofen hatten trocknen lassen, als echten Kaffee auf dem Schwarzmarkt verkauften.[295] Mit seinen Gaunereien, einschließlich Hauseinbrüchen, konnte er sich mehr als nur ein Motorrad leisten. Im juvenilen Überschwang hinterließ er manchmal sogar eine Nachricht: »Der barmherzige Gott wird dich bezahlen. Samuel Pisar.«[296] Die Notiz hatte Folgen. Nach einem kurzen Intermezzo im Ziviltrakt des Landsberger Gefängnisses machte er mit Hilfe von entfernten Verwandten in Paris und Melbourne sein Abitur, legte ein brillantes juristisches Examen in Harvard ab, war für die UNESCO in Paris tätig und wurde in Washington in das Beraterteam von John F. Kennedy aufgenommen, bevor er als Anwalt wieder zurück nach Paris ging. Er hatte erkannt, dass er sich den Imperativen, »die mein Überleben mir auferlegte, nicht entziehen durfte«. Pisar, der sich für die Völkerverständigung zwischen Ost und West einsetzte, schrieb nach dem Tod von Leonard Bernstein schließlich den neuen Text zur 3. Symphonie, die Bernstein schon 1963 dem ermordeten John F. Kennedy gewidmet hatte. »Wir können verzeihen, aber wir können nicht vergessen«, lautet ein Satz aus seinem Totengebet.[297]

Tikun Haolam, die Wiederherstellung der Welt, bleibt dem Frankfurter Psychologen Isidor J. Kaminer zufolge eine lebenslange Anforderung für die Überlebenden. Sie sei von der sie umgebenden Gesellschaft abhängig und eine überindividuelle und mehrgenerationelle Aufgabe. Kaminer schlägt einen Bogen zur Vertreibung der Juden aus Spanien im Jahr 1492, als das Städtchen Zfat, gelegen im heutigen Nordisrael, zu einem Sammelpunkt exilierter Schriftgelehrter wurde, die es zum Zentrum der Kabbalah machten. Dort habe der »Rabbiner Isaak. A. Luria (1534-1572) fast 80 Jahre nach dieser Katastrophe seine auf die spätere osteuropäische Bewegung des Chassidismus so einflussreiche Vorstellung des *Tikun-Haolam* – der »Wiederherstellung der Welt« entwickelt. [298] Ob man grundsätzlich mit dem Glauben haderte wie Samuel Pisar, liberal oder strenggläubig war: »Selbst die meisten Söhne und Töchter der Zweiten Generation, also die Kinder, die in den unmittelbaren Jahren nach dem Überleben ihrer Eltern geboren wurden, tragen eine Art vererbtes Trauma mit sich, eine Theorie, die auf dem Studium der Epigenetik beruht«, erklärt Abraham Peck. [299] Für ihn habe die Ermordung der gesamten Familie bei ihm als Kind stets zu Alarmstimmungen geführt, etwa wenn er die Sirenen von Krankenwagen hörte. Für ihn sei die Auslöschung seiner Familie der Auslöser gewesen, zuvorderst nicht zu fragen, wie es geschah, sondern sich damit auseinanderzusetzen, warum es geschah. Die Kinder der Musiker des DP-Orchesters sowie dessen engeres und weiteres Umfeld berichten von unterschiedlichen Phasen des Erlebens, der Intensität der Traumata und wie sie versuchten, dem jeweils entgegenzuwirken, um ein normales Leben führen zu können. Welche Bedeutung selbst für nicht unmittelbar Betroffene Gegenstände wie Kleidungsstücke haben konnten, zeigte sich am Beispiel Leonard Bernsteins. Zum Abschluss der beiden Konzerte in Feldafing und Landsberg hatten sie ihm die Jacke eines verstorbenen Musikers übergeben. Die gestreifte KZ-Häftlingsuniform ließ er in New York fünfzig Mal reinigen: »[…] doch der Geruch ging nicht heraus – es war der Geruch des Todes […].« Vermutlich habe eine seiner Angestellten die Jacke weggeworfen: »[…] es war ein unschätzbares Geschenk gewesen, denn es kam aus Herz, Leber und Eingeweide dieser Menschen.«[300] Diese Anekdote fehlt in keiner Erzählung oder Biografie.

Fania Durmashkin hatte alle Ausgaben der Landsberger Lager-Cajtung, derer sie habhaft werden konnte, in ihrem Gepäck nach New York verstaut. Außerdem hatte sie Konzert-Programme, Zeichnungen und handschriftliche Notizen sowie Briefe gesichert. Bei anderen waren es bis auf die Ausreisedokumente und Fotos nur Erinnerungen. So bei Shlomo Fuller, dem ehemaligen DP-Lagerpolizisten. Eines Tages stürzte seine Tochter Deb in die Backstube in Wellington, Neuseeland, und erklärte ihm, der berühmte Leonard Bernstein würde ein Konzert geben. Die Fillers, wie sie nun hießen, hatten mit ihr stets offen über ihre Vergangenheit in Konzentrationslagern gesprochen, aber ihr Vater hatte das Konzert vom 10. Mai 1948 nie erwähnt. »Nun, ich kenne ihn aus Landsberg,« antworte er ihr unaufgeregt. Ihr Vater, ein einfacher Bäcker in Neuseeland, sollte den großen Leonard Bernstein kennen? Die 17-Jährige setzte alles daran, den großen Musiker persönlich kennenzulernen und ihm die Geschichte ihres Vaters zu erzählen. Diese Begegnung aus dem Jahr 1974 ließ sie nie

wieder los – 2016 drehte sie in Kanada mit der Regisseu-
rin Francine Zuckerman den Kurzfilm »Mr. Bernstein«.
Zufällig erfuhr auch Janet Horvath, dass ihr Vater George
mit Bernstein in Landsberg und Feldafing aufgetreten war.
Horvath war mittlerweile festes Mitglied der *Toronto Symphony* geworden. Prahlereien lagen ihm nicht. In ihrer Biografie »The Cello still sings« vermischen sich Janet Horvaths Erfahrungen als Cellistin beim *Minnesota Orchestra*,
mit dem sie jahrzehntelange in den großen Konzertsälen
wie der Carnegie Hall in New York oder dem Amsterd-
amer Concertgebouw gastierte, mit den Erzählungen ihres Vaters. Für beide spielte das auch vom DP-Orchester
oft aufgeführte *Kol Nidrei* eine zentrale Rolle. Nach ihrem Rückzug aus dem offiziellen Konzertbetrieb widmet
sie sich verstärkt politischen Themen und fördert bis heute
junge Nachwuchsmusiker, die aufgrund ihrer Herkunft
benachteiligt sind.[301] Das Cello ihres Vaters, das er 1945
auf dem Münchner Schwarzmarkt erstanden hatte, stiftete
sie 2009 nach dessen Tod dem *Museum of Jewish Heritage*
in New York, wo es heute mit Fotos des Bernstein-Konzer-
tes als »Instrument eines Holocaust-Überlebenden« ausgestellt ist.

Sonia P. Beker behielt die Geige ihres Vaters als Erinnerung bei sich zuhause in Brooklyn. Sie hatte ihm beste
Dienste bei kleineren Konzerten und größeren Auftritte in
Synagogen geleistet. »Mit der Schönheit der Musik und
des Klangs dieser Instrumente sind untrennbar die grausame Geschichte ihrer einstigen Besitzer und der kalte Zy-

nismus der Nationalsozialisten verbunden, die jene als jüdische Musiker vertrieben, gequält, ermordet haben – eine Ambivalenz, die Musiker wie Publikum unmittelbar und im tiefsten Herzen berührt,« bemerkte Charlotte Knobloch, die Präsidentin der Israelitischen Kultusgemeinde München und Oberbayern im Vorfeld zu einem Konzert in Dachau, das für Sonia Beker der Abschied von der Geige ihres Vaters bedeutete.[302] Beker hatte sich dazu durchgerungen, sie dem israelischen Restaurator von Holocaust-Geigen, Amnon Weinstein, dessen Familie ebenfalls aus Vilnius stammt, anzuvertrauen. Wann immer möglich, besucht sie in Amerika jedes Konzert der *Violins of Hope*, bei dem die Geige ihres Vaters ebenso zum Einsatz kommt wie die Auschwitz-Geige von Abraham Davidowitz oder die von Zvi Haftel, dem ersten Konzertmeister des 1936 gegründeten *Palestine Orchestra*. Amnon Weinsteins Frau Assaela übergab ihr bei dieser Gelegenheit die letzte, verschollen geglaubte Komposition ihres Onkels Wolf Durmashkin aus dem Arbeitslager Lagedi (KZ-Klooga), Estland: *Lomir Schvaygn*. Auf unergründlichen Wegen war sie nach Yad Vashem gelangt, wahrscheinlich durch Mitgefangene, die von der Roten Armee befreit worden waren. Der Ort des Konzerts und der Übergabe waren bewusst gewählt. Es fand in Dachau statt, aber nicht auf dem Gelände des ehemaligen Konzentrationslagers, einem »authentischen« Täterort des Grauens und der Vernichtung, sondern an einem Ort der Würde, im Schloss Dachau.

Mit Fotos von Konzertauftritten ihres Vaters Max Beker verabschiedete sich die deren Tochter Sonia P. Beker im Schloss Dachau 2018 endgültig von der Geige des ehemaligen DP-Musikers. Sie übergab das Instrument den »Violins of hope«, die der israelische Geigenbauer Amnon Weinstein gegründet hatte. Archiv Sonia P. Beker.

In Israel war Micha Hofmekler gescheitert und nach München zurückgekehrt, wo sich Verwandte von Abba Naor um ihn kümmerten. Der ehemalige litauische Militärrabbiner Samuel Abba Snieg war von Landsberg in die bayerische Landeshauptstadt gezogen, seiner neuen Heimat, wo er in der Auflösungsphase *der Scheerit Hapleitah* mit Rabbiner Samuel Jakob Rose »eine der vielleicht größten

kulturellen Leistungen der jüdischen DPs«, den Neudruck
des Babylonischen Talmuds in 19 Bänden auf den Weg gebracht hatte. Außerdem leiteten Snieg, Rose und Boruch
Leiserowski fünf Jahre lang das Rabbinat des Zentralkomitees der US-Zone.[303] Naor hatte den israelischen Geheimdienst Mossad verlassen und war ein zwischen Israel und
Deutschland pendelnder erfolgreicher Geschäftsmann geworden. »Die Geschichte von Hofmekler war tragisch,«
erzählt er. »Hofmekler hatte in München eine sehr nette
Frau kennengelernt. Eines Tages erhielt er aber aus Israel
die Nachricht, dass seine Frau und Tochter noch lebten.«
Bis zu diesem Zeitpunkt war der Musiker davon ausgegangen, dass beide nach der Selektion in Kaunas im KZ-
Stutthof oder in Auschwitz umgekommen seien. Wie sich
herausstellte, waren sie sofort nach ihrer Befreiung von
den Russen in ein Arbeitslager an den Ural deportiert worden, weil man ihnen unterstellte, sie hätten, um überleben zu können, mit den Nationalsozialisten kollaboriert.
Eine Annahme, mit der auch in Israel Überlebende länger
konfrontiert wurden. Kurz vor seinem Abflug nach Israel
erhielt er die Nachricht vom Tod seiner Frau. Wenigstens
sein einziges Kind wollte er wiedersehen. Die Begegnung
geriet zu einem Desaster. Seine Tochter Talya hatte erwar-
tet, ihr Vater würde sich für ihr Schicksal, ihre Gefühle
interessieren. Stattdessen fragte er sie als erstes: »Übst du
auch regelmäßig Geige?« Das Gespräch war beendet. Hofmekler kehrte nach München zurück. Vater und Tochter
sahen sich nie wieder.[304]

In Israel entwickelten sich zwei Kovno-Gemeinden, die sich um die Pflege ihres osteuropäischen Erbes bemühen. Nicht die Konzerte Überlebender im Nachkriegsdeutschland sind ihr Anknüpfungspunkt, sondern die Aufführungen im Kovno-Ghetto. In Amerika dagegen veranstalten jüdische Gemeinden *Liberation Concerts* wie im November 2015 auf Initiative des mittlerweile in Florida lebenden Robert H. Hilliard, dem letzten noch lebenden Zeitzeugen vom 27. Mai 1945, und in St. Ottilien geborenen »DP-Babies«.[305] Eine richtungsweisende Rolle, neben dem YIVO Institut in New York, spielte von Beginn an das United States Holocaust Memorial Museum in Washington D. C. (USHMM). Mit seiner Gründung 1995 widmete es sich gleich dem Thema Displaced Persons und richtete ein von dem Musikhistoriker Bred Werb geleitetes Music-Department ein, in dem das *Liberation Concert* eine besondere Pflege erfährt.[306]

Nur in Amerika konnte wohl ein Film mit dem positiv besetzten Titel »Creating Harmony« entstehen. John Michalczyk, der Leiter des Film-Departements am Boston College, zeichnet in ihm den Weg des DP-Orchesters nach und geht in dem Begleitfilm »The Miracle of St. Ottilien« auf die dort geborenen DP-Babies ein. Neben historischen Aufnahmen zur Befreiung kommen als ehemalige Mitglieder des DP-Orchesters Henia Durmashkin und David Arben, vormals Chaim Arbeitman, zu Wort, aber auch Robert L. Hilliard und Samuel Bak. Arbens Traum von einem Studium bei Efrem Zimbalist am Curtis Ins-

titut hatte sich erfüllt, er war mittlerweile erster Konzertmeister bei den Philadelphia Philharmonics: »Ich liebe das
Leben. Es ist wunderbar. Ich weiß wovon ich rede, denn
schließlich war ich in sieben Konzentrationslagern.« Musikalisch begleitet wird die filmische Aufbereitung mit Werken aus dem Originalprogramm, interpretiert von der Te-
rezin (Theresienstadt) Kammermusik, Boston, unter der
Leitung von Mark Ludwig. Der Film, der sich im Affirma-
tiven des Geschehens bewegt, irritiert allerdings durch
die Reenactments. Michalczyk lässt die Musiker in über-
mäßig zerlumpten KZ-Uniformen auftreten, die sie nach
der Befreiung eben nicht mehr trugen.[307]

Die letzte Komposition von Wolf Durmashkin ließ
dessen Neffe Abe Gurko nach seiner Rückkehr aus Landsberg umgehend zu einem Gospelsong umkomponieren.
Aus *Lomir shvaygn* wurde »Won't be silent«. In einer sak-
ralen Version wurde das Werk 2019 im New Yorker Tempel Emanu-El, einer der größten Synagogen der Welt, vor
3000 Besuchern im Rahmen einer von Rita Lerner mitor-
ganisierten Gedenkfeier aufgeführt. Im Stadttheater Landsberg, in dem das DP-Orchester 1945 seine *Liberation Concerts* gegeben hatte, waren ein Jahr vorher Nachfahren und
ehemalige Konzertbesucher des Bernstein-Konzerts aus Israel, Amerika und der Neffe Leonard Bernstein, Michael
Bernstein aus Österreich, zusammengekommen. Nach einer Woche intensiver musikalischer und menschlicher Begegnungen äußerten sie den Wunsch, man möge sich in
der Universalsprache der Musik auf weiterführende, ge-

meinsame Wege des Erinnerns begeben, und vor allem junge Menschen aktiv und zukunftsweisend miteinbeziehen. Die Festwoche 2018 hatten die Bayerische Philharmonie unter Mark Mast, die Städtische Sing- und Musikschule Landsberg, der israelisch-deutsche Kantor Yoel Sorek, Enkel der Schauspielerin Sima Skurkovitch aus dem Vilna Ghetto, und der israelische Pianist und Bernstein-Family-Award-Preisträger Guy Mintus bestritten. Janet Horvath führte mit jungen Musikern der städtischen Kammerphilharmonie *Kol Nidrei* auf. »Ich kenne keine einzige Aufnahme namhafter Cellisten und Cellistinnen,« sagte die Dirigentin und Musikschulleiterin Birgit Abe anschließend, »die *Kol Nidrei* so langsam, aber gleichzeitig ungeheuer intensiv spielen. Ihr gegenüber saßen Jugendliche, die sich erstmals auf diesen Ausdruck und das extrem langsame Tempo einlassen mussten. Doch dank Janet Horvaths Erklärungen und Einfühlsamkeit gelang es allen, hervorragend die Spannung zu halten.« *Lomir Shvaygn*, eine ebenso schlichte wie bewegende Komposition, hatte Guy Mintus erstmals in der Öffentlichkeit aufgeführt. Der israelische Komponist und Musiker, Nachfahre irakischer, marokkanischer und polnischer Juden, feierte gleichzeitig mit seiner Interpretation von Gershwins *Rhapsody in Blue* eine persönliche Premiere, auf die er sich monatelang vorbereitet hatte und die seitdem auf seinen Welttourneen zum Programm gehören. Den Gedanken, Erinnerungskultur wissensbasiert musikalisch umzusetzen, hatten Mark Mast und der aus der Landsberger Festwoche hervorge-

Janet Horvath, die Tochter des DP-Cellisten George Horvath, führte 2018 mit dem Jugendsinfonieorchester der städtischen Sing - und Musikschule im Stadttheater Landsberg »Kol Nidrei« unter Leitung von Birgit Abe auf. Foto: Birgit Abe.

gangene Förderverein Liberation Concert zunächst unabhängig voneinander verfolgt. Mast gab dem jungen bayrischen Komponisten Tobias Forster den Auftrag, *Lomir Shvaygn* in ein großes chorsymphonisches Werk umzusetzen. Die Weltpremiere mit Chor und Orchester der Bayerischen Philharmonie fand im März 2019 im Münchner Herkules Saal statt. Zu ihr war Wolf Durmashkins Neffe Abe Gurko eigens aus Los Angeles angereist; anschließend ging die Bayerische Philharmonie mit der wirkmächtigen Neukomposition auf Amerika-Tournee.

Namhafte Historiker fordern schon länger, dass die Erinnerungskultur über das Affirmative hinausgehen müsse. Im Tik-Tok-Informationszeitalter werde es immer schwieriger, junge Menschen für ein historische Themen über den 30-Sekunden-Takt hinaus zu interessieren. »Erinnerungsarbeit muss viel mehr emotionalisieren,« ist der Leiter der Stiftung Bayerische Gedenkstätten, Karl Freller, überzeugt.[308] Aus diesem Hintergrund entwickelten der Förderverein Liberation Concert und das »Wertebündnis Bayern«, ein Zusammenschluss von über 200 kulturellen, religiösen und sozialen Organisationen und Verbänden, dessen Sprecher Mark Mast ist, ein gemeinsames Projekt: *Liberation Concert in Bayern.* Herzstück ist die Ausstellung *Liberation Concert: Menschlichkeit. Würde. Hoffnung*, die das Leben und die Geschichte des Orchesters nachzeichnet. Anhand von weiteren Modulen wie Original-Konzertprogrammen, DP-Lagerkarten, Noten- und Klangbeispielen, Musikworkshops, Filmen und Gesprächsrunden können sich Jugendliche, Schulen und Bildungseinrichtungen mit der Geschichte der überlebenden Musiker des Holocaust im Nachkriegsdeutschland vertraut machen, ihre eigenen *Liberation Concerts* gestalten und sie zeitgemäß interpretieren. 2025 wird das *Liberation Concert* neben den amerikanischen Förderern maßgeblich von Jugendlichen aus Israel im Rahmen einer deutsch-jüdischen Festwoche mitgestaltet. Sie ist das Ergebnis eines Memorandums, das das Ghetto Fighters' House Museum Israel und die Stadt Landsberg am Lech im Juli 2024 unterzeichnet haben. »Das *Liberation Concert* ist heute ein Zeugnis von Heilung. Es ist noch mehr. Es ist ein Versprechen der Zusammengehörigkeit. Indem wir uns mit der Vergangenheit konfrontieren, ihre Unmenschlichkeit erkennen und versprechen, eine Grundlage der Kooperation und Freundschaft für die Zukunft zu schaffen«, bewertet Sonia P. Beker die musikalische Wissens- und Werteinitiative. Robert L. Hilliard ist überzeugt: »Die Gedenkkonzerte zur Befreiung vom 27. Mai 1945 setzen ein wichtiges Zeichen: Angesichts des Übels, der Bigotterie und der heutigen Kriege kann selbst eine kleine Stadt und auch eine beliebige Gruppe von Individuen die Welt wissen lassen und sie daran erinnern, dass wir alle Brüder und Schwestern einer menschlichen Familie sind.«

Guy Mintus bei einem Musikworkshop im Festsaal des Historischen Rathauses Landsberg. Der israelische Musiker spielt regelmäßig bei den Liberation Concerts die »Rhapsody in Blue«. Seine Frau Naama begleitet er bei dem Ghettosong »Ich will aheim«. Foto: Christian Rudnik.

ANMERKUNGEN

1 Müller-Hahl, Bernhard: Schicksal am Lech, Landsberg nach 1918, 25 Jahre Landrat des Kreises Landsberg am Lech, Landkreis Landsberg am Lech, (Hrsg.),1983, S. 203 f. Fast jede Gemeinde des Landkreises führt heute noch als Weg, Straße oder Platz ohne jegliche Kontextualisierung seinen Namen, ein nicht verurteilter Kriegsverbrecher, der sich im selben Buch mit dem Foto von sich und einem gefesselten Gefangenen brüstete: »Ich liefere den ersten russischen Kommissar ab – Juli 1945.« (aaO., S. 163; Der sogenannte Kommissarbefehl vom 6. Juni 1941 ist der bekannteste verbrecherische Befehl der deutschen Wehrmacht im Krieg gegen die Sowjetunion während des Zweiten Weltkrieges. Er enthielt die Anweisung, Politkommissare der Roten Armee nicht als Kriegsgefangene zu behandeln, sondern sie ohne Verhandlung zu erschießen.

2 Vgl. auch Hillenbrand, Klaus: Die Partisanin aus dem Wald, in: TAZ vom 25. 9. 2024, online: https://taz.de/Nachruf-auf-Fania-Brancovskaja/!6035699/. In seinem Film »Liza ruft« setzte der Berliner Filmemacher Christian Carlsen der 2024 im Alter von 102 Jahren verstorbenen Fania Brankovskaja ein Denkmal. Die im Rahmen meiner Recherchen 2018 zwischenzeitlich entstandene Ausstellung »Von Litauen nach Landsberg«, so wurde mir mehrfach bedeutet, könne in Vilnius nur gezeigt werden, wenn der Teil »Kollaboration von Litauern mit Deutschen« entfernt oder umgearbeitet würde.

3 Bericht der New York Times vom 1. 5. 1945; ausführlich in: Landsberg im 20. Jahrhundert, Themenhefte Landsberger Zeitgeschichte, Bürgervereinigung Landsberg, Heft 2, 1993, im Folgenden: BV, S. 25 f.

4 Informationen aus mehreren Telefonaten der Autorin mit der Schwägerin von Hans Sturm, Margot Meeh im Mai und Juni 2013.

5 Abba Naor in mehreren Gesprächen mit der Autorin seit 2015; Ausführlich in seiner Autobiografie: Ich sang für die SS, Mein Weg vom Ghetto zum israelischen Geheimdienst, Verlag C. H. Beck, München 2014, S. 154.

6 Catalogue of the Holocaust Exhibition, Vilna Gaon State Museum, Vilnius 2011, S. 152.

7   Beker, Sonia P.: Symphony on fire, A story of music and spiritual restistance during the Holocaust, The Wordsmithy, LLC, New Milford 2007, S. 61.

8   Kershaw, Ian: Das Ende, Kampf bis in den Untergang NS Deutschland 1944/35, Deutsche Verlags-Anstalt, München 2011, S. 45

9   BV Heft 2, S. 18 f.

10 Giesler, Hermann: Ein anderer Hitler, Landsberg 1977, S. 21.

11 BV Heft 2, aaO., vgl. auch die Aussage des Gaustabsamtsleiters von Ober-bayern, Bertus Gerdes, vor dem Internationalen Militärtribunal in Nürn-berg, Dokument 3462-P; sowie Raim, Edith in: Das Ende von Kaufering IV, S. 153 f., Dachauer Hefte 20, S. 153 ff.

12 Karasek, Dachauer Hefte, S. 112.

13 Gold, Volker: Die Judengräber von Schwabhausen; Interversion unter dem-selben Titel, Landsberg 1985, S. 3; Volker Gold ist gebürtiger Schwabhause-ner und lebt in Landsberg am Lech.

14 BV aaO., S. 45 f.

15 vgl. auch Haffner, Sebastian: Germany, Jekyll&Hyde, Berlin 1987, S. 180 f.

16 Information im Mai 2012 an die Autorin.

17 Das Akkordeon ist in der KZ-Gedenkstätte Dachau ausgestellt.

18 Lichtenstern, Anton: Landsberg am Lech, Geschichte und Kultur, Holzheu Verlag, Mering 2012, S. 21

19 Auskunft der Gemeinde Apfeldorf vom 17.2.2012; siehe auch Simon, Gerd, Universität Tübingen in: Chronologie Lützelberg, Philipp: homepage. uni-tuebingen.de/gerd.simon/HimmlersPlaene.pdf.

20 Landsberger Zeitung Nr. 218 vom 20.9.1939; Das Bayernland, 49. Jahr-gang, Nr. 5, S. 140.

21 Mann, Golo: Deutsche Geschichte des 19. Und 20. Jahrhunderts, S. Fischer Verlag, Frankfurt am Main 1958, S. 915 f.

22 Landsberger Zeitung vom 3. Oktober 1938, zwei Tage nach dem Ein-marsch.

23 Schalm, Sabine: Überleben durch Arbeit? Außenkommandos und Außen-lager des KZ-Dachau 1933-1945, Metropol Verlag Berlin, 2. Überarbeitete Auflage, 2012, S. 147.

24 Loose, Ingo: Massenmord? Materielle Aspekte des Holocaust, in: Der Ho-locaust, Hrsg. Von Frank Bajohr/Andrea Löw, bpb, Bonn 2015, S. 151

25 Karasek, aaO., S. 24.

26 Ernst Klee: Persilscheine und falsche Pässe, Wie die Kirchen den Nazis hal-fen, Fischer Taschenbuchverlag 1992, S. 106 f.

27 Sigmund, Anna Maria: Des Führers bester Freund, Adolf Hitler,, seine Nichte Geli Raubal und der »Ehrenarier« Emil Maurice – eine Dreiecksbeziehung, Heyne, 2005, S. 71 u. S. 80; Werner Hemmrich, Sohn des Gefängniswärters Franz Hemmrich verweist zudem auf die Tagebuchaufzeichnungen seines Vater, IfZ, München, ED 153.

28 KZ Gedenkstätte Dachau, Archiv 6590 und A 929; der Lage nach muss es sich um Erpfting, nicht um Epfach gehandelt haben.

29 Herre-Bericht, S. 27–29, IfZ, München, 1307/54, sowie Joachim Hoffmann, Joachim: Die Geschichte der Wlassow-Armee, hrsg. vom Militärgeschichtlichen Forschungsamt, Verlag Rombach, Freiburg im Breisgau, S. 250 ff.

30 Bericht Zalman Grinbergs an den Jüdischen Weltkongress vom 31. 5. 1945, zitiert nach Walter, Dirk: Jüdische DPs in der Benediktinerabtei, in: BV, Heft 2, S. 16.

31 dazu ausführlich: Kaplan, Israel in: Überlebende von Kaufering, Biografische Skizzen jüdischer ehemaliger Häftlinge, hrsg. von Edith Raim, Metropol Verlag, Berlin, 2008, S. 32; die Gruppe hatte zuvor diskutiert, wie sie genau vorgehen solle.

32 Renner, Pater Frumentius (Hrsg.): Der fünfarmige Leuchter. Das Hakenkreuz über St. Ottilien, EOS Verlag Erzabtei St. Ottilien, 1990, S. 80.

33 Müller-Hahl, Bernhard (Hrsg.): Eresinger Heimatbuch mit Pflaumdorf und St. Ottilien, Bd. 9 Schriftenreihe »Zwischen Ammersee und Lech«, EOS Verlag St. Ottilien, 1981, S. 263.

34 Grube, Erika in: Der fünfarmige Leuchter, aaO., S. 103.

35 Grinberg, Zalman: Unsere Befreiung aus Dachau, Erinnerungen eines Überlebenden, EOS St. Ottilien, 2018, S. 84–87.

36 Gespräche mit Peter Kubierschky mit der Autorin zwischen 2017 und 2019.

37 Rede 1966 in München.

38 LGBL 1936, S. 58.

39 Renner, S. 110.

40 Renner, S. 88.

41 Müller-Hahl: Jubiläumsbuch 25 Jahre Landrat, S. 81.

42 Stuckenberger, Herwig: Landsberger Geschichtsblätter, 2014, Landsberg S. 101.

43 Stuckenberger, aaO., S. 103.

44 Vgl. Angelika Eder, Angelika in »Flüchtige Heimat, Jüdische Displaced Persons in Landsberg am Lech 1945-1950«, Miscellanea Bavarica Monacensia, Bd. 170, S. 94.

45   S. Pinton, Koppel, S. in »Die Persönlichkeit der Displaced Persons«, Babylon, Heft 5/1989, S. 84.

46   Raim, S. 165 f.

47   Marcuse, Harold, S. 88/89.

48   Eder, S. 101.

49   Peck, Our eyes have seen eternity, S. 60, Hanno Loewy, S. 4. Sichtbares und Unsichtbares, Zur Utopie der Erinnerung, Frankfurt am Main 1993.

50   Hilliard, S. 18 f.

51   Vgl. Schwarz, Leo W., The Redeemers. A Saga of the years 1945–1952, Farrar, Straus and Young, New York 1953, S. 3, Chapter 1.

52   Schwarz, S. 7.

53   Hilliard, S. 20–33, die Rede hielt Grinberg nochmals, ebenfalls in Deutsch am 10.6.1945 im DP-Lager Freimann; Transkription: YIVO Archiv, New York, LS, MK, 488, roll 13, Folder 104, S. 10–14.

54   Schwarz, S. 8.

55   Ebd., S. 9.

56   Kaplan, Israel: »Marsh fun Kaufering lagern«, in »Fun Letstn Khurbn, Nr. 5, Mai 1947, Archiv Ghetto Fighters House, file number 6484, in scans 6484 – 3 and 6484 – 4, Collections Section, S. 32.

57   Eder, S. 105.

58   McVeigh, Alice: Remember Hoffy, »Music&Vision, homepage Alice Mc Veigh, www.mvdaily.com/2014/12/hoffy.htm 12. Dezember 2014, Kent, UK, sowie u. a. Telefonat mit Abba Naor am 1. 11. 2016.

59   Die Geige und die Aufnahmen befinden sich heute in der Abteilung für Litvak-Kultur im Goan State Jewish Museum, Vilnius.

60   Beker, Sonia P.: Symphony on fire, A story of music and spiritual restistance during the Holocaust, published by The Wordsmithy, LL, New Milford, 2007, S. 82.

61   Ebd., S. 86

62   Snyder, Timothy, in: Bloodlands, Europa zwischen Hitler und Stalin, C. H. Beck, 6. erweiterte Auflage, München 2022, S. 289.

63   Ebd., S. 87, sowie auch https://www.derstandard.at/story/3000000234278/das-vergessene-kriegsgefangenenlager-der-nazis-in-der-wachau, Stand 21. Oktober 2024.

64   Ebd., S. 102.

65   Ebd., S. 119 f.

66   Ebd., S. 122 f.

67 Zitiert nach einem Beitrag von Gringauz, Samuel in: Babylon, Heft 5/1989, Beiträge zur jüdischen Gegenwart: Das Jahr der großen Enttäuschungen, 5706 in der Geschichte des jüdischen Volkes; Verlag Neue Kritik, Frankfurt am Main, S.73.

68 Kugelmann, Cilly in Babylon, Heft 5/1989: Identität und Ideologie der Displaced Persons, zitiert nach J. Dinnerstein, America and the Survivors of the Holocaust, S. 69; ähnlich auch Peck, Abraham: Our eyes have seen eternity, S. 59, mit einer genaueren historischen Vertiefung.

69 Ebd., S. 73.

70 Ebd., S. 74.

71 Pinson, Koppel S.: Die Persönlichkeit der Displaced Persons (DP's), in Babylon Heft 5/1989, S. 82 f., aus: Jewish life in liberated germany. A study of Jewish DP's. Erschienen zuerst in Jewish Social Studies Nr. 9/1947.

72 Wiesel, Elie: Einführung zu »The Abandonments of the Jews, America and the Holocaust 1941–1945, David S. Wyman, Pantheon Books, New York, 1985, viii f.

73 Pinson, S. 83.

74 vgl. dazu auch Wagner, Gottfried und Peck, Abraham: »Unsere Stunde Null, Deutsche und Juden nach 1945: Familiengeschichte, Holocaust und Neubeginn, Historische Memoiren, Böhlau Verlag, Wien, Köln, Weimar, 2006, in dem sich der Urgroßenkel von Richard Wagner, Gottfried Wagner, und der amerikanische Historiker Abraham Peck, der 1946 im DP-Lager Landsberg geboren wurde, auf eine gemeinsame Spuren- und Identitätssuche begeben.

75 Kruk, aaO, S. xxix f.

76 Gradenwitz, Peter: Leonard Bernstein, Unendliche Vielfalt eines Musikers, Schott, Serie Musik, 2015, S. 33 f.

77 Die Autorin hielt sich im November 2018 und im Mai 2019 mehrere Tage im Hause Mira van Dorens in Manhattan auf und konnte deren Privatarchiv, das eine eigene Etage einnimmt und neben Dokumenten eine umfangreiche Mediathek mit Interviews und Filmaufnahmen umfasst, uneingeschränkt nutzen. Von unschätzbarem Wert waren die anschließenden Gespräche, die oft bis in die späte Nacht gingen und zu denen ihre Gastgeberin Künstler und Experten mit litauischen Wurzeln einlud. Zu dem Dokumentarfilm »THE WORLD WAS OURS« gab Mira van Doren 2009 einen gleichnamigen Study Guide heraus, der 2017 überarbeitet wurde, erschienen als non-profit *The Vilna Project.*

78 Brenner, Michael: Nach dem Holocaust, Juden in Deutschland 1945-1950, Beck'sche Reihe, München 1995, S. 70.

79 Ebd.

80 Ebd., S. 72.

81 Ebd., S. 75.

82 Ebd.

83 Gringauz, Samuel: »Jizker«, in der Landsberger Lager-Cajtung, Ausgabe 8. Oktober 1945, u. a. Stadtarchiv Landsberg am Lech, Privatarchiv Sonia P. Beker sowie auch Archiv des Ghetto Fighters' House.

84 Pinson: Babylon, S. 83.

85 Peck: Our eyes…, S. 67, von der Autorin übersetzt.

86 Kugelmann: Babylon, S. 66.

87 Diese Informationen stammen von Sonia Beker, die sie in einem Papier für die Autorin festhielt.

88 siehe auch Tobias, Jim G. in: HaGalil.com vom 21. August 2021, https://www.hagalil.com/2021/08/ponary/

89 Triendl, Mirjam: Leben in Abwesenheit, Die Erinnerung an das Gute und Schöne im Elend des Ghettoalltags, in: Holocaust in Litauen, Krieg, Judenmorde und Kollaboration im Jahr 1941, Hrsg von Vincas Bartusevicius, Joachim Tauber und Wolfram Wette; Böhlau Verlag Köln, Weimar, Wien 2003, S. 156.

90 Tauber, Joachim: 14 Tage im Juni, Zur kollektiven Erinnerung von Litauern und Juden, in: Holocaust in Litauen, Köln 2003, S. 40.

91 vgl. Einführung von Benjamin Harshav in Kruk, Herman»The last days of the Jerusalem of Lithuania, Chronicles from the Vilna Ghetto and the Camps«, 1939, S. xiv f.

92 vgl. Kostanian-Danzig, Rachel, S. 25 f.

93 Kruk, S. xxx.

94 Ebd.

95 Jungen, Oliver: Kein schöner Land: Eine wegweisende Konferenz in Düsseldorf beleuchtet, wie sehr die jiddische Hochkultur vor dem Holocaust von ihrem europäischen Bezugsrahmen geprägt war, FAZ vom 18.06.2018. Vgl. dazu auch Gérard Silvan und Henri Minczeles in Yiddishland, S. 8. Sie weisen darauf hin, dass im Gegensatz zu Moshe Mendelsohn, der das Jiddische bei der Suche nach einer Symbiose mit der deutschen Kultur aufgegeben habe, man in Osteuropa sich seine jüdische Identität bewahrt habe, Gingko Press, 1999.

96 Im November 2018 entdeckten Sonia Beker und die Autorin im YIVO New York unter anderem verschollen geglaubte Kompositionen aus Vilnius, unter anderem von Bekers Großvater Akiva Durmashkin.

97   Triendl, S. 163.

98   Sutzkever, Abraham: Das Ghetto von Vilna, in: das Schwarzbuch. Der Genozid an den sowjetischen Juden, Hrsg von Wassili Grossmann, Ilja Ehrenburg und Arno Lustiger, Reinbek 1994, S. 491.

99   Gnauck, Gerhard in NZZ vom 27.11. 2010: Das stärkste Geschütz der Polen.

100 Triendl, S. 165.

101 Kostanian-Danzig, Rachel: Spiritual Resistance in the Vilna Ghetto, Hrsg: Sir Martin Gilbert und Svetlana Satalova, The Vilna Goan Jewish State Museum, ohne Jahresangabe, S. 90.

102 BR24, 2018, Interview von Tilmann Kleinjung mit Erzabt Wolfgang Öxner.

103 Durchgängige Bezeichnung in der Chronik St. Ottiliens, zum Beispiel S. 106.

104 Renner, S. 102.

105 Chronik, S. 93.

106 Ebd., S. 91.

107 Renner, S. 99–101.

108 Chronik, S. 100.

109 Bundesarchiv R 9361-IX KARTEI/18350407.

110 Chronik, S. 110 f.

111 Ebd., S. 111.

112 Ebd., S. 111 f.

113 vgl. Frei, Norbert: Vergangenheitspolitik, S. 138 und 192.

114 Die Information stammt von Sonia Beker. Borkum hielt sich stets im Hintergrund, selbst sein Vorname war nicht ausfindig zu machen.

115 Gespräch mit Peter Kubierschky am 17. 10. 2017 in seinem Haus in Eching am Ammersee.

116 Zitiert nach Sonia P. Beker.

117 Arben, David: Chaim Arbeitman – Life is my specialty, Aufzeichnungen von Claire Thai, die unter anderem Robert L. Hilliard und Sonia Beker bestätigten und immer wieder ergänzten.

118 Catalogue of the Holocaust Exibition – Kaunas Ghetto, S. 152.

119 Artikel der Autorin: »Als aus Greisen wieder Kinder wurden, Der Holocaust-Überlebende Abba Naor über seine Zeit nach der Befreiung im DP-Lager Landsberg und seine Aufnahme in die Hagana«, Magazin Liberation Concert 2023, Landsberg 2023, S. 13–16.

120 Anna Andlauer hatte der Autorin eine Serie von Fotos zur Verfügung gestellt, die die Autorin Abba Naor zur weiteren Personenidentifizierung vorlegte.

121 Auf Antrag der Autorin wurde das Gebäude 2022 auf die bayerische Denkmalschutzliste gesetzt.

122 Guez, Olivier: Heimkehr der Unerwünschten, Piper Verlag München, 2007, S. 48.

123 Information von Sonia Beker.

124 Goldstein, Solomon, Dissertation: Education among Jewish Displaced Persons: The Sheerit Hapletah in Germany, 1945–1950, University of Pennsylvania, 1978, S. 246.

125 Ähnliche Überlegungen stellte die in St. Ottilien geborene Journalistin Helen Zegerman Schwimmer an: Learning to play a sacred new song, The JewishPress.Com, 20. Juni 2007.

126 Dahm, Annkatrin: Der Topos der Juden: Studien zur Geschichte des Antisemitismus im deutschsprachigen Musikschrifttum (Jüdische Religion, Geschichte und Kultur), Vandenhoeck&Ruprecht, 2007, 1. Edition, S. 103 f.

127 Anderton, Abby: Displaced Music: The Ex-Concentration Camp Orchestra in Postwar Germany, in: Journal of Musicological Research, seit 15. April 2015 online; sowie 2019/2019 der direkte Austausch mit Abby Anderton.

128 Zitiert nach Regina Kopilevich, Stadtführerin in Vilnius.

129 Ruttner, Franz: Jüdische Lieder im Wilnaer Ghetto, in: Ess firt kejn weg zurück …: Geschichte und Lieder des Ghettos von Wilna 1941–1943/Florian Freund, (Hrsg.), mit einem Vorwort von Simon Wiesenthal, Picus, Wien, 1992, S. 123–129; Rachel Kostanian-Danzig: Spiritual Resistance in the Vilna Ghetto, S. 87–99.

130 Eder, Angelika: Flüchtige Heimat, S. 218-220.

131 Das Lied ist bei YouTube abrufbar, da es von Journalisten der BBC aufgenommen wurde: Hatikva at Bergen-Belsen.

132 Nur wenige Wochen nach dem Terrorangriff der Hamas am 7. Oktober 2023 versammelten sich 1000 Musiker in der zwischen Haifa und Tel Aviv gelegenen Arena von Caesarea, um mit einer Neuinterpretation von *Habaitah* die Freilassung der Geiseln zu fordern: Bring them home! Bei einem Besuch der Autorin im Februar erklärte ihr 76jährige Ärztin in Haifa: »*Habaitah* ist habe ich auf meinem iphone und PC gespeichert. Wir wissen nicht, wie sicher unser Land noch ist. Gut, dass meine Eltern das nicht mehr miterleben müssen.«

133 Werb, S. 87 f.

134 Bohlman, Philip V.: »»Das Lied ist aus.«: The Final Resting Place along Music's Endless Journey« in *Music and Displacement: Diasporas, Mobilities and Dislocations in Europe and Beyond, ed. Erik Levi and Florian Scheding* (Landham, MD: Scarecrow Press, Inc., 2010) S. 16.

135 Der Kauferinger KZ-Häftling Zev, Wulf, Birger, verarbeitete seine Erfahrungen in dem Buch: No Time for Patience: My Road from Kaunas to Jerusalem, zitiert in: Healing Trauma, The Power of Listening, Hrsg. von Evelyn Jaffe Schreiber, International Psychoanalytic Books, IPBooks, Queens, N.Y, 2018, S. 206f; Interview mit der Herausgeberin im Mai 2019 in Washington, D.C.

136 Videoinformation vom 28. Oktober 2023 an die Autorin.

137 vgl. Hilliard, aaO, S. 16–18.

138 Ebd., S. 140.

139 Ebd., S. 45 f.

140 Ebd., S. 47.

141 Ebd., S. 144-155.

142 Ebd., S. 144–155.

143 Königseder, Angelika/Wetzel, Juliane: Lebensmut im Wartesaal. Die Jüdischen DPs (Displaced Persons) im Nachkriegsdeutschland, Fischer Taschenbuch Verlag, Frankfurt, 2004, S. 35.

144 Die New York Times titelte am 30. September 1945: Präsident befiehlt Eisenhower, neue Misshandlungen der Juden zu beenden.

145 Vgl. Angelika Eder, S. 150, sowie dazu Fußnoten 310 und 311.

146 Brenner, Nach dem Holocaust, S. 50 f.

147 Vgl. auch Artikel in der FAZ vom 25. November 1924: Das Tor zur Schoa, von Dr. Kristina Milz und Dr. Julia Schneidewind.

148 Treindl, Julia, in: »Münchner Beiträge zur jüdischen Geschichte und Kultur, Einleitung, Jg. 15, Heft 1, 2021, S. 7.

149 Königseder/Wetzel, aaO. S. 86–97.

150 Marcuse, Harold, aaO. S. 97.

151 Eder, aaO.S. 162.

152 Zitiert nach Michael Brenner, aaO., S. 56, der sich auf Heymonts Buch »Among the Survivors, S.65–66 bezieht.

153 Collections, Section 6457, Archiv Museum Ghetto Fighters' House, aus dem Hebräischen ins Englische von Noam Rachmilevitch, GFH.

154 Zitiert nach Idith Zertal; Verlorene Seelen, Die jüdischen DPs und die israelische Staatsgründung, in Babylon 5, S. 88.

155 Vgl. hierzu: Abraham Peck, aaO, S. 63.

156 Eder aaO., S. 282.

157 Landsberger Lager Cajtung, Ausgabe 2, Oktober 1945, Stadtarchiv Landsberg am Lech.

158 Mehrere Gespräche mit Christel Kémény, geborene Gradmann, zwischen 2012 und 2019.

159 Tobias, Jim G.: »Sie sind Bürger Israels«, Die geheime Rekrutierung jüdischer Soldaten außerhalb von Palästina/Israel 1946 bis 1948, Antogo Verlag, Nürnberg, 2007, S. 53.

160 Transkript eines undatierten Beitrags von Stanley Abramovitch, exklusiv für CNN «My Faith: Yom Kippur 1945, in a camp for Holocaust survivors«.

161 Information von Sonia Beker.

162 Undzer Wort vom 17. Mai 1946.

163 Anderton, Abby, aa0.: S. 34; Gespräche mit Henia Durmashkins Tochter Rita Lerner, 2018 in Landsberg und 2019 in New York.

164 Zitiert nach Henia Durmashkins Tochter Rita Lerner.

165 Anderton, Abby, aaO, S. 34.

166 Beker, Sonia P., Symphony on fire, S. 138.

167 Auskunft des Stadtarchivs Fürstenfeldbruck.

168 Information mit Meldebescheinigung des USHMM an die Autorin.

169 Horvath, Janet: The Cello still sings – A Generation Story of the Holocaust and the Transformative Power of Music, Amsterdam Publishers, 2023, S. 176.

170 Horvath, aaO, S.197.

171 siehe hierzu auch Aktenvermerk »Betrifft: Gründung eines hochqualifizierten repräsentativen Orchesters der Scherit Hapletah beim Z.K.«, Leo Schwarz Papers, Roll 11, Slide 1105–11, YIVO Institut, New York.

172 Mann, Erika: Reportagen in Englisch, Monacensia, München, 1948.

173 Joachimsthaler, Anton: Hitlers Liste, Ein Dokument persönlicher Beziehungen, F. A. Herbig, München, 2003, S. 507–516.

174 Müller-Hahl, Bernhard: Landsberg nach 1918, 25 Jahre Landrat, Hrsg.: Landkreis Landsberg am Lech, 1983, S. 187.

175 Die Meldeadresse wurde vom Diessener Heimathistoriker Herwig Stuckenberger bestätigt; sowie mehrere Telefonate mit Otto Sturms Schwägerin Margot Meeh 2015. Entgegen vielfach geäußerter Ansichten, auch von Canaris-Biograf Heinz Höhne, ging Erika Canaris nicht nach Spanien, sondern nach Norddeutschland. Dort traf die Landsbergerin Christel Grad-

mann sie zufällig und freundete sich mit deren Tochter Birgit an. Gradmanns Ehemann, ein Hobbyschreiner, fertigte für Erika Canaris unter anderem einen Notenständer aus Holz. Das Geigenspiel habe der scheuen und
wortkargen Erika Canaris großen Halt gegeben. Außerdem erzählte Christel
Kémény der Autorin, dass Erika Canaris mit Hilfe von Benediktinermön-
chen des Klosters Nütschau zum Katholizismus konvertiert sei: »Das ganze Leben der Familie Canaris war ein Irrweg und der Vater spielte darin eine eigenartige Rolle.« Erika Berta Elisabeth Canaris, geborene Waag, aus
Pforzheim, starb laut Sterberegister des Standesamtes Bad Oldesloe, Reg.
Nr. 540/1972, am 8. November 1972 im Kreiskrankenhaus Bad Oldesloe.
Ihre Tochter Birgit, die zeitweise mit ihrer Mutter zusammengelebt hatte,
fand man erst einige Tage nach ihrem Tod in einem Reihenhaus in Ham-
burg-Volkmersdorf. In der KZ-Gedenkstätte Flossenbürg ist seit dem 9. April 1965 eine Tafel zu Ehren von Admiral Wilhelm Canaris angebracht.

176 Tobias, Jim G.: Sie sind Bürger Israels – Die geheime Rekrutierung jüdischer
     Soldaten außerhalb von Palästina/Israel 1946 bis 1947, Antigo, Nürnberg,
     2007, S. 55–58.

177 Beckman, Morris: The Jewish Brigade, An Army with two masters 1944-
     1945, Spellmount Staplehurst, UK, 1998, S. 135–137.

178 Ebd., S. 137.

179 Samuel Gringauz: Das Jahr der großen Enttäuschungen, Babylon, Heft 5,
     Frankfurt, 1989, S. 74.

180 Ebd., S. 79.

181 Ebd., S. 87.

182 Ebd., S. 85 f.

183 Anderton, Abby: Displaced Musik, The Ex-Concentration Camp Orchestra
     in Postwar Germany, Journal of Musical Research, New York, 2011, S. 153.

184 Tümpi, Fritz: Politisierte Orchester: Die Wiener Philharmoniker und das
     Berliner Philharmonische Orchester im Nationalsozialismus, Böhlau Verlag,
     Wien 2011, S. 257.

185 Tourneeplan der Happy Boys von Bret Werb, Leiter der Musikabteilung des
     USHMM, Washington, D. C., sowie Emails und Telefonate mit der Auto-
     rin, 2018 – 2022.

186 Werb, Brit in: Dislocated Memories, Jews, Music and Postwar German Cul-
     ture, Hrsg. von Tina Frühauf und Lily E. Hirsch, Oxford University Press,
     2014, S. 88.

187 Werb, Brit, aaO., S. 88.

188 Bak, Samuel: einst und jetzt, then and now, Kunstgeschichtliches aus Landsberg am Lech, Beiträge zur Kunstgeschichte und Volkskunde, Nr. 25, Landsberg, 2002, S. 36.

189 Ebd., S. 43.

190 Ebd., S. 47. Die Bilder dieser Ausstellung gingen noch im selben Jahr nach Palästina und wurden Hayim Gamzu, dem Leiter des Tel Aviver Museums, vorgelegt.

191 Naor, Abba mit Helmut Zeller: Ich sang für die SS, Mein Weg vom Ghetto zum israelischen Geheimdienst, C.H. Beck, München, 2014, S. 197.

192 vgl. Königseder/Wetzel., aaO. S. 167.

193 IfZ, Interview von Dr. Yehuda Bauer mit Rabbiner Abraham Klausner, Fi01, vol. 108, Tape 3.

194 aaO. S. 94.

195 Königseder/Wetzel aaO., S. 208-211; K. H. Heimburg: Die Juden in Deutschland. In: Salzburger Nachrichten. Herausgegeben von den amerikanischen Streitkräften für die österreichische Bevölkerung, Salzburger Nachrichten. Unabhängige demokratische Tageszeitung, 17. Juli 1948, S. 5.

196 Königseder/Wetzel, aaO., S. 195f.

197 Eichler, Jeremy: Das Echo der Zeit, Die Musik und das Leben im Zeitalter der Weltkriege, Klett-Cotta, Stuttgart, 2023, S. 259.

198 Ebd, S. 258.

199 Pearson, Joseph, in Lettre International: Ein Saitenstrument, Die Berliner Philharmoniker im Nazi-Staat und einige ungeklärte Fragen, Ausgabe 138, Herbst 2020, Berlin, S. 27.

200 Ebd. S. 28.

201 Ebd., S. 31.

202 Süddeutsche Zeitung vom 05.02.1951.

203 Roter, Thomas: Die Krupps. Durch fünf Generationen Stahl., Campus Verlag, Frankfurt am Main 2002, S. 179.

204 Paulus, Martin, mit Edith Raim, Gerhard Zelger (Hrsg.): Ein Ort wie jeder andere. Bilder aus einer deutschen Kleinstadt. Landsberg 1923-1958, Rowohlt Taschenbuch, Reinbek bei Hamburg, 1995, S. 29.

205 Hachmeister, Lutz: Das Gefängnis Landsberg und die Entstehung der Republik, WDR, 18. Januar 2002.

206 Ein anderer Hitler. Bericht seines Architekten Hermann Giesler, Erlebnisse, Gespräche, Reflexionen, Leitfaden-Verlag, Assenhausen 1977, S. 71 f.

207 Ebd.

208 Mehrere Gespräche mit einem Verwandten Vinzenz Schöttls. Er zeigte der Autorin auch das vermeintliche Grab auf dem Spöttinger Friedhof neben dem Gefängnis, wo er als Junge jahrelang zu Trauerbekundungen hinge-führt wurde, bis er herausfand, dass Schöttle in Weilheim beerdigt worden war. Einige Nachfahren leben heute unter anderem Namen in Landsberg.

209 Seldes, Barry: Leonard Bernstein, The Political Life of an American Musici-an, University of California Press, 2009, S. 46.

210 Ebd.

211 Ebd.

212 Gradenwitz, Peter: Leonard Bernstein. Unendliche Vielfalt eines Musikers. Schott, korrigierte Taschenbuchausgabe, Mainz, 1995, S. 70 f.

213 Ebd. S. 71.

214 Bak, Samuel: In Worte gemalt. Bildnis einer verlorenen Zeit, mit einem Vor-wort von Amos Oz, Beltz Verlag, Weinheim und Basel 2007, S. 332.

215 Ebd., S. 71 f.

216 »Aber diese bessere Welt finden Sie nur im Mythos«, Helmut Schmidt im Gespräch mit Leonard Bernstein, ZEIT ONLINE, 15. November 1985.

217 Gradenwitz, aaO., S. 72 f.

218 Ebd., S. 74.

219 Auskunft der ehemaligen Partisanin Fania Brancovskaja, die die Autorin im März 2029 in Vilnius besuchte. Fania Brancovskaja berichtete unter ande-rem, dass die Durmashkins im Vilna Ghetto ihre Nachbarn gewesen seien.

220 Babylon Heft 5, S. 74.

221 Bak, Samuel, einst und jetzt, aaO., S.45.

222 Mehrere Emails von Deb Filler an die Autorin und regelmäßig persönliche Gespräche (seit 2018).

223 Anderton, Abby, aaO., S. 157.

224 Lebensmut im Wartesaal, aaO., S. 152.

225 Peter Gradenwitz, aaO. S. 75; es dürfte sich um Micha Hofmekler und Ge-orge Horvat gehandelt haben.

226 Janet Horvath, aaO., S. 198, sowie Gespräche und Emails seit 2017.

227 Samuel Gringauz, Babylon 5., aaO., S. 77.

228 Ebd., S. 200–203.

229 Burstein, Dror (Hrsg.): Without a single case of death, Stories from Kibbutz Lohamei Hagetaot, Ghetto Fighters' House, 2008, S. 16.

230 Renner, Frumetius: Der fünfarmige Leuchter, aaO., S. 101.

231 Ebd.

232 Das dreitägige Symposium wurde von der Fakultät für Geschichte und Kunstwissenschaften, Jüdische Geschichte und Kultur der Universität München, organisiert. Themen waren die Krankenhausgeschichte, das Zusammenleben der unterschiedlichen Gruppierungen oder auch die verschiedenen Migrationswege und Biografien. Die klostereigene Haltung zu Juden und der einstmals praktizierte Antisemitismus wurden nicht weiterverfolgt. Die Enkelin Zalman Grinbergs, die CNN-Journalistin Emanuelle Grinberg, wohnte einige Tage bei der Autorin. In ihren Gesprächen war sie überwiegend auf das Schicksal ihres Großvaters fokussiert, das erlittene Leid, seine Leistungen und seine schwierige Zeit, nachdem er aus Israel nach Amerika gezogen war und dort von Abraham Klausner unterstützt wurde. Grinberg sei ein rastloser Mensch gewesen, der keinen inneren Frieden mehr gefunden habe und nachts rastlos durch New York gelaufen sei.

233 Bierl, Peter: Wiedergeburt nach der Shoa, SZ, 12. Juni 2018.

234 Eder, Angelika, aaO, S. 154.

235 Chen, Irit: Kontakt – aber keine offiziellen Beziehungen: Das Israelische Konsulat in München zwischen Israel und Deutschland,1948–1953, S. 47, in: Münchner Beiträge zur Jüdischen Geschichte und Kultur, Abteilung für Jüdische Geschichte und Kultur an der Ludwig-Maximilians-Universität München, Heft 1, 2021.

236 Peck, Abraham J.: A Remnant Shall Return, The Survival of »Displaced Person« and the town where the Holocaust was born, STADT, JAHR, S. 1f.

237 Prauser, Steffen: Mord in Rom? Vierteljahreshefte für Zeitgeschichte, Jahrgang 50, Heft 2, IfZ, 2002, S. 288f, sowie Paul Hoffmann, Übersetzer für die Deutschen in Rom, der gegen die Nazis konspirierte und Mälzer als »brutal und herrisch« bezeichnete, New York Times v. 31. 12. 2008.

238 Stadtarchiv Landsberg, Sta LL NA 1880, unter anderem zur charakterlichen Einschätzung Ernie Mälzers.

239 Revue Nr. 14, 1952; Mälzer erlag in Werl am 24. März 1952 einer Krebserkrankung, von Mackensen wurde im Oktober 1952 vorzeitig entlassen.

240 Grüner, Stefan: Nachkriegszeit 1945-1957. Alltag, Besatzung, politischer und wirtschaftlicher Neuaufbau, in: Landsberg in der Zeitgeschichte-Zeitgeschichte in Landsberg, Hrg. von Volker Dotterweich und Karl Filser, Verlag Ernst Vögel, München 2010, S.384; zum »Nazi-Landrat« Ludwig Thoma vgl. auch Der Spiegel 48/1980 »Die Sauhund' hau'n wir wieder 'naus«).

241 STa LL NA 1880.

242 Informationen von Werner Hemmrich.

243 Umfassend: Bestand ED 413, Bände 1, 6, 9, 10, 12-16, 18, 19, Institut für Zeitgeschichte, IfZ.

244 StA LL NA 1182, 1890.

245 Schreiben vom 8. März 1987, initiiert von Anton Posset, dem damaligen 1. Vorsitzenden der Bürgervereinigung, unter anderem unterschrieben von der Landsberger Historikerin Edith Raim; das Schreiben liegt der Autorin in Kopie vor; in der Welfenkaserne der Bundeswehr ist heute als Erinnerungsort »Weingut II« ein Museum untergebracht.

246 Eder, Angelika, aaO., S. 273.

247 Ebd.

248 Schmitz-Köster, Dorothee: Kind L364, eine Lebensborn-Familiengeschichte, Rowohlt Berlin, 2. Auflage, 2007, S. 112.

249 Haffner, Sebastian: Jekyll & Hyde, S. 49.

250 Schmitz-Köster, Dorothee: Kind L364, S. 183.

251 McCloy, John, in: Landsberg, ein dokumentarischer Bericht, hrsg. vom Information Services Division Office of the U.S. High Commissioner for Germany, 31. 1. 1951, S. 21.

252 Schmitz-Köster, Dorothee: Kind L364, S. 187.

253 Koch, Oskar W.: Dachau-Landsberg, Justizmord – oder Mord-Justiz? Band 1, Repro+Druck, Eigenverlag, Witten 1974, S. 140. Der Verfasser wurde im Rahmen der Dachauer Prozesse als Kriegsverbrecher zu einer zehnjährigen Haftstrafe verurteilt, die er am 4. Oktober 1947 antrat.

254 Raim, Edith (Hg.): Überlebende von Kaufering, Biografische Skizzen jüdischer ehemaliger Häftlinge, Materialien zum KZ-Außenlagerkomplex Kaufering, Metropol Verlag Berlin 2007, S. 127 f.

255 Dazu äußert sich umfassend die Enkelin von Selimar Frenkel, der sich in Israel Shlomo Safir nannte: Weinrib, Laura: Nitzotz, The Spark of Resistance in Kovno Ghetto & Dachau-Kaufering Concentration Camp, Syracus University Press, 2009.

256 Gould, Susan, für das Leonard Bernstein Office: Leonard Bernstein in Be'er Sheva, Israel, 20. November 1948.

257 Ebd.

258 Beker, Sonia P., aaO., S. 141.

259 jüdisches Totengebet.

260 Peck, Abraham, in: Festschrift Michael Berenbaum, aaO.

261 Kaminer, Isidor J.: Tikun Haolom – Wiederherstellung der Welt, »Über-Le-
ben« nach der Schoah, in: Forum Psychoanal, Springer Medizin Verlag,
Frankfurt am Main 2006, S. 136.

262 Peck, Abraham, ebd.

263 Ironisch bezeichnet er sich selbst als Wunderkind.

264 Zertal, Idith: Verlorene Seelen, Die jüdischen DP's und die israelische
Staatsgründung, in: Babylon Heft 5, 1989, S. 100

265 Ebd.

266 Raithel, Thomas: Das Landsberger Gefängnis vor und nach 1945, in: Dotterweich / Filser (Hg.): Landsberg in der Zeitgeschichte, Zeitgeschichte in
Landsberg, Augsburg 2010, S. 418.

267 Eder, Angelika: Flüchtige Heimat, aaO., S. 336.

268 Weber, Wolfgang E. J. in: Landsberg in der Zeitgeschichte, aaO., S. 505.

269 vgl. auch Personalakte Oswald Pohl, Institute for Documentation in Israel,
Haifa, 1982, S. 3 f.

270 Guez, Olivier: Heimkehr der Unerwünschten, aaO., S. 75.

271 Raithel., aaO., S. 418.

272 Frei, Norbert: Vergangenheitspolitik, aaO., S. 217.

273 Der Spiegel, 31. 1. 1951, S. 152.

274 Kind L 364, S. 187.

275 Koch, Oskar W.: Wahrheit und Gerechtigkeit, S. 173. Dem in Landsberg
einsitzenden Jochen Peiper und seinen Männern vom Panzerregiment I waren am zweiten Tag der Ardennen-Offensive, Hitlers verzweifeltem Versuch,
im verlorenen Krieg noch eine Wende zu bewirken, 80 amerikanische Soldaten in die Hände gefallen.

276 Agte, Patrick: Jochen Peiper, Kommandant Panzerregiment Leibstandarte,
Kurt Vowinckel-Verlag, Berg am Starnberger See, 1998, S. 394–397.

277 Bayerischer Rundfunk.

278 StALL, NA 1880.

279 StALL NA 1880.

280 Wagner, Jens-Christian in: Die Zeit: »Juden raus!« Landsberg am Lech, Januar 1951: Eine Demonstration zugunsten von NS-Verbrechern gerät zu einer antisemitischen Kundgebung, 27. Januar 2011.

281 Weber, Wolfgang E. J.: Städtische Erinnerungspolitik 1945–1955, in:
Landsberg in der Zeitgeschichte, aaO., S. 506.

282 StALL, NA 1880.

283 Ebd.

284 Nach der Errichtung des DP-Lagers Landsberg war es punktuell zu härteren Auseinandersetzungen zwischen Juden und der Bevölkerung gekommen. Dass man bereits nach Kriegsende von den »fetten Juden« gesprochen hatte, weil ihre Essensrationen höher bemessen waren, fiel unter den Tisch.

285 Ebd.

286 Im Sommer 1951 jedenfalls besuchte der Landsberger Jugendchor unter Leitung von Pfarrer Hartlmaier, der regelmäßig im Landsberger Gefängnis auftrat, Konrad Adenauer an dessen Schweizer Urlaubsort Bürkenstock.

287 Frei, Nobert, aaO, S. 219; Klee, Ernst: Persilscheine und falsche Pässe. Wie Kirchen und die Nazis halfen, Fischer Taschenbuchverlag, Frankfurt am Main, 1991, S. 131.

288 Landsberg. Ein dokumentarischer Bericht, hrsg. vom Information Services Division Office of the U.S. High Commissioner for Germany, 31. 1. 1951, S. 6.

289 »Wie ein Störenfried« in Spiegel Spezial, Die 50er Jahre, Vom Trümmerland zum Wirtschaftswunder, 2006, S. 122.

290 Wiesenthal, Simon: »Die Nachkriegszeit verloren, Nazi-Jäger Simon Wiesenthal über die Verfilmung seines Lebens, in: Der Spiegel, 19. 11. 1989, S. 113.

291 Beker, Sonia P., aaO.

292 Novick, Peter: Nach dem Holocaust, Der Umgang mit dem Massenmord; Aus dem Amerikanischen, Deutsche Verlagsanstalt Stuttgart, 2001, S. 117.

293 Ebd., S. 119.

294 Aus der Rede von Theodore Comet, online: 9915.pdf.research.policyarchive.org

295 Einer seiner Abnehmer war ein Schuhhändler aus der Landsberger Innenstadt, der sich der Familie von Oswald Pohl annahm. (Die Autorin war bei einer Versammlung.

296 Pisar, Samuel: Of Blood and Hope, Cassell, London, 1980, S. 100; Im Gegensatz zur englischen Ausgabe fehlen in der deutschen Ausgabe einige Details; Samuel Pisar: Blut der Hoffnung, Rowohlt Taschenbuch, Reinbeck bei Hamburg, 1979.

297 Ausführlich dazu Gradenwitz, Peter: Leonard Bernstein: Unendliche Vielfalt eines Musikers, Schott, Mainz, 2015, S.188–197. Samuel Pisar war der Stiefvater von Antony Blinken. Als dieser sein Amt als Außenminister der Regierung von Joe Biden antrat, sagte er: »Alles, was ich von Geschichte weiß, weiß ich von ihm.«

298 Kaminer, Isidor J.: Tikun Haolam – Wiederherstellung der Welt, »Über-Le-
ben« nach der Schoa, in Forum Psychoanal 2006, Springer Medizin Verlag,
2006, S. 127–129.

299 Gespräch mit der Autorin: »Der Feind kommt nicht immer durch die gleiche Tür«, in: Here we are, Landsberg! Magazin zum Liberation Concert
2023, Förderverein Liberation Concert e. V. (hrsg.), Landsberg am Lech
2023, S. 25.

300 Gradenwitz, aaO., S. 76.

301 Horvath, Janet, aaO., ausführlich dargelegt in Kapitel 14: When history is
devised and denied, S. 305 f.

302 Knobloch, Charlotte: Grußwort Programmheft zu den Konzerten »Violins
of hope« am 17. und 18. Februar 2018 im Schloss Dachau, S. 4.

303 Königseder/Wetzel, aaO., S. 97.

304 Informationen von Abba Naor; Sonia Beker hatte der Autorin einen Kontakt zu Micha Hofmeklers Tochter vermittelt, der bedauerlicherweise nicht
zustande kam.

305 Nayor, Ella: The Reunion to recall a miracle 70 years ago, in: Florida Wee-
kly, Fort Myers, 4. November 2015; Die Liberation Concerts in St. Ottilien
werden seit 2018 von einer lokalen Konzertagentur durchgeführt.

306 Der in Landsberg 1946 geborene Joe Brodecki ist einer der größten Förderer des USHMM.

307 Die Premiere fand 2007 im *Museum of Jewish Heritage* New York statt.

308 Im Rahmen der neu entwickelten *Landsberger Dialoge* unter der Schirmherr-
schaft von Abraham Peck, die unter dem Motto »Miteinander reden, voneinander lernen, gemeinsam weiterentwickeln« stehen, nahm Karl Freller dazu am 23. Mai 2024 ausführlich Stellung; S. auch Homepage Stadtmuseum
Landsberg am Lech, Landsberger Dialoge https://www.museum-landsberg.
de/de/aktuell/landsberger-dialoge

DANKSAGUNG

Als mir Gerhard Roletscheck vom Erinnerungsort Weingut II das Buch »Symphony on fire« schenkte, konnte ich nicht ansatzweise die Folgen erahnen. Wie mir erging es der Autorin Sonia P. Beker, zu der ich bald Kontakt aufnahm. Sonia Beker setzte umgehend ihr weltweites Netzwerk in Gang. Viele Überlebende, deren Nachfahren und Zeitzeugen aus Amerika, Israel, Kanada und Neuseeland traf ich daraufhin persönlich. In New York ermöglichte mir Sonias Cousine Rita Lerner im Museum of Jewish Heritage Begegnungen wie mit Marion Wiesel, der Frau des Literaturnobelpreisträgers Elie Wiesel. Mira van Doren ließ mich tagelang in ihrem New Yorker Privatarchiv arbeiten. Anat Bar-Cohen, 1947 in einem DP-Lager bei Landsberg geboren, nahm mich mit ihrem Mann Avi in ihrem Washingtoner Haus als Freundin auf. Durch sie lernte ich Joe Brodecki, Landsberger DP-Baby und einer der großen Förderer des United States Holocaust Memorial Museum, kennen. Walter Elias, langjähriger Präsident der American Jewish Historical Society, beteiligte sich aktiv an meinen Recherchen, die amerikanischen Musikhistoriker Bret Werb und Abby Anderton versorgten mich mit zahlreichen Hinweisen und Dokumenten.

In Vilnius traf ich die ehemalige Partisanin Fania Brankovskaja, deren Freundin Regina Kopilevitch und den Historiker Dovid Katz. Regina arrangierte auch ein Treffen mit dem ehemaligen litauischen Präsidenten und Musikwissenschaftler Vytautas Landsbergis und mit Markas Zingeris vom Vilna Gaon State Museum. Aus der Zusammenarbeit mit John Michalczyk und seiner Frau Susan vom Boston College ergaben sich weitere gemeinsame Projekte. Das Team um Yigal Cohen vom Museum Ghetto Fighters' House beindruckte mich mit seinem Ernst, der mit einer unglaublichen Nonchalance einherging. Mir ist immer noch ein Rätsel, wie es Ronit Luski, Noam und Ossi Rachmilevitch oder Anat Batman Elalhel schafften, trotz etlicher Bombenalarme Zusammenkünfte mit Holocaustüberlebenden nur einige Kilometer von der libanesischen Grenze entfernt »zwischendurch« zu organisieren und gleichzeitig großartige Gastgeber zu sein.

Der ebenso einmalige wie eigensinnige Abba Naor hat mich im Laufe der Jahre auf unzählige Geschichten und Details aufmerksam gemacht, ohne die dieses Buch wahrlich anders ausgefallen wäre. Danken möchte ich den Mitarbeitern des israelischen Generalkonsulats in München, ebenso wie Claudia Weissbrodt, der Kulturamtschefin der Stadt Landsberg, den vielen jungen Freiwilligen, darunter Angelika Zimfer und Lisa Katharina Strohmeier, die das Projekt Liberation Concert zu einer von Andreas Wirsching betreuten Bachelorarbeit an der LMU München motiviert hat. Abraham J. Peck, der mich aufgrund eines akustischen Missverständnisses zunächst nicht als Juristin und Journalistin, sondern als »Floristin« wahrgenommen hatte, fühle ich mich weit über unsere gemeinsame Arbeit hinaus zutiefst verbunden. Mein herzlicher Dank gilt den langjährigen Paten und Förderern der Liberation Concerts, der Landsberger Oberbürgermeisterin Doris Baumgartl, dem Antisemitismusbeauftragten der Bayerischen Staatsregierung Dr. Ludwig Spaenle, Robert L. Hilliard und seiner Frau JoAnn, Karl Freller, Leiter der Stiftung Bayerische Gedenkstätten, der Präsidentin des Bayerischen Landtags, Ilse Aigner, und ihren jeweiligen Mitarbeitern sowie ausdrücklich meinem wunderbaren und aufmerksamen Lektor Robert Köhler vom Verlag Herder.

Einen mir wichtigen Hinweis möchte ich hier noch anbringen. Die Überschrift des Kapitels 9, »Lang ist der Weg«, war der Titel des ersten Films über Displaced Persons in der Nachkriegszeit, an dem der Landsberger DP-Bewohner Israel Beker maßgeblich beteiligt war.

Karla Schönebeck

VIDEO BAYERISCHE PHILHARMONIE

Am 17. März 2019 fand im Herkulessaal der Residenz in München die Weltpremiere des Stückes »Won't be silent« von Wolf Durmashkin (Arrangement Tobias Forster) durch den Chor und das Symphonieorchester der Bayerischen Philharmonie statt.

© Bayerische Philharmonie

Videoaufnahme:

https://www.youtube.com/watch?v=gvJ_xDJxdb4

»Won't be silent« (W. Durmashkin/T. Forster)
Uraufführung vom 17.3.2019
© Bayerische Philharmonie